民族教育研究新视野系列丛书

Ethnic Education New Horizon

顾　问　顾明远　哈经雄　陈中永

主　编　苏　德

编　委　（按拼音排序）

　　　　常永才　董　艳　曲木铁西　史大胜

　　　　苏　德　苏和平　滕　星　吴明海

　　　　张俊豪

中央民族大学"211工程"三期建设项目

EE New Horizon 民族教育研究新视野系列丛书

蒙古族传统家庭教育与文化传承

◎苏 德／主编

中央民族大学出版社
China Minzu University Press

图书在版编目（CIP）数据

蒙古族传统家庭教育与文化传承/苏德主编. —北京：中央民族大学出版社，2014.5
ISBN 978-7-5660-0714-8

Ⅰ.①蒙… Ⅱ.①苏… Ⅲ.①蒙古族—家庭教育—研究—中国 ②蒙古族—游戏—研究—中国 Ⅳ.①G78②G898

中国版本图书馆 CIP 数据核字（2014）第 093738 号

蒙古族传统家庭教育与文化传承

主　　编	苏　德
责任编辑	陈子冰
封面设计	布拉格
出 版 者	中央民族大学出版社
	北京市海淀区中关村南大街 27 号　邮编:100081
	电话:68472815(发行部)　传真:68932751(发行部)
	68932218(总编室)　　　68932447(办公室)
发 行 者	全国各地新华书店
印 刷 厂	北京春飞无限彩色印刷技术有限公司
开　　本	787×1092（毫米）　1/16　印张：13.75
字　　数	220 千字
版　　次	2014 年 6 月第 1 版　2014 年 6 月第 1 次印刷
书　　号	ISBN 978-7-5660-0714-8
定　　价	35.00 元

版权所有　翻印必究

"民族教育研究新视野系列丛书"总序

我国是一个统一的多民族国家,民族教育是我国教育事业的重要组成部分。民族教育的发展是促进各民族共同团结进步、共同繁荣发展的重要基础。《国家中长期教育改革和发展规划纲要(2010—2020 年)》(以下简称《规划纲要》)中专门对民族教育作出了全面的规划和部署,这无论对民族教育事业的发展,还是民族教育学科的建设,都是大好机遇,有利于加快民族教育改革、实现民族教育的跨越式发展。

中央民族大学作为党和国家为解决民族问题、培养少数民族干部和高级专门人才而创建的高等学校,在我国民族事务与民族教育事业中具有举足轻重的地位。该校是一所汇聚了 56 个民族师生的国家"985 工程"和"211 工程"重点建设大学。中央民族大学教育学院是一个院、所合一的教学科研单位,是中央民族大学"211 工程"、"985 工程"项目重点建设单位。

历经 50 余年的发展变化,特别是改革开放 30 年来的快速发展,通过"211 工程"、"985 工程"二期建设及其他项目的积累和历练,教育学院形成了以少数民族教育为特色和优势的教育学科,凝聚了一支在国内外有影响、团结协作并有奉献精神的少数民族教育学术创新研究团队。在民族教育学的学科建设方面取得了许多重要成果,尤其是出版了一系列学术精品著作,如《中国少数民族教育学概论》(孙若穷、滕星主编)、《中国边境民族教育》(王锡宏主编)、《中国少数民族教育本体理论研究》(王锡宏著)、《中国少数民族双语教育概论》(戴庆厦、滕星等著)、《民族教育学通论》(哈经雄、滕星主编)、《文化变迁与双语教育:凉山彝族社区教育人类学的田野工作与文本阐述》(滕星著)、《中国少数民族教育史·达斡尔族教育史》(苏德等主编)、《中国少数民族高等教育学》(哈经雄著)、《蒙古族儿童传统游戏研究》(苏德著)、《教育人类学研究丛书》(滕星主编)、《族群·文化与教育》(滕星著)、《文化选择与教育》(王军著)、《文化环境与双语教育》(董艳著)、《蒙古学百科全书·教育卷》(扎巴主编、苏德等副主编)、《少数民族传统教育学》(曲木铁西著)、《文化变迁与民族地区农村教育革新》、《文化多样性、心理适应与学生指导》（常永才著）、《新时期民族院校人才培养问题研究》（常永才、谭志松主编）等系列重要学术著作。在国内外核心期刊发表了上百篇学术论文，其中若干成果已获得国家、省（部）级科研成果一、二等奖及国家图书奖，并成为该学科发展的标志性成果。

在"九五"和"十五"期间，中央民族大学教育学院中国少数民族教育学的学科建设实现了跨越式发展，民族教育学先后被列为中央民族大学"211工程"重点学科建设项目（1999年）和"985工程"重点建设单位（2005年），并专门成立了"985工程"中国少数民族语言文化与边疆史地研究哲学社会科学创新基地"中国少数民族地区基础教育研究中心"。2010年学校成立了"985工程""中国少数民族教育研究创新基地"，在科研条件、研究经费等方面得到明显改善。民族教育学"211工程"学科建设的目标是：经过重点建设，使中国少数民族教育学科处于国内领先水平，成为少数民族教育高层次人才培养的重要基地，为少数民族和民族地区的教育事业发展服务。通过"211工程"二期民族教育学学科建设，出版了《中外民族教育政策史纲》和《中国少数民族教育史教程》（吴明海主编）、《教育民族学》（王军主编）、《民族文化传承与教育》（王军、董艳主编）等"教育民族学丛书"，较好地推动了民族教育学学科的发展。

目前，教育学院承担着全国教育科学规划国家级重点课题、国家社会科学基金重点项目、教育部人文社会科学重点研究基地重大项目及多项省部级民族教育研究重点课题，主持开展了国家社科基金重点招标课题"民族教育质量保障与特色发展研究"（苏德主持）、国家社科基金课题"内蒙古地区蒙古族中小学双语教学问题、对策与理论研究"（苏德主持）、联合国教科文组织西班牙千年发展目标促进基金"中国文化与发展伙伴关系"项目"中国少数民族基础教育政策研究"（苏德主持）、美国福特基金会"中国西部少数民族地区经济文化类型与地方性校本课程开发研究"（滕星主持）、加拿大女王大学国际合作项目"多民族社会的族群关系"（常永才参与设计与实施）等多项国际合作项目，相关研究成果在国内外民族教育研究领域产生了较大影响。

为贯彻落实《规划纲要》精神，进一步提高民族教育科学研究的质量和水平，促进我国民族教育科学事业的繁荣和发展，教育学院坚持以科学发展观和构建社会主义和谐社会为指导思想，站在社会主义现代化建设的历史新起点上，围绕民族教育改革发展的重要理论和重大现实问题，坚持基础研究和应用研究并重，积极促进民族教育理论创新，增强民族教育研究的针对性和实效性，更好地服务于新时期国家民族教育决策和实践创新，促进民族教育学科的进一步发展。同时，教育学院在"211工程"三期建设中成立了"民族教育研究新视野系列丛书"编委会，该编委会以本院民族教育科研师资队伍为主，并且邀请国内外民族教育研究领域的优秀专家学者，研究撰写和出版中国少数民族教育的系列专业教材和学术著作。该丛书是中央民族大学民族教育学学科建设的标志性成果之一，为中国少数民族教育学科与民族教育事业的发展做出了重要贡献。"民族教育研究新视野系列丛书"的选题范围包括：

（1）中国少数民族教育的相关专业课程教材；

（2）中国少数民族教育的理论与方法研究成果；

（3）中国少数民族教育的实地调查成果；

（4）中国少数民族教育的应用研究成果；

（5）中国少数民族教育的课程改革和教学研究成果；

（6）中国少数民族教育的专业参考资料（如国外民族教育学译著等）。

"民族教育研究新视野系列丛书"第一辑出版的著作包括《民族院校教育管理研究》（李东光著）、《守望·自觉·比较：少数民族及原住民教育研究》（陈·巴特尔、Peter Englert 编著）、《亚太地区原住民及少数民族高等教育研究》（陈·巴特尔、Peter Englert 主编）、《跨文化心理学研究》（高兵编著）、《少数民族美学概论》（邓佑玲主编）、《中国少数民族美学研究》（邓佑玲著）、《中国少数民族艺术史》（苏和平、田小军主编）、《中国少数民族艺术论》（苏和平主编）、《中国边境民族教育论》（苏德、陈中永主编）、《可持续发展与民族地区环境教育研究》（吴明海主编）、《教育审美与教育批判——解脱现代性断裂对民族教育发展的困扰》（李剑著）、《中国西部女童——西部三十名贫困女童学业成就提高的质性研究》（李剑著）、《美国儿童早期阅读教学研究——以康州大哈特福德地区为个案》（史大胜著）、《大学教师学术权利的制度设计研究》（夏仕武著）、《蒙古族传统体育传承的教育人类学研究》（钟志勇著）、《全球化与本土化：多元文化教育研究》（苏德主编）等。

民族教育研究应围绕《规划纲要》制定的目标，聚焦当前少数民族教育中的重大理论和现实问题，以项目研究为依托，加强队伍建设，凝炼学科方向，推进学科建设，加快科学研究的自主创新和社会服务能力建设，为中国少数民族教育改革和发展建言献策。

我相信，通过《民族教育研究新视野系列丛书》的出版，中央民族大学教育学院将秉承注重民族地区教育田野调查的优良传统，大力加强民族教育学的理论研究和应用研究，努力培养优秀的教学和科研人才，达到中国少数民族教育学科建设的一流水平，并为推动少数民族地区教育事业又快又好地发展，促进边疆安全、民族团结、社会和谐和国家长治久安发挥积极作用。

苏　德

2013 年 6 月

序　　言

　　蒙古族是一个具有悠久历史和灿烂文化、古老文明的民族，素以机智、热情、勤劳、勇敢著称于世。作为一个有悠久历史和文化的民族，蒙古族在培养和教育下一代方面，也有着一整套独特的教育内容和方法，并一直流传至今。古代蒙古族是以游牧为主的民族，在相当长的一段历史时期内过着逐水草而居的游牧生活，没有文字，没有从事教育的专门机构和人员，教育儿童的工作主要在家庭内进行。蒙古族家庭教育充分体现蒙古民族的品质、心理、习俗、道德和生息规律，也是维系蒙古社会秩序，促进社会发展的关键所在，对民族的形成和发展起到了不可替代的作用。

　　蒙古族家庭作为实施蒙古族教育的最小社会单位，是传承蒙古族文化的最初场所和重要途径。蒙古族普遍重视家庭教育。蒙古族传统家庭教育蕴含丰富的、具有民族文化烙印的教育内容、方式和方法，影响着个体的文化认同、认知模式、道德情感、行为方式、价值取向等方面的形成和发展，从而奠定个体发展的文化根基。然而，由于现代化对民族传统文化的冲击，各少数民族的传统民族特色都在逐渐消退，并随着学校教育的普及与发展，传统家庭教育独特的功能被弱化。在人们呼吁保存民族传统文化的发展趋势下，蒙古族如何有效地发挥传统家庭教育传承文化的功能，保持民族特色，是一个值得深思和深入研究的问题。据此，我们有必要把目光投向传统家庭教育，挖掘其教育价值及其探讨如何传承的问题。本书立足传统，面向现实，从教育学、教育人类学、心理学、民族学等学科视角，研究蒙古族传统家庭教育及其传承问题，既重视对蒙古族传统家庭教育的起源、内容和方法的历史考察，又强调对蒙古族家庭教育现状的调查与理论分析。目的是突出蒙古族传统家庭教育在民族文化传承中的重想要作用和功能。

　　在蒙古族悠久的教育发展史上，儿童游戏作为蒙古族人民群众对儿童进行启蒙教育的手段，不但反映了蒙古族家庭教育的传统内容及其在儿童教育方面的独到见解，而且对发展蒙古族的现代家庭教育及家庭文化，也有着其重要的意义。因此，本书在介绍了蒙古族传统家庭教育的基础上，详细介绍了《蒙古族男童三艺》《蒙古棋》《羊踝游戏》《语言游戏》《帕尔吉》《鹿连儿》等十余种蒙古族儿童传统游戏。坚持取其精华、弃其糟粕、照顾全貌、突出重点的原则，侧重介绍了这些传统游戏活动的起源与分类、演变、发展、具体内容、游戏方法与步骤等，从理论角度科学概括了这些游戏活动在儿童身心发展中的积极作用。特别是对多种多样、生动活泼的蒙古族传统游戏的介绍，使人跃跃欲试，乐在其中。

民族民间文化是民族生存发展的基础，也是极为重要的课程资源。如何在教育改革中开发和利用这一珍贵的历史文化资源，不但关系到各民族能否很好地应对文化变迁过程中出现的种种问题，而且还关系到能否迅速实现教育本土化的问题。蒙古族具有自己独特的历史文化传统和丰富的民间文化资源，如何保护并发展民族优秀历史传统文化，如何开发和利用这一珍贵资源是摆在我们面前的一项重要任务。因此，对于如此丰富的传统游戏资源的开发、利用与传承也是本书研究的重点内容。

本书的中心议题是在文化交流日增，文化变迁渐快的多元文化时代背景下，蒙古族幼儿教育如何能够更好地继承和发扬蒙古族的传统文化，使蒙古族文化既保留原有的韵味，又具有时代的特征。以此为出发点，本书以充分体现蒙古族生活轨迹和文化特色的蒙古族家庭教育与传统游戏为载体，探讨了蒙古族幼儿教育中的文化传承问题。本书在查阅大量文献的基础上，以理论分析为主要研究方法，适当的辅以问卷调查、访谈等方法，围绕蒙古族儿童民间游戏这一主题，以如何开发蒙古族儿童民间游戏为主要目的，从几个方面研究和讨论了基于蒙古族儿童民间游戏的幼儿园游戏课程开发问题。在厘清现代社会蒙古族传统游戏面临的危机与挑战、认识到蒙古族传统游戏对文化传承的重要意义的基础上，本书提出了蒙古族传统游戏传承的策略，并以蒙古族传统游戏的幼儿园课程开发为例，具体介绍了蒙古族传统游戏传承的有效途径。

蒙古族传统家庭教育和现代家庭教育并不是完全隔离的，也不存在时间上的断裂。无论时代怎样变化，传统家庭教育特有的对个体和社会的功能应受到人们的关注。蒙古族传统家庭教育对蒙古民族文化的传承、民族社会的发展和个体民族性格的形成都具有不可替代的价值和意义。目前，进一步分析和研究蒙古族传统家庭教育传承中的问题和机制，完善或构建更为有效的传承机制是一个非常迫切的研究课题。只有确立将传统家庭教育文化与现实社会需要相结合的教育观念，才有利于民族传统文化的传承，有利于民族家庭教育的现代重构，最终促进新形势之下蒙古族家庭教育的健康发展。

《蒙古族传统家庭教育与文化传承》共分为三篇十章。其中，第一篇为"蒙古族传统家庭教育与文化传承"，第二篇为"蒙古族传统游戏与文化传承"，第三篇为"蒙古族传统游戏传承的有效途径"，是以蒙古族儿童民间游戏的幼儿园游戏课程开发为例，说明如何对蒙古族传统游戏进行有效传承。

　　本书由苏德教授负责设计整体框架，并具体组织编写，最后审校并定稿。全书具体分工如下：苏德，前言、第二篇第一章、第二篇第二章；莲花，第一篇第一章、第一篇第二章、第一篇第三章；阿里玛斯，第二篇第三章、第二篇第四章、第二篇第五章；李素梅，第三篇第一章、第三篇第二章、第三篇第三章。杨志娟博士参加了书稿的整理和校对工作。

　　由于研究时间、文献资料以及研究水平等方面的局限，难免有不足或遗憾。本书虽然已倾尽作者之能力之所及，但仍有不尽如人意之处，望学术界专家、同行批评指正。

苏　德

中央民族大学教育学院

2013年12月

目　录

导　论 …………………………………………………………… （1）

第一篇　蒙古族传统家庭教育与文化传承

第一章　蒙古族传统家庭教育的历史考察 …………………… （25）
　　第一节　蒙古族传统家庭教育的起源 ………………………… （25）
　　第二节　蒙古族传统家庭教育的内容 ………………………… （29）
　　第三节　蒙古族传统家庭教育的方法 ………………………… （37）
　　第四节　蒙古族传统家庭教育的功能 ………………………… （41）

第二章　蒙古族传统家庭教育传承的现状调查和分析 ……… （45）
　　第一节　蒙古族传统家庭教育传承的现状调查 ……………… （45）
　　第二节　蒙古族传统家庭教育传承的影响因素分析 ………… （51）
　　第三节　蒙古族家庭教育"变化"的文化人类学分析 ……… （53）

第三章　蒙古族传统家庭教育传承的建议 …………………… （55）
　　第一节　把有关民族政策落实到家庭 ………………………… （55）
　　第二节　把民族文化教育融入学校教育中，创造"家校合作"
　　　　　　的局面 ……………………………………………………（56）
　　第三节　加强蒙古族家庭自身建设 …………………………… （58）
　　第四节　促进蒙古族家庭教育文化创新功能的发挥 ………… （59）
　　第五节　加强少数民族家庭教育的理论研究 ………………… （60）

第二篇　蒙古族儿童传统游戏与文化传承

第一章　蒙古族儿童传统游戏的概述 ………………………… （63）
　　第一节　蒙古族儿童传统游戏的起源 ………………………… （63）

第二节　蒙古族儿童传统游戏在家庭教育中的作用及成功个案 …（66）
第二章　蒙古族儿童传统游戏的种类 …………………………………（72）
　　第一节　男童三艺 …………………………………………………（72）
　　第二节　蒙古儿童的智慧游戏——西他日（蒙古象棋）…………（77）
　　第三节　开发蒙古民族儿童智力的游戏——掷沙（即羊踝游戏）
　　　　　　………………………………………………………………（82）
　　第四节　提高思维能力的语言游戏 ………………………………（93）
　　第五节　开启儿童智慧的智力游戏——蒙古民族的谜语 ………（103）
　　第六节　激发兴趣、启迪智慧的传统游戏 ………………………（117）
　　第七节　蒙古民族儿童的传统游戏——赛布鲁 …………………（120）
　　第八节　蒙古族儿童的其他游戏 …………………………………（122）
第三章　蒙古族儿童传统游戏现状调查与分析 ………………………（129）
　　第一节　蒙古族传统游戏的现状调查 ……………………………（129）
　　第二节　调查结果与成因分析 ……………………………………（131）
第四章　民族传统游戏传承的理性思考 ………………………………（137）
　　第一节　现代社会蒙古族传统游戏面临的危机与挑战 …………（137）
　　第二节　少数民族传统游戏对文化传承的意义 …………………（140）
第五章　蒙古族传统游戏的传承策略 …………………………………（142）
　　第一节　有关教育政策的制定与实施 ……………………………（143）
　　第二节　各层级教育中积极渗透游戏文化 ………………………（143）
　　第三节　建构游戏传承的生存机制 ………………………………（147）

第三篇　蒙古族传统游戏传承的有效途径
——蒙古族儿童民间游戏的幼儿园游戏课程开发

第一章　蒙古族儿童民间游戏与游戏课程及其关系 …………………（151）
　　第一节　蒙古族儿童民间游戏诠释 ………………………………（151）
　　第二节　游戏课程诠释 ……………………………………………（154）
　　第三节　蒙古族儿童民间游戏与游戏课程的关系 ………………（157）
第二章　基于蒙古族儿童民间游戏的幼儿园游戏课程建构探究 ……（160）
　　第一节　游戏课程建构的理论基础 ………………………………（160）
　　第二节　游戏课程开发的原则 ……………………………………（164）

第三节 游戏课程开发的程序 …………………………………（165）
第四节 游戏课程方案的基本框架设想 ……………………（168）

第三章 总结与展望 …………………………………………（175）
第一节 总　结 ………………………………………………（175）
第二节 展　望 ………………………………………………（176）

附　录 …………………………………………………………（177）

参考文献 ………………………………………………………（192）

导　论

一、蒙古族传统文化传承研究的重要意义

（一）蒙古族传统家庭教育传承研究的重要意义

蒙古族传统家庭教育是蒙古族丰富多样的民族文化的重要组成部分，也是传承民族文化的重要载体。在长期的实践中自成体系，以健康教育、道德教育、劳动实践教育、审美教育、环境保护教育等组成，互相融为一体，通过口述历史、言教身教、赐教箴言、在游戏中教育等独特的方式、方法发挥它特有的功能。笔者把选题目标锁定为蒙古族传统家庭教育是因为它不仅具有悠久历史和现实意义，而且它所涵盖文化内容的丰富性，方式、方法的多样性以及对个体教育的终身性，对民族精神的创造性等特点，决定了它本身是传播民族文化的载体，同时又是一种重要的现代家庭教育借鉴的教育资源，具有值得深入研究与挖掘的价值。

1. 蒙古族传统家庭教育具有独特的教育功能，对民族文化的传承和社会成员的成长发展具有重要的价值

在民族文化日益受到主流文化和西方文化冲击的今天，传统文化的弱化和濒危状况越来越引起人们的广泛重视，保护和传承各民族传统文化显得日益重要。国家开始非常重视传统文化的抢救和保护工作，提倡静态保护的同时更重要的是活态传承。即一方面要通过活态的再现去传承，另一方面是"尽其所能"发挥传统文化的现代价值和教育意义，通过塑造"文化人"来永久传承，即让传统文化渗透到更多人的精神世界。蒙古族起源于我国北方草原，是一个历史悠久富有传奇色彩的游牧民族，在其长期的历史发展中创造和发展了具有丰富民族底蕴和特色的民族文化。长期以来，蒙古族家庭担任着传承民族文化，培养民族成员的重任，多年来深刻地、全方位地影响着民族成员的成长。从小成长的文化背景，是一个人无论何时都无法丢弃的教育根基。蒙古族传统家庭教育无论在民族个体全面素质结构的形成还是对社会完整、稳定的发展方面都是不可缺少和无可代替的。它不仅是民族文化传播、传承的途径或载体，而且规范着民族的文

化心理、宗教信仰、伦理道德以及行为方式，自发地行使着全环节的教育功能。因此，研究和挖掘蒙古族传统家庭教育的功能不仅能有效地传承和发展民族文化，同时对民族成员完整素质结构的形成和发展也具有深远的意义。

2. 蒙古族传统家庭教育蕴含着丰富的、和谐的精神内涵，在构建和谐社会的今天具有重要的实践价值

构建和谐社会成为我国21世纪的一个创举，也是我国多民族国家社会发展的应然模式，在这种时代背景下，倡导和渗透和谐教育成为必然需求。构建和谐社会一个重要的途径就是从各民族的传统文化中寻找根基，因为人文思想与和谐精神的重建根植于传统文化中才能更加稳健和牢固。蒙古族传统家庭教育，无论从其内容还是方式、方法上都具有丰富的和谐精神意蕴，包括人与自然、人与人以及人与社会、民族与民族之间如何和谐相处，竞争和友谊如何合理处理，弱小和强大之间如何平衡等。因此，研究和挖掘蒙古族传统家庭教育的和谐精神内涵对社会成员如何在充满矛盾的现实生活中能够和谐相处，并弘扬民族文化，构建和谐社会，获得人与社会的可持续发展具有举足轻重的意义。

3. 研究蒙古族传统家庭教育具有完善和发展民族教育理论的价值

蒙古族传统家庭教育不仅具有民俗学研究的意义，同时还具有教育人类学研究的价值和意义。应该成为教育学研究的重要领域，因为教育学具有文化性格，教育的本质在于文化性。同时，通过查阅文献资料得知，已有的对蒙古族家庭教育的探索，太多的停留在现象说明和事实描述以及经验总结的基础上，真正从深度挖掘蒙古族传统家庭教育的内涵，对其内隐结构和蕴含的教育功能尚未涉及。所以有必要进一步在这一方面做出探索，为蒙古族家庭教育做出更具新颖性、说服力、指导性的研究。本书从蒙古族传统家庭教育内涵入手，总结出其独特的功能并如何传承等几个线索构建论文框架和内容，这样从教育人类学视角研究家庭教育，不仅可以为目前的民族家庭教育的学术研究提供一个新的视角，拓宽家庭教育的研究内容，引发人们对家庭教育的深入研究。同时也为完善民族教育理论作了一点探索。

(二) 蒙古族传统游戏文化传承研究的重大意义

1. 优秀传统文化继承的现实意义

每一个民族在长期的社会历史发展过程中，都创造了自己的文化，发展了自己的文化。这些文化从官方和民间两个方向上都得到了发展，并逐渐走向统一，经过过滤、积淀进而形成了具有特质的文化，逐渐形成民族

的传统文化。从本质意义和内涵上来说，文化不存在精华和糟粕之分。只要被称为"文化"的东西，实际上一定是指向了人类所创造并能够享受的物质和精神的财富。然而，这种财富现在的人能够享受，将来的人却不一定需要；过去的人们愿意享受，现在的人们却不一定愿意接受；某一民族崇尚的东西在别的民族那里可能是个禁忌。文化相对论认为：任何一个民族的文化都具有其独创性和充分的价值，都是在长期的历史过程中形成的，并与其经济条件相适应，一切文化价值都是相对的，文化谈不上进步和落后。[①] 这样看来，文化虽然没有精华和糟粕、进步与落后之分，却有适应与不适应之别。文化的不适应部分或者不适应的文化随着历史的发展会逐渐消失，而适应的文化或者文化的适应部分却逐渐得到发展，其核心成分会得以积淀。适应性文化或文化的适应部分不但是民族传统文化的滥觞，同时也可能是优秀民族文化传统发展的最大动力。可以肯定，随着长期的历史发展演变，在世界民族之林中能够占有一席之地的任何民族都有其独特的优秀文化传统。民族的优秀传统文化源于人民，规范于政治，但最终还是会走向民众，并以流传的形式传播于民间。广大民众通过日常的生产生活接受、检验、改造和传播进而发展本民族的文化，使民族文化更具有适应性和理性。在这个过程中一部分文化不断被政治所规范，而一部分文化则沉淀于民间并得到进一步流传和发展，这部分文化就是民间文化。

民族民间文化由于具有非常广泛深厚的大众基础，而且与广大劳动人民的生产生活密切联系甚至得到融合，所以，每个民族的民间文化在本民族的生存和发展中发挥着极其重要的作用。与上层文化表现为典籍等规范的传播形式不同，民间文化大多是以非正规形式传播，它的传承方式往往是口耳相传。如果我们不刻意地挖掘、开发和保留，那么民族民间文化的某些内容即使是具有现实价值，也会不可避免地消亡。从某种意义上来看，这种消亡意味着民族个性、民族特征的消亡，意味着文化多样性的潜在消失。

蒙古族儿童游戏作为蒙古族民间文化的有机组成部分，在蒙古民族的长期历史演变中得到了很大的发展，以其独特的内容丰富了蒙古民族的民间文化，并对一代又一代蒙古族儿童的身心发展起到了独特的作用。即使今日对孩子们的发展来说，蒙古族儿童民间游戏依然具有独特的价值。毫

---

① 林耀华：《民族学通论》，中央民族学院出版社，1997年版，第133页。

无疑问，蒙古族儿童民间游戏是人类文化宝库中的财富。然而，随着时代的发展，现代化进程的加剧和蒙古族生产生活方式的改变，这一宝贵的文化财富越来越得不到人们的重视，甚至面临着消亡的危险。正因为如此，从保护、继承、发扬优秀传统文化的需求出发，系统研究蒙古族儿童民间游戏，不仅具有明显的现实意义，而且还具有重要的理论建设价值。

2. 蒙古族儿童民间游戏课程资源开发的意义

蒙古族儿童民间游戏作为蒙古民族传统文化的有机组成部分，具有十分丰富的内容。这些内容是经过了民间儿童的长期改造加工和不断实践之后形成，并被广大蒙古族儿童所喜爱，是广大儿童喜闻乐见的娱乐形式，也是幼儿园课程的重要资源。

幼儿园作为基础教育的有机组成部分，担负着对学龄前儿童进行教育的重任，但是在如何教育上始终存在着许多争论和问题，其中，在课程改革中如何构成课程体系与课程内容等问题上尚存在着很多可以讨论的空间。广大幼教工作者在传统的分科课程的基础上研制出了诸如综合课程、目标课程、创造课程、主题综合课程、能力课程、活动课程以及过程课程等多种课程方案。总体上来看，这些研究实际上围绕了两个中心进行研制：即系统知识传授中心和幼儿感受体验、发展中心。在这一过程当中客观上将二者相对立，如何将二者进行统一应该是幼儿园课程研制所追求的科学境界。这其中隐含着教育观、课程观、知识观、发展观和儿童观等方面的争论。其根本原因是受传统的传授知识为发展标准的束缚。如果我们能够意识到"玩耍"对幼儿成长中的深远意义，能够真正认识到"游戏"对幼儿发展当中的重大价值，那么我们在研制幼儿园课程时也就很容易走出受学校教育课程引导的偏狭认识，在民族优秀传统文化、民族儿童传统游戏等广阔视野内审视进而研制出适应幼儿发展的课程，并从儿童熟悉和喜闻乐见的游戏活动中开发课程。不难理解，将蒙古族儿童民间游戏作为幼儿园课程资源，一方面能够保证幼儿园课程的趣味性，儿童在教育活动中的自主性，另一方面通过开发课程对幼儿进行本土文化的教育，确保诸如蒙古族儿童民间游戏这样的优秀传统文化能够得到有效的传承。同时在蒙古族儿童民间游戏课程资源开发中我们的视野得到开阔，我们的教育观、课程观、知识观、发展观以及儿童观都会得到更新。因为，蒙古族儿童民间游戏内容丰富、形式灵活、活动自然，这些显然都是幼儿园课程开发的重要资源。所以从保护和传承民族民间文化的角度和幼儿园课程改革的需要以及本土文化的开发等角度上出发，研究、保护和开发蒙古族儿童民间游戏具有非常重要的现实意义和教育价值。

3. 幼儿园游戏课程开发的意义

在基础教育课程改革的背景下，在幼儿教育课程改革中提出"游戏课程"，有其现实意义。第一，有助于实现人文关怀。传统课程主要知识、技能，课程实施中儿童存在的意义主要是为了掌握知识、认识外部世界，儿童仿佛是为知识而活着，却不是为自己以及为将来活着，而只是为现在而活着。幼儿的课程游戏化，是从儿童本体存在的角度出发，突出了儿童不断感受着的现实生活之价值。因为游戏的内在精神实质就是为了"享乐"、"获得满足"，也就是在游戏过程中得到各种快乐的体验，与他人的合作中进行分享快乐，获得满足。尤为重要的是，把课程看作游戏，凸显了体验的地位，而体验不是把世界当作对象来认识和把握，而是人与世界彼此交融。可以说，课程作为游戏真正关注了儿童做人的存在意义。第二，更符合儿童发展的特点。游戏在于"享乐"，但游戏者在"享乐"中却能获得更好的发展。儿童在享受游戏的同时，身体得到最大程度的放松，智力也得到最大程度的自由，无疑这是有利于幼儿身心的和谐发展。尤其是幼儿在游戏化的课程中通过亲自参与、感受和体验，从而其道德、审美等素质均能得到良好的发展。这是因为道德的养成、审美素质的发展固然离不开认识和知识的掌握，但关键是幼儿的道德感、美感的体验。情境教学之所以会产生道德、审美意义，达到培养幼儿的道德、审美素质的目的，正是由于它不是通过抽象化的概念，而是通过创设情境，从而能够得到道德和审美的体验。总之，课程成为游戏，这是对传统课程的超越，这里既有理智的探究，还有情感的陶冶、美的欣赏，它蕴含着对幼儿人格整体的关怀，从而为提高幼儿的全面素质提供了保证。

本书从知识的开发、民族民间文化的保护和传承的高度上，试图依据新的儿童观、游戏观和课程观，对蒙古族儿童民间游戏的开发以及幼儿园游戏课程开发的问题进行较为系统的研究。这些理念有些是曾经被人们提出过的，但以地方课程资源的视角去挖掘、整理蒙古族儿童民间游戏并在此基础上开发、建构幼儿园游戏课程的研究在国内外同类研究中尚属"盲区"，本书正是对这一"盲区"的探索。

二、相关研究综述

（一）蒙古族家庭教育研究综述

20世纪80年代国外教育学者针对学校教育中存在的问题，提出过"改革教育应从家庭着手"的建议。进入21世纪时，日本国针对学校教育存在的问题，在2000年"国民会议拟订的教育改革十七条建议（草案）"

中首先提出"要培养富有人性的日本人"就"要认识到教育的基础是家庭"。这些提议推动了对家庭教育的进一步研究。随着蒙古学研究的发展，蒙古族家庭教育也受到了学者的关注，国外对于蒙古族家庭教育的研究主要集中在蒙古国和俄罗斯。

蒙古国学者特·那木吉勒（T. N amjil）在蒙古族家庭教育方面的研究很有建树。特·那木吉勒（T. N amjil）以蒙古族家庭教育的理论研究为重点，近年来注重从考古学的角度比较研究东北亚的各民族教育。他在家庭教育方面的主要观点是大家庭（也就是我们的主干家庭）是有效进行家庭教育的基地，是人才成长的中心。特·那木吉勒（T. N amjil）代表作有《蒙古族传统家庭教育》、《蒙古家庭的礼仪习俗》等。

20世纪90年代以来，我国家庭教育研究在多个方面取得了重要成绩，赵忠心的《中外家庭教育荟萃》使我们对古今中外名人的家庭教育有所了解，开阔了研究者的视野，而他的《家庭教育学》则代表了我国家庭教育理论研究的优秀成果。此外，彭立荣的《家庭教育学》、孙俊三、邓身先的《家庭教育学基础》以及陈佑兰、焦健编著的《当代家庭教育学》在介绍家庭教育的基础理论，探索家庭教育的一般规律，以至于指导家庭教育的实践工作方面做出了突出的贡献。这些研究成果，为我们了解家庭教育的一般特点和规律提供了一定的经验、要领和原理，为我们认识和解决当今中国的家庭教育问题提供了一定的建议、观点和措施。骆风的《当代中国家庭教育的变迁及其发展趋势》，运用教育社会学理论分析了社会变迁和家庭变迁对家庭教育功能的影响。对蒙古族教育或蒙古族家庭教育的记载可以追溯到《蒙古秘史》（1240年）的有关记载中。《蒙古秘史》的教育内涵极其丰富，在这一本秘笈中详细地记载了与蒙古族游牧生产、生活密切相关的教育问题。而这些教育多是上一代对年轻一代的言传身教。当然，这其中大部分表现为蒙古族家庭对少年儿童的生产、生活实践的教育，做人做事的人生教育及一些军事、医学常识的教育。罗布桑却丹的《蒙古风俗鉴》号称蒙古族的"百科全书"，内容非常丰富。在这一本著作中反映出了罗布桑却丹先进的家庭教育思想。如今，蒙古族文化的独特魅力吸引了许多国内外学者的极大关注，从不同的角度，用不同的学科理论方法和研究视野研究蒙古族的文化现象。蒙古族学者也怀着深厚的民族感情，从事挖掘民族文化相关方面的研究。布林特古斯主编的《蒙古族民俗百科全书》（精神卷）（蒙文）是涵盖蒙古族传统文化全方位、多侧面的可供广泛使用的工具书，称之为蒙古族及其民俗研究领域中珍贵的文化载体。《蒙古族通史》是一部全面叙述蒙古族经济、政治、文化发展的专著，它揭示蒙古族历史发展的内在规律。韩达主编的《少数民族教育史》（多卷本）的第一卷，申建中、苏德、谢兰荣著的《达斡尔族教育史》以及第二卷特格舍、周玉树著的《蒙古族教育史》，篇幅宏大、资料详尽，从历史的高度概括介绍了蒙古族的传统教育。此外，还有一些专门论述蒙古族传统家庭教育的著作，如那仁敖其尔的《试论蒙古族传统家教》（蒙文），还有王风雷的《教育》（《蒙古文化丛书》之一）中，专门有一章论述了蒙古族的家庭教育。苏德的《蒙古族儿童传统游戏研究》是一本全面系统地研究蒙古族儿童传统游戏产生发展过程、具体游戏规则及其教育意义价值，并将游戏方法和教育意义结合起来的经典论著。这本书不仅通俗易懂地向读者呈现出了与蒙古族的生产、生活息息相关、益智健体的各种蒙古族儿童传统游戏，也从另一个角度向我们介绍了这古老民族教育下一代的独特而有效的方式。通过传统游戏，可以看到蒙古族家庭教育活泼、生动、科学的一面。这些著作对蒙古族家庭教育的研究，都具有重要的参考价值和史料价值。

（二）游戏研究的综述

1. 游戏概念的界定

究竟"什么是游戏"，在中西方历史上人们进行了长期的讨论。词源上分析，在汉语中，"游戏"一词在战国时期的历史文献中即已出现。《韩非子·难三》中载有"管仲所谓'言室满室，言堂满堂'者，非特谓游戏饮食之言也，必谓大物也。"[1] 现代所运用的"游戏"一词其意义渊源是从古汉语中"遊"、"遨"、"嬉"等字词义上发展演变而来，其意与现代词语中的"玩耍"很相似。在英文中，"游戏"有 play 和 game 两个词，其中我们所用的"游戏"一词与 play 更为接近，因为 game 主要指有规则的游戏。Play 一词可作动词运用，而作为名词所含的意义为：不要求沉重的工作，使人愉快和满足。[2] 由此可见，在中西方的文化中"游戏"一词的演变发展过程和现代指向含义基本相同。

虽然"游戏"作为一个独立的词具有稳定的含义，人们也对"游戏"的词意基本达成共识，但是作为一个概念，尤其是作为一个教育中的概念，对其如何定义上尚存在着很多争论，还远远没有达成共识。出现了外

---

[1] 《现代汉语大词典》，汉语大词典出版社，2002 年版。
[2] 丁海东：《儿童游戏本质观的演变及其主体性本质观的建立》，载《中华女子学院山东分院学报》，2001 年第 4 期。

部特征性概念、内部动机性概念、教育功能性概念、本体论概念等。① 可见，我们极为熟悉的"游戏"这个概念要给它一个确切的定义目前仍然有较大的难度。近些年，国内外学者针对幼儿游戏这一范畴，游戏的属性和特点基本达成共识，认为幼儿游戏的主要属性和特点为：游戏是幼儿自主控制的；伴随着愉悦的情绪体验；在假想的情景中发展；无强制的外在目的②。其中，自主性是幼儿游戏的本质属性。这种观点是当前幼教界的代表性观点，由此有人提出了幼儿游戏的概念：它是幼儿的一种无强制的外在目的的、假想的情景中发展的假想的成人实践活动。③

2. 国外游戏研究动态

西方近现代的游戏研究，绝大多数是从属性研究。所谓从属性是指或不把游戏本身作为论旨，或作为论旨但却只是体系的一个次要部分④。康德的游戏观是论述艺术创作时附带提出来的，如"艺术还有别于手工艺，艺术是自由的，手工艺也可叫作挣报酬的艺术。人们把艺术看作仿佛是一种游戏，这本身就是愉快的一种事情，达到了这一点，就算是符合目的……"⑤。席勒的游戏说是在《审美教育书简》一文中审美游戏作为克服人性分裂的治疗手段而提出来的，符合该书关于人的自由与解放的主题。斯宾塞的游戏论是在他的"综合哲学"体系之一的《心理学原理》第九章中提出来的，探讨了美感在意识进化之链中的来源、地位、特征与功能，把游戏与审美相互统一起来。伽达默尔的《真理与方法》是要建立一种关于理解的一般哲学理论，其中分析游戏是为了更好地理解艺术作品的存在方式。这一阶段的研究仍然属于从属性研究，但这些思想家、哲学家们的新发展动态，专门的、系统的、细化的研究崭露头角。如格鲁斯的《动物的游戏》、《人的游戏》；胡伊青加的《人：游戏者》等专论游戏的经典著作唤醒了人类对游戏现象的一度漠视甚至否定的态度和认知，着实让人类不得不重新观察和审视自己身边时刻发生的游戏现象。这些研究第一次脱离于其他学科独立论述游戏现象，这是游戏文化研究中的一次质的飞跃。

国外游戏理论的研究经历了三个发展阶段：第一阶段是19世纪下叶到20世纪30年代，受进化论的影响，游戏理论研究带有生物学的色彩。主

---

① 俞喆：《游戏概念探究》，载《华东师范大学硕士论文》，2004年版。
② 张永红：《幼儿游戏的本质属性管窥》，载《幼儿教育研究》，2001年第3期。
③ 张永红：《幼儿游戏的本质属性管窥》，载《幼儿教育研究》，2001年第3期。
④ 崔英锦：《朝鲜族传统游戏传承的教育人类学研究》，载《中央民族大学博士学位论文》，2007年版。
⑤ 朱光潜：《西方美学史》，人民文学出版社，1964年版，第383页。

要有：斯宾塞提出的"剩余精力说"，即认为游戏是释放体内积蓄的自然能量；拉察鲁斯提出的"松弛说"；即游戏可以消除疲劳、恢复体力；霍尔提出"复演说"，即游戏可以宣泄与减弱原始的本能冲动；格鲁斯提出"生活预备说"，即游戏是对生来不完善的本能练习，获得成年生活所必需的经验与技能[①]。这一阶段对游戏价值的性质指向人的身体方面。

第二阶段是20世纪40年代到60年代，游戏理论以心理学理论为基础，试图用游戏治疗来帮助儿童克服情绪障碍。主要有：弗洛伊德的"精神分析说"，认为游戏是减轻焦虑、宣泄与补偿现实生活中不能满足的欲望以获得控制外部环境的感觉，以及蒙尼格的"宣泄理论"和艾里克森的"掌握理论"，[②] 其游戏价值指向人的情绪和社会性发展方面。

第三阶段是20世纪70年代以后，以皮亚杰、维果茨基认知发展的游戏理论占主导。主要代表有：皮亚杰的认知发展说，认为游戏是认知结构发展不平衡的产物，通过同化改变现实以满足个体情感上的要求；维果茨基的"社会文化说"，认为游戏是解决处在发展中的能力与愿望之间的矛盾，满足"像成人那样行动"的需要，创造最近发展区；伯莱因的"唤醒说"，认为游戏可以维持中枢神经系统最佳觉醒水平，获得外部信息，重组和改造已有的经验；贝特森的"元交际"理论，认为游戏过程是一个元交际过程，以游戏双方能够识别对方的游戏意图为前提；萨顿——史密斯的"文化适应说"[③]认为，游戏是个体社会化的途径。这一时期的研究倾向于认知发展、社会性发展等方面。

国外有关游戏理论研究呈现的特点有：首先，从理论本身的纯思辨性向实证性转变；其次，游戏的价值观从注重情感向关注认知及身心各方面发展；最后，研究的范围不断拓展，研究技术不断进步。

3. 国内游戏研究动态

我国教育家很早就对幼儿教育尤其是游戏方面有了论述。像《礼记内则》、《少仪》等篇，《大戴礼记》、《本命》、《保傅》、《贾谊新书保傅篇》等都有关于幼儿教育的意见。宋明兴起的蒙养教学比较注重儿童的学习兴趣，强调要教人"乐学"。程颐曾说"教人未见意趣，必不乐学"。朱熹亦强调"乐教"的重要。王守仁主张"大抵童子之情，乐嬉游而惮拘检，如草木之始萌芽，舒畅之，则条达，摧挠之，则衰痿。今教童子，必使其趋

[①] 华爱华：《幼儿游戏理论》，上海教育出版社，1998年版，第32页—38页。
[②] 华爱华：《幼儿游戏理论》，上海教育出版社，1998年版，第38页—第50页。
[③] 华爱华：《幼儿游戏理论》，上海教育出版社，1998年版，第38页—第50页。

向鼓舞，中心喜悦，则其进自不能已。譬之时雨春风，沾被卉木，莫不萌动发越，自然日长月化。若冰霜剥落，则生意萧索，日就枯槁矣。"① 蒙养教学多注重歌舞、吟诗、讲故事之类，就是要让儿童"欢呼戏笑之间"习得行为规范。"童子戏"是幼儿教育常采用的教学方法之一。

以托幼机构教育实践为基础的我国幼儿教育理论与实践的研究，发端于20世纪20—30年代，从那时至今，我国游戏理论的研究发展可以大致分为四个阶段：

第一阶段是20世纪20年代到40年代，这一阶段在介绍和引进国外游戏理论的基础上，开始了我国儿童游戏研究的工作。主要代表人物是陈鹤琴，陈先生认为，儿童之所以游戏与两方面因素有关：一方面与儿童游戏的力量（体力）和能力（动作技能）的发展有关；另一方面与儿童好动的天性和游戏能给孩子以快感有关。从儿童身心发展的角度考察儿童游戏的原因与游戏的发展变化是其儿童游戏的核心思想。陈先生的思想与研究，奠定了我国儿童游戏研究的基础，游戏成为幼儿园课程的重要组成部分。在1928年颁布的教育部制定的幼儿园课程标准中，把游戏规定为幼儿园课程的重要内容。幼儿园游戏内容包括计数游戏、故事表情和唱歌表情游戏、节奏和舞蹈游戏、感觉游戏、模拟游戏及传统游戏。在组织幼儿进行各种活动时，主张尊重儿童的意愿，同时也注重教师的指导，包括小组、个别指导。这一时期注重幼儿实际生活和游戏，让幼儿在实际生活和游戏中获得各种经验。

第二阶段是20世纪40年代到60年代，这一阶段我国幼儿教育理论与实践全面"苏化"，以社会文化学派的心理学理论为基础的游戏理论对我国幼儿游戏理论与幼儿园教育实践的发展发生巨大的影响。如强调活动在儿童心理发展中起主导作用，强调游戏的社会性本质，反对本能论、强调成人的教育影响；注重利用主题角色游戏和规则游戏来编制教学游戏，被我国幼儿园教师普遍地比较熟练地掌握。这一阶段幼儿游戏理论基本处于移植阶段，中国化研究还不够，并排斥了来自欧美的幼儿教育理论与实践。

第三阶段是"文革"时期，我国儿童游戏研究无发展，却正是国外幼儿园教育理论与实践迅速发展的时期。

第四阶段可分为三个时期：20世纪70年代末到80年代初，儿童游戏

---

① 虞永平：《游戏、儿童与学前课程》，载《山东教育》，2001年第3期。.

研究的专业队伍人数少，力量薄弱。游戏研究局限于幼儿教育领域。相当数量的幼儿教育工作者不了解国外儿童游戏研究的情况，指导幼儿园教育实践的主要是原苏联50~60年代的游戏理论。翻译的著作主要有：《童年的游戏：梦和模仿》（皮亚杰，1962），《游戏及其在儿童心理发展中的作用》（维果茨基，1967），《游戏—它在发展进化中的作用》（布鲁纳，1976）等。

20世纪80年代初到80年代末，我国学者们翻译了大量的世界各国儿童游戏研究的著作，如《锻炼儿童思维的游戏》（伊夫林夏普，1981），《游戏的心理和指导》（小口忠彦，1984），《幼儿游戏与智力启蒙》（日本冈崎市广播幼儿园，1986），《游戏中的儿童教育》（门捷利茨卡娅，1989）等。我国学者也开始出版了自己的相关著作：如《实用婴幼儿游戏》（孙纪贤、徐珍文，1981），《游戏》（全国幼儿园教材编写组，1982），《幼儿智力开发与游戏》（陈俊恬，1983），《儿童游戏创编与教学》（黄世勋，1989）等，这些大多是侧重于应用性游戏的研究。

理论方面的研究具有代表性的有，如《游戏》（陈帼眉，1982），《儿童游戏的当代理论与研究》（刘焱，1987），《幼儿教育学参考资料》（黄人颂，1988）等，但是这些研究当中相当多的篇幅仍然是以介绍国外的游戏理论为主。

对游戏的专题或专门研究的高峰期出现在20世纪90年代。如麻国均、麻淑云的《中华传统游戏大全》（1990），从游戏方法的角度，把游戏分为棋类、搏类、球类、射类、水类、投掷类、口头文字类等十三类；蔡丰明的《游戏史》（1997），对我国古代游戏活动分为角力、竞技、斗智和猜射等几种类型，阐述了游戏与岁时节令、社会风俗之间的关系；此外，还有王金玉的《中国民间游戏》（1997）；郭泮溪的《中国民间游戏与竞技》（1996）等。吴文忠的《中国体育发展史》（1981），明确提出了中国体育发展的分期问题；杜成宪、王伦信的《中国幼儿教育史》（2000）、乔卫平、程培杰的《中国古代幼儿教育史》（1989）等著作中，从游戏与幼儿文化生活关系入手，不同程度地论述了在古代家庭教育中把游戏作为加强幼儿身体锻炼的一种重要方法，认为拔河、跳绳、放风筝、踢毽子等游戏是学前儿童喜爱的活动，是幼儿保健的重要内容；汝小美、刘炎的《儿童、游戏、家庭》（1997）、丁海东的《学前游戏论》（2001）、刘炎的《儿童游戏通论》（2004）等著作，较为系统地论述了游戏在儿童教育中的作用和意义，更加突出了教育视野中游戏的独特价值和功能。这些研究中社会文化风俗史对游戏研究更为深入，但对游戏的叙述多为提纲挈领，过于简单，缺乏较为系统的阐释和整理。

进入21世纪后，游戏研究呈现出新的研究特征和景象，刊登在各学术期刊的关于游戏的文章多达上千篇，其研究领域包括文学、教育、风俗、商业、企业、经济等各个方面，从不同学科角度对人类游戏现象进行了多方面探究与研究。不过大多数文章更多论及的是游戏的产生、种类、玩法、技巧等问题有关游戏传承与教育方面的文章并不多是把研究热点主要集中在游戏与学前教育之间的关系上，更具拓展性的游戏研究并不多见。彭海蕾的《幼儿园游戏教学研究》（2002）；王银玲的《游戏的秘密与美好的教育》（2002）；易利红的《民间游戏训练对3—9岁儿童社会技能影响的实验研究》（2003）；杜晓玲的《学前儿童游戏择伴的研究》（2003）；任智茹的《被忽视幼儿在角色游戏中的行为特征及教育对策研究》（2004）；何琴的《沙盘游戏作为儿童心理教育技术的探索》（2004）；陈艳蓉的《游戏精神关照下的幼儿艺术教育研究》（2005）；殷亚林的《电子游戏与课程整合的价值发掘和模式建构》（2005）等。这些研究说明近年来我国的游戏研究也开始关注和渗透游戏在认知、思维、语言、心理治疗等各方面的特殊地位和作用，开始逐步关注和重视游戏与人类教育之间的关系。

总体上看，我国近现代的游戏研究最初仍从属于社会民俗史、文化史、体育史、艺术史、学前教育史等学科领域。随着研究的发展20世纪90年代开始出现了游戏的专题或专门研究的高峰，所涉及的研究领域和层面也越来越广、越趋于具体和细致。目前我国的游戏研究还未能深入剖析和挖掘游戏在人类教育活动中发挥哪些独特的功能和价值，游戏在教育中扮演何种角色等诸多深层问题，但这一研究趋势和欣欣向荣的研究动态，让我们充满信心。

4. 国内外蒙古族传统游戏研究动态

查阅相关历史文献和学者的论著、论文发现，蒙古族学者对蒙古族传统游戏的研究成果非常丰富，涉及面很广，总体上侧重于体育学、民俗学的领域研究，有些学者也从运动学、教育学的视角分析了传统游戏在学前教育及学校教育中的作用，表现出与国外游戏研究基本一致的特点。如，苏德毕力格的《蒙古族儿童传统游戏》（1988）中介绍了蒙古族儿童传统游戏的种类，包括三项技艺、掷沙、语言游戏、赛布鲁等十几种游戏以及对人发展的影响，认为传统民俗游戏是祖先传给的优秀文化遗产，具有独特的文化价值，通过这些游戏可以加强民族团体的凝聚力，突出团结的力量，因此要继承和发挥。白红梅的《蒙古族那达慕的文化蕴涵及其教育功能探究》（2007）通过对蒙古族每年的那达慕进行深入的探究产生的渊源、形成与发展，进一步阐述蒙古族传统游戏教育功能的探究与文化的传承。

纵观国内外游戏研究，总体发展方向和趋势基本一致。早期国内外游戏研究都属于从属性研究，并没有单独独立而进行专门化、系统化研究，而是从属于意识形态领域的各社会学科之中，这是东西方游戏研究的共性特征。不过虽然都属于从属性研究仍存在差异。如西方的游戏研究最早从属于哲学、艺术、美学等领域，后随着社会发展逐渐渗透于心理学、人类学、文化学等领域。我国早期游戏研究则从属于春秋战国时期诸子百家的思想观点中，逐渐从属于民俗、艺术、体育、文化等学科领域。进入现代后，国外游戏研究越来越趋于专门化、系统化，从人类学、文化学视角对游戏进行崭新的阐释和解读。与国外研究相比我国游戏研究无论从研究范围，研究速度和研究的精细化等方面，皆略滞后于国外。目前国内外游戏研究越趋于系统化、具体化的发展趋势。①

三、核心概念的界定

（一）家庭教育

所谓"家庭教育"，目前在教育学界是这样定义的："父母或其他年长者在家庭内自觉地、有意识地对子女进行的教育"。②《教育大辞典》解释的家庭教育是指"家庭成员之间的相互教育，通常多指父母或其他年长者对晚辈进行的教育。家庭教育是社会整个教育事业的重要组成部分，具有不可替代的特点和作用。"③有些学者还认为："家庭教育应是在家庭范围内或家庭生活中，对家庭所有成员进行的教育。家庭教育的对象重点是子女，尤其是学龄前子女，但也包括家长本人，还包括家庭的其他所有成员。"④

在现代家庭教育学的研究中大部分学者采用的均为狭义的概念，倾向于认为家庭教育对象重点是未成年人，即儿童和青少年或者限定在入学前或入学后这段时间，而淡化了家庭教育是伴随人的一生的教育，淡化了家庭教育是一种终身教育的理念。其实家庭教育与学校教育、社会教育一样

---

① 崔英锦：《朝鲜族传统游戏传承的教育人类学研究》，中央民族大学博士学位论文，2007年。
② 《中国大百科全书——教育卷》，中国大百科全书出版社，1985年，第140页。
③ 《教育大辞典》第一卷，上海教育出版社，1990年版。
④ 李秀林：《辩证唯物主义与历史唯物主义》，中国人民大学，1994年版。

是一种基本的教育形态，是一个国家整个教育体系的重要组成部分，它包含着十分复杂的成分，有显性的教育，如父母等长辈有意识、有目的的言传身教榜样示范等，也有隐性的教育，如蕴涵于家庭文化、家庭氛围、人际关系等之中的教育影响。本书使用家庭教育的广义概念，即指在家庭生活中，家庭成员之间有目的、有意识的增进人的知识技能，影响人的思想品德，发展人的智力和体力的活动，主要是父母或其他年长者对儿孙辈进行的教育和影响。

（二）蒙古族传统家庭教育

马克思主义哲学对传统的解释为："传统是指由历史沿传下来的、体现人的共同体特殊本质的基本价值观念体系。传统一般都是人们生活中最权威的行为模式，它渗透在一定民族或区域的思想、道德、风俗、心态、审美、情趣、制度、行为方式、思维方式以及语言文字之中，具有极其宽泛的内涵。传统具有明显的延续性和群体性。那些在历史上曾经出现过但并未保存下来的东西是不能称为传统的。"① 因此，笔者认为蒙古族传统家庭教育是指蒙古族家庭教育中由历史流传下来的、体现民族群体特殊本质方面的属性。它是在特定历史条件下产生并发展的。传统家庭教育在漫长的历史时期内，在民族教育中都处于首要的位置。原因是"一是蒙古族古代儿童教育中，家庭教育起到最重要的作用，即儿童长大成人都是受家庭环境影响的结果；二是从蒙古族教育发展的历史来看，学校教育远远迟于家庭教育，即学校教育产生之前，家庭教育乃是人们接受教育的重要途径；三是即使学校教育产生之后，能够让孩子住宿学校接受教育的人非常有限，因而仍以家庭教育为主；四是从儿童成长的过程来看，在更多的时间内它们都在自己家中度过，还是更多地接受家庭环境的影响"。② 而且蒙古族的家庭教育与其他民族相比颇具独特性，有其明显的地域性、民族性等特点。无论对民族成员的成长，还是对一个民族、国家的发展产生着举足轻重的作用。

（三）游戏

游戏是人们很熟悉的一个词汇，人在不同的年龄阶段，用多种多样的方式进行着各种游戏，但由于不同时代的人们对游戏含义的视角不同，其

---

① 陈凤阳：《关于家庭教育之基本问题的重新认识》，载《湖北大学学报（哲社版）》，1989年第4期。

② 王凤雷：《蒙古文化研究丛书——教育（蒙文）》，内蒙古教育出版社，2003年版，第801页。

概念的理解也存在着差异。

奥地利教育人类学家赫勃尔特·茨达齐尔（Herbert Zdarzil）在《教育人类学原理》著作中认为，游戏可以理解为自我满足，参加游戏活动者总是高高兴兴地参加各种活动。[1] 荷兰的文化学家约翰·胡伊青加在著作《人：游戏者》中认为，"游戏是生命的一种功能，但却不可从逻辑学上、生物学上或美学上加以准确界定。游戏概念必须总是有别于我们借以表述精神与社会结构的一切其他思想形式"。[2]《教育学名词浅析》中对游戏是这样界定的：游戏属于体育运动的一个项目，也是一种娱乐活动。游戏有智力游戏和活动性游戏。前者如下棋、积木、填字；后者如追逐、接力和利用球、棒、绳等器材开展活动。活动性游戏多为集体进行，有一定规则，参加者必须遵守。[3]《中国教育大百科全书》中认为：幼儿游戏是儿童运用一定的知识和语言借助各种物品，通过身体运动和心智活动，反映并探索周围世界的一种活动。[4]

泛游戏理论认为，游戏就是在日常生活的一定时空中发生的活动者超越生活常规并遵守内部规则的自主娱乐活动。也可以说，游戏是活动者自主娱乐的活动，是活动者自得其乐的活动。活动游戏在游戏中能够体会到其中的乐趣，获得快感、愉悦感或幸福感。从上述对游戏概念的阐释中可以看出，游戏常常与人们的娱乐、休闲、体育、风俗等文化现象紧密联系在一起，是一种充分反映人类娱乐的活动。[5]

我国的《辞海》和《中国教育大百科全书》中对游戏定义的界定分别为："游戏是体育的重要手段之一。文化娱乐的一种。有发展智力的游戏（如下棋、积木、填字）和发展体力的游戏两类。前者包括文字游戏、画图游戏、数字游戏、习称游戏；后者包括活动性游戏（如捉迷藏、搬运接力等和竞赛性游戏如足球、篮球等）和非竞赛性体育活动（如康乐球等）。"[6]

游戏常常与人类表达情绪情感的词句，如"玩"、"乐"、"轻松"、"放开"、"舒展"、"自由"、"舒服"、"高兴"等紧密相联，从中可窥见游戏对人类心情神态的调节和影响作用。从古至今游戏与人类艺术，日常生

---

[1] 赫勃尔特·茨达齐尔：《教育人类学原理》，上海教育出版社，2001年版，第165页。
[2] 约翰·胡伊青加：《人：游戏者》，贵州人民出版，1998年版。
[3] 《教育学名词浅析》，青海人民出版社，1982年版，第330页。
[4] 《中国大百科全书（教育卷）》，中国大百科全书出版社，1985年版，第500页。
[5] 王军：《教育民族学》，中央民族大学出版社，2007年版，第139页。
[6] 《当代社会科学大词典》，南京大学出版社，1995年版，第312页。

活和工作，各种宗教礼仪及娱乐活动紧密相联，为人类生存增添更多色彩。这一特征可从古今中外诸多学者的真知灼见中得到考证。如首次使用"游戏"概念的康德认为："诸感觉（它们没有任何意图作根据）的一切交替着的自由游戏都使人快乐，因为它促进着对健康的情感：不论我们在对它的对象甚至对这种快乐作理性的评判时是否有一种愉悦……"①

进而提出："游戏必须如何地使人快乐，而无须人们把利益的考虑作为它的基础而使人快乐：因为没有游戏任何晚会都几乎不可能使人娱乐……""音乐和笑料却是带有审美理念或者甚至知性表象的两种不同的游戏，最终并没有什么通过它们而被思考，它们仅仅能通过它们的交替、但却是生动地使人快乐。"②

席勒认为人所特有的"游戏"是一种想象的、创造性的审美活动，是不带有任何功利目的的自由活动。游戏状态即自由的审美状态，因此"人同美只应是游戏，人只应同美游戏。"③

可见这两位伟人虽谈论游戏的角度不尽相同，但都认为游戏的本质就是"自由与快乐"。这种认识到了胡伊青加的身上得到了更为深入的发展和延伸，游戏成为基于"自由与快乐"之上的一种主体的"自愿"行为，成为不同于平常生活的、随处都可以进行的、直接满足各种需要和欲望的"自愿"行为，且毫无物质的利益和效用等功利性特征，代表着真正的自由。

从这些中外学者对游戏的不同解读中可以看出，他们主要从游戏的外显行为和心理意向特征入手探讨了游戏的本质。在此我们不必评价其优劣与否，只想通过解读他们的观点和思路，进一步理解游戏的本质和内涵，使游戏成为能够真正体现快乐和生存意义的一种娱乐方式。游戏的本质就是摆脱和超越一切现实利益与功利性特征的、来自内心无拘无束的快乐与自由，是一种内心向往和自愿行为。这样的游戏才能使人心情舒畅，净化心灵，真正获得幸福与快乐。游戏的本质特征就是"自由"、"自愿"与"快乐"。

本书中游戏的含义很广，其内容包括儿童游戏和成人游戏，游戏的分类也多种多样。其主要切入点放在把活动作为人类社会文化现象的传承手段，深层探究其在人类教育中的独特价值和功能。因此本书中把游戏概念

---

① （德）康德著，邓小芒译：《批判力批判》，人民教育出版社，2002年版，第177页。
② （德）康德著，邓小芒译：《批判力批判》，人民教育出版社，2002年版，第178页。
③ （德）康德著，邓小芒译：《批判力批判》，人民教育出版社，2002年版，第178页。

界定为：游戏是指人们为了调节和放松心情而进行的一切娱乐活动。

（四）民间游戏的概念

民间游戏是指各民族在漫长的社会历史进程中，为了适应生存和繁衍的需要，通过社会生产劳动而逐渐形成的各种游戏活动。民间游戏起源于广大民众的生活积累，它源远流长，一般较难确定某一个游戏形成的确切年代，也无从考证其作者。劳动人民或民间儿童在生产、劳动、生活中自发创造了一些极具娱乐、民族特色和地方特点，且易学、易会、易传的活动，这些活动深受孩子们喜爱，经过一代又一代的流传，成为民族文化不可分割的组成部分。世界上的各个民族都有自己独特的游戏活动，这些游戏活动投射出不同民族各自不同的历史进化过程和多彩多姿的文化现象。①

（五）蒙古族民间游戏

蒙古族民间游戏是与娱乐有密切关系的活动。而这种传统游戏娱乐活动又是在蒙古族氏族社会时的游牧、围猎生活和生产实践中产生发展的。所以，追溯蒙古族儿童民间游戏的产生历史，可以说是源远流长。蒙古族民间游戏是蒙古族在自己的生存、延续发展过程中所形成的、具有自己独特内容与形式的娱乐活动。蒙古族民间游戏属民间游戏的一部分，本书中所涉及的民间游戏主要是在蒙古族儿童范围内开展的、深受儿童喜爱的游戏。根据蒙古族民间游戏的基本内涵，我们将蒙古族儿童民间游戏界定为：形成于蒙古族的生存、延续和发展历史过程中，具有与该民族生产生活实际相适应的独特内容与形式，并在蒙古族儿童中广为流传的最常见、最普遍、最有趣的综合性娱乐活动。

这一内涵的界定可以从四个方面来理解：首先，蒙古族儿童民间游戏是综合性娱乐活动。无论何种游戏，只要是被称之为游戏者，其本质一定是具有强烈的娱乐性，任何外在附加的功利性、盈利性等目的都会破坏活动的游戏性，从而使游戏活动变成其他性质的东西，蒙古族儿童民间游戏是儿童自觉自愿组织并开展的以娱乐为目的的活动；其次，蒙古族儿童民间游戏是松散的综合性娱乐活动。就是说，蒙古族儿童民间游戏不是一种有组织、有计划、有明确外在目的的活动，它不同于学校或幼儿园等教育场所进行的教育活动，它具有很强的随意性、自由性和综合性；再次，蒙古族儿童民间游戏是蒙古族儿童独特的活动，它既不是指蒙古族的成人游戏，也不是指其他民族儿童的民间游戏，它是特指蒙古族儿童中广为流传

---

① 王军：《教育民族学》，中央民族大学出版社，2007年版，第139页。

的游戏娱乐活动；最后，它源于本民族的生产生活传统并与之相适应，并能够反映本民族的文化传统的娱乐活动。①

本书中蒙古族传统游戏主要指三项技艺、掷沙、语言游戏、赛布鲁、蒙古象棋等十几种游戏内容。这些是蒙古族儿童和成人都十分喜爱的游戏种类，是从众多数游戏项目没有明显的年龄区分和性别界限。还需要特别说明的是，在现实中很多原本属于游戏的项目，随着社会发展已竞技体育项目，为了便利本研究把体育项目统一归属于游戏类，文字表述上也统称为游戏。

（六）文化传承

人类在生存发展的过程中，不断地创造和积累知识、技能，形成行为习惯、制度和观念、思想、艺术，并且利用各种工具和媒介，对它们进行整理、传播和储存。这就是文化的创造、扩散和积淀。与此同时，人类为追求种族的延续和发展，必须使文化代代相传。文化是不能"生而知之"的，只能是"学而知之"。因此老一代人总得向年轻一代人传授文化，新一代人总得经历一个从上一代人身上接受文化传授的过程。在文化学上，这就是文化的传承；在社会学上，称之为社会化过程；在教育学上，则是教育过程。文化是民族的重要特征，也是构成民族的核心要素。人类创造了文化，文化又缔造了人类，文化与民族社会群体之间通过"传"与"承"两个并存、继起的环节实现有机的整合，促使文化在传承过程中呈现出稳定、延续、再生的特征，最终形成模式化发展。因此要弄清何谓文化传承。

在学术界"文化传承"一词出现频率极高，是早已为人们所用的一个名词，从十九世纪中叶起，有些学者对文化传承问题进行专门的研究，但很少人论及文化传承的内涵和本质，目前还没有确切的以科学界定的概念。现可查阅的文献资料中我国学者赵世林认为："文化传承是指文化在民族共同体内的社会成员中作接力棒似的纵向交接的过程。这个过程因受生存环境和文化背景的制约而具有强制性和模式化要求，最终形成文化的传承机制，使民族文化在历史发展中具有稳定性、完整性、延续性等特征。也就是说，文化传承是文化具有民族性的基本机制，也是文化维系民族共同体的内在动因。社会成员正是通过习得和传承共同的民族文化而结成为一个稳定的人们共同体的。这在原始的或社会发展相对滞后的民族中

---

① 王军：《教育民族学》，中央民族大学出版社，2007年版，第140页。

更为明显。"① 赵世林认为:"文化传承按文化的构成形态可以分为语言传承、行为传承、器物传承、心理传承等形式,其中心理传承是最强烈、最持久、最深刻的文化传承,是各种传承形式的核心和中枢。"②

本书中的文化传承主要探讨在蒙古族家庭教育和蒙古族儿童民间游戏这两个具有浓厚民族特色的活动中蒙古族文化的传承。人类在文化传承中进行着各种社会文化要素的交接,进行着文化的生产和再生产,因此文化传承是人类社会不间断发的内在要求,其过程本身就是对人类进行教育和再教育的过程,是塑造民族成员的文化自觉意识和民族认同感的过程。

四、理论基础

在蒙古族悠久的文化历史发展中,积累了丰富多样的文化遗产,至今仍以各种方式影响着每一代蒙古族的成长与发展。尤其是蒙古族家庭教育和蒙古族传统的游戏,以其潜移默化的影响力,在蒙古族成员的文化意识的塑造和民族认同感的形成中,发挥着至关重要的作用。从文化传承的视角来研究蒙古族的家庭教育和蒙古族传统游戏,我们主要依据以下几种理论:

(一) 文化人类学理论

文化所包含的内容是非常广泛的,它涉及特定社会生活中的方方面面,如生产、生活经验、宗教信仰、伦理道德、风俗习惯、价值观等。蒙古族的文化不仅属于该民族,也属于全人类。"文化相对主义"认为,"文化都是人类行为的可能性的不同选择,无所谓原始与现代的差别,也并非意味着落后与先进这类评价,各文化都有自己的价值取向,有自己与所属社会的相应能力"(本尼迪克特),也就是说任何一种文化的存在都有其合理性,都有其自身独特的价值和功能。我国人类学家费孝通关于文化的"多元一体格局"就是这种文化观在我国的具体体现。蒙古族文化作为"多元一体格局"中的一元,必须得以继承和发展,即文化的传承。"文化传承"是指文化在与主体结合的过程中受内在机制的支配,而且具有稳定性、完整性、延续性等要求,并在整个社会发展中呈现出再生的特征;它主要在人们共同体内部的代际间纵向传递;它具有几个基本属性。首先,文化传承是一种社会强制;其次,文化传承的核心是心理传承;再次,文化传承形成文化传统,文化传统是文化传承的逻辑结果,最后,文化传承

---

① 赵世林:《云南少数民族文化传承论纲》,云南民族出版社,2002年版,第17页。
② 赵世林:《云南少数民族文化传承论纲》,云南民族出版社,2002年版,第17页。

机制包涵着文化的选择机制。[7] 由此我们认为，文化传承意味着文化的继承和发展，而不是简单的继承。这种文化观是本书研究蒙古族家庭教育的一个文化视角，一个基础和前提。本书是在这种文化观的支持下展开研究的。

（二）个体文化适应原理

教育人类学认为，教育是文化的生命机制，在这个意义上，教育的本质就是文化传递，文化依靠教育得以产生、积淀、弘扬、创造和发展。德国著名教育人类学家斯普朗格提出了"教育是文化过程"的观点，认为教育是通过"摄取吸收文化价值，体验陶冶多维的人，促进生命个体总体生成"来实现其文化过程的。所以，研究蒙古族传统家庭教育和蒙古族传统游戏在很长历史时期内所发挥的传播民族文化的功能，首先要涉及个体的文化适应问题。文化适应，又称濡化，使文化延续和个体文化化的基本过程。也是个体学习文化，形成特定社会生活能力的过程。文化适应的程度和质量关系到对传统文化的传承和吸收，新文化的创造等。在个体的生涯中，早期的文化适应都是在家庭环境中实现的。幼年时期不仅是儿童认知发展的重要时期，同时也是儿童社会化的重要时期，儿童在特定的社会文化互动中，逐渐由自然人发展为具有某种文化烙印的社会人或称为"文化人"。心理人类学家米德（Margaret Mead）就精辟地指出："人类本质确有使人难以置信的适应性，他们对于不同的文化可以精确地、恰当地分别做出反应，所以，不同文化中个体间的差异也和同一文化中的个体之间的差异一样，几乎无一例外地受各种条件的影响，尤其是童年的早期经历。而各种条件又是受文化所决定的。可见，他们所处的文化环境影响，陶冶其个性，并使之合乎要求。"而家庭是个体化的起点，父母是儿童接受社会化的最初媒介。首先是社会的价值观和传统的行为方式，通过家庭由父母传递给儿童。其次是父母的教育态度和教育方式的影响，这既包括父母训练或教导子女时所持有的知识、情感和行为意图，也包括父母实际采取的行为与做法，对子女的重要影响。再者，家庭的气氛、父母双方的关系也对子女人格的形成发生很大影响。

（三）传统文化现代化理论

现代化理论自形成至今，对人类产生了前所未有的影响，它犹如一场革命，所有国家和民族迟早都将面临它的冲击、挑战与选择。因此有人说"现代化是继人的出现、文明的出现后，人类社会的又一次巨大飞跃"。在世界性的现代化发展潮流中，每个民族都面临着一场深刻的现代化革命，民族传统文化不可避免地要与现代化发生碰撞、磨合，这种碰撞既可以是一种机遇，也可以是一种挑战。民族传统文化是固守传统，安于现状，抑或迎难而上，实现传统文化现代化。对于一个民族群体来说，既是一个艰难的选择，也是一个重要的抉择。每一个民族都要在传统文化与现代化之间寻找平衡，协调好它们之间的关系。"能否正确认识传统文化与现代化的关系，自觉地结合本民族地区的实际情况，尽快实现传统文化向现代化的整合与转型，是关系到一个民族、一个地区或国家能否在迅猛发展的现代社会中赶上时代潮流并走在世界前列的大问题"。①

对于我国这样一个多民族国家来说，各少数民族传统文化都面临着现代化所带来的洗礼，文化变迁是在所难免的。如何在文化变迁中寻找自己新的立足点，实现传统文化的现代化转型已客观而现实的摆在了少数民族同胞面前。要解决这一问题首先必须明确少数民族传统文化与现代化的关系。

传统文化与现代化并不是水火不相容的对立结构，而是共存共荣的辩证统一体。一方面传统文化需要现代化。我国少数民族大多聚居在边远地区，大都面临经济、文化不发达的状况，所以面对现代化的巨大影响力，民族传统文化与现代化的不适应就自然会显现出来。民族文化赖以生存的外部环境发生了变化，势必会影响民族传统文化的体系内部发生文化变迁。况且文化是运动的，并且是生生不息的，任何一种民族文化都处在不断变化之中。因此，要想民族传统文化保持生命力，就一定要在保护和继承的基础上，进行不断的创新和发展，使传统文化恢复活力，提升传统文化的质量，并使之成为与当代社会相适应的高一级文明，只有这样少数民族传统文化才能与当代社会形势相适应。这不仅是民族文化的一种变迁过程，更是一种文化的自我保护，是形式变迁，内涵传承的一种表现。另一方面，现代化需要传统文化。传统文化是建设现代化的基础，世界上没有离开传统文化的现代化。民族传统文化为现代化提供资源，若没有民族传统文化，现代化就如同建在空中楼阁之上，因为没有任何一个民族可以完全抛弃自己的传统而闯入现代化，也没有任何一个民族可以越过其传统文化的现代化而成功地实现现代化；传统文化的现代化重构，也会促进现代化的进程，因为传统文化现代化能够继承传统文化的精华，充分弘扬传统的优秀民族精神，并将其成功地融入到现代化建设中，成为现代化不竭的动力。

---

① 陈崇凯：《简论藏徐文华现代化转型的有关理论问题》，载《中国藏学》，2000年第1期。

总之,"传统文化与现代化既相互衔接又相互矛盾,传统文化是现代化的基础,而现代化又是未来的传统文化。传统文化不会消亡,现代化也不会终止。纵观历史,没有传统作为依托,现代化难以成功。传统是历史上所达到的最高境界,而现代化是把传统文化看作未来的开端。现代化之前必须有一个传统的阶段,现代化之后又将形成新的传统。保护传统就是为现代化打下更好的基础,而现代化则是为新的传统的形成准备条件。现代化在实质上是传统的制度和观念根据现代社会变化需要所作的功能上的适应。"①

从以上分析可以看出传统文化与现代化的辩证统一关系,那么,蒙古族家庭教育作为蒙古族文化的一部分,用什么途径实现家庭教育的现代化呢?笔者认为,民族传统家庭教育的现代化应该保持民族特色,即在接受现代文明的同时保持本民族文化的独特性,做到"取其精华、去其糟粕、推陈出新"。

首先,鼓励蒙古族从本民族的优秀传统家庭教育文化中汲取建构新的民族家庭教育文化所需要的足够养分,吸纳能体现民族家庭教育文化精华的先进因素。蒙古民族传统家庭教育文化中有祖祖辈辈积累的丰富知识,是少数民族精神文化的核心,它深深扎根于民族心理之中,并形成了具有民族特色的价值观、思维方式。将传统家庭教育文化的现代化建立在传统的基础之上,能够加快民族传统文化的现代重构;其次,要学会摒弃本民族的家庭教育文化的糟粕,虽然少数民族文化没有优劣之分,但确有先进与落后之分,少数民族同胞应学会扬弃,对那些过时的、消极的家庭教育文化进行改造,在批判中继承,在选择中借鉴。而且要吸收其他民族的优秀家庭教育文化(这里不仅包括汉文化和其他少数民族的优秀家庭教育文化,也包括西方的家庭教育文化),要做到"他为我用"利用其他民族优秀的家庭教育文化,不断地充实和丰富自己的文化内涵。最后,要赋予民族传统家庭教育文化以时代精神,与时俱进,一种文化只有与时代同步,进行改革和完善,才能保持自己旺盛的生命力和活力。

---

① 何星亮:《非物质文化遗产的保护与民族文化现代化》,载《中南民族大学学报》,2005年第5期。

第一篇

蒙古族传统家庭教育与文化传承

第一章　蒙古族传统家庭教育的历史考察

第一节　蒙古族传统家庭教育的起源

蒙古族传统家庭教育的起源与蒙古族的婚姻、家庭的发生、发展有着密切的联系。人类发展史上，一般是先有婚姻后有家庭。古老而文明的蒙古族同样经历了人类共同经历的原始群婚、对偶婚、一夫一妻制的各个发展阶段。《蒙古秘史》对研究蒙古族婚姻历史而言，是最早而又可靠的信史。据它零散的记载来看，蒙古族似乎在13世纪前就已经进入了较稳定的一夫一妻制的婚姻状况，而且形成了定亲、结亲等一整套的婚姻制度。一夫一妻制的婚姻和家庭，产生于野蛮时代中级阶段和高级阶段相交的时期，它的最后胜利，即为文明时代开始的标志。据《蒙古秘史》所记载，蒙古族祖先最早从孛儿帖赤那、豁埃马阑勒开始就已经进入了一夫一妻制婚姻形态。"成吉思合罕之根源。奉天命而生之孛儿帖赤那，其妻豁埃马阑勒。"[①] 又记"合儿出之子孛儿只吉歹蔑儿干，有妻忙勤真豁阿勒者也。孛儿只吉歹蔑儿干之子脱罗豁勒真伯颜，有妻孛罗黑臣豁阿"[②] 也就是说，蒙古族约在6—7世纪就已进入了较文明的时代。到了第11代都蛙锁豁儿、朵奔蔑儿干时，已有了求婚习俗。都蛙锁豁儿从远处看见有一群百姓来，就对其弟朵奔蔑儿干说："彼徙来之百姓中，一帐舆之前座，有一女子甚好，倘未字人，为吾弟汝朵奔蔑儿干聘之。"[③] 此女子是豁里剌儿氏的阿阑豁阿，"未字人"从而被朵奔蔑儿干"聘娶"为妻。12世纪末，铁木真（成吉思罕之名）时代，蒙古族婚姻习俗更丰富了。也速该·把阿秃儿为9岁的铁木真到他舅族斡勒忽呐兀惕百姓处聘女，走到半路遇见翁吉剌歹德薛禅，两人互看彼此的儿女，中意后"夜宿之，

---

① 《蒙古秘史》，内蒙古人民出版社，1978年版，第1页。
② 《蒙古秘史》，内蒙古人民出版社，1978年版，第1页。
③ 《蒙古秘史》，内蒙古人民出版社，1978年版，第6页。

翌日即求其女"，而德薛禅却说："多求而与之则崇乎，少求而与之则贱乎！可赘汝子去"①，也速该·把阿秃儿"遂赠其从马为聘礼，留赘帖木真而去"。② 从《蒙古秘史》汇集其一鳞半爪的记载加以分析，不难发现蒙古族从6-7世纪已进入一夫一妻制的婚姻形态，13世纪形成了较稳定的一夫一妻制。

随着一夫一妻制的建立，原始的家庭诞生了，也就是以夫妻关系为基础的一个血亲单位。马克思分析氏族社会和家庭关系时指出："最初不是家庭发展为氏族，相反地，氏族是以血缘为基础的人类社会的自然形成的原始形式。由于氏族纽带的开始解体，各种各样家庭形式后来才发展起来。"③ 从那时起，教育孩子的任务从集体转到了家庭。家庭担起了教育孩子的主要任务，在蒙古包的皮革摇篮中就开始了对子女的教育。威严的父亲和慈爱的母亲是启蒙老师。起初教育内容或方法是很简单的代际传递或模仿，即把积淀起来的行为，牧业、狩猎、采集方法、生活规则以及与自然斗争的点滴经验等为维持原始家庭或社会人群所必需的生活方式传递给下一代。以下从蒙古国境内发现的岩画可以看出古代的蒙古族家庭教育的一些内容和方法。

图1-1-1 在蒙古国后杭爱省楚鲁特县发现的岩画。
图为描画了原始的家庭形式。

---

① 《蒙古秘史》，内蒙古人民出版社，1978年版，第31页。
② 《蒙古秘史》，内蒙古人民出版社，1978年版，第138页。
③ 马克思：《资本论（第一卷）》，人民出版社，1975年版，第389-390页。

图 1-1-2 蒙古国戈壁阿尔泰省查干郭勒的岩画。
图为戈壁滩上坐落的两座茅草屋

图 1-1-3 1969 年，在蒙古国科布多省乌音其县境内发现的岩画。
内容为背着弓箭的年轻人领着马车赶路，车上坐的是女人。

图 1-1-4 从小培养骑手（骑马射箭图和骑骆驼图）

图1-1-5 蒙古族妇女领着孩子手把手教给劳动技巧。

图1-1-6 从巴颜郭勒省发现的岩画,图为父亲给儿子教耕田技术。①

随着蒙古社会和经济的发展,蒙古族家庭教育的内容也丰富起来了,而且有了自己的教育目的,就是教育孩子适应当时的自然环境,培养经营游牧生活和农业生活的能力。家庭教育的内容从当时的社会生活和经济生活为基础,由适应自然环境的教育和蒙古民族特有的传统生活习俗的教育组成。历史上,蒙古族主要经济形式是游牧业,其特点是逐水草迁移,没有单纯从事农业生产的人口。随着游牧经济发展的需要,从牧民中逐渐分离出一部分专门从事农业生产的人,他们过着定居生活。在《蒙古秘史》上有"有板门的百姓","于土城内住的百姓"的记载。这就说明,远古时代开始,农业从牧业中逐渐分化。两种经济形态下,蒙古族传统教育的生活实践教育有所改变。在几千年的家庭教育实践中,蒙古族劳动人民创造

---

① 组图转引自(蒙古国)特·那木吉拉著:《蒙古和东北亚西亚的家庭》,第19页、26页。

了独特的教育方式、方法。这些千百年来流传下来的家庭教育的优秀遗产，体现了蒙古族的民族信仰、民族文化、民族心理和思维方式。

第二节 蒙古族传统家庭教育的内容

从众多蒙古族学者对传统家庭教育的研究中可以看出，蒙古族家庭教育的内容是极其丰富而全面的。可以从如下几个方面概括介绍。

一、注重训练强健的体魄，培养坚强的意志品质

体能和意志品质无论何时都是一个人能够立足社会做人做事的最基本的素质。因此，古今中外无论什么民族的教育都把它作为重要的教育内容之一，而且每个民族都形成了与本民族文化相适应的教育手段和目标。蒙古族是一个由狩猎文化转向游牧文化的民族，无论是狩猎生活还是游牧生活都常常让人们面临着严寒雪灾、暴风骤雨、凶禽猛兽和部落征战。为了适应这些严酷的自然条件和生存环境，蒙古族人民不得不注重把孩子训练成具有强健体能和坚强意志的人。他们认为健康的身体是一切财富的源泉，先有健康的体魄，才可能有健全的智慧。蒙古族人民的传统健康教育可以说是从胎儿时期就开始的。蒙古族人民有从胎儿开始数年龄的习惯，十月怀胎期为"虚岁"。从"虚岁"开始关注孩子的健康，奠定未来发展的基础。蒙古族妇女即使怀孕了也照样参与生产劳动。例如挤奶、放羊、捡牛粪、制作奶制品等。认为母亲的勤劳习性能够遗传胎儿，还有更主要的是孕妇多参与日常活动，对胎儿的健康成长有益，而且能顺利分娩。还有，妇女怀孕期间特别注意饮食和保持良好的情绪状态等，孕妇不能酗酒，吸烟，忌讳让怀孕的妇女接触丑陋的东西，要求多看一些如花草一般漂亮的东西，保持安静平和的心态。这些都反映了这一古老民族的原始而朦胧的优生优育意识。婴幼儿时期，蒙古族特别重视母乳喂养，认为母乳喂养是适合婴幼儿体质，使婴幼儿神经系统正常发育所需要的最合理的、最有营养价值的上天赐给的食物。

蒙古族有一句传世名言"良马要驹子着手调教，好男应从孩提开始熏陶"，人们以此为训，在养成教育中，结合儿童年龄特征，从强身为目的，积累了很多教育经验。比如，1-6岁，孩子刚刚走步就让他（她）学习做搬碗碟，帮妈妈收拾屋子，圈羊羔等轻活儿，为的是加强手脚动作的协调性，孩子的主食一般以奶食或粗粮为主，肉食少，尤其夏季不让孩子吃肉，认为少吃肉会使孩子头脑伶俐，身体敏捷，这方面《蒙古族通史》上

"夏季极少食肉,几乎全靠食用马、牛、羊及骆驼的奶"[1] 等有相关记载。平时孩子们的零食就是干奶酪,认为孩子们啃又干又硬的奶酪就可以健齿。睡觉时一般用皮革制作的,较硬且防潮的垫子,枕头是茶枕或盐枕,能使孩子的脊椎骨坚硬,而且防治得脑病。让孩子在夏天的早晨,露水上或草坪上光脚丫跑,冬天也不是裹得厚厚的,7—12岁,叫男孩雨水里跑,或晒太阳,还让孩子瞭望远方或是数数在远方奔驰的马群,为的是增强视力,保护视力。

在长期的历史发展中,蒙古族经历了惊心动魄的厮杀,经过无数次血与火的洗礼,而且也经历了平时马背上的颠簸和历经严寒酷暑的牧业生涯,因此,其传统家庭教育里饱含着苍劲、雄健、豪放的民族意志。对后代的教育中,体现着崇尚威武和雄健,崇尚强悍和力量的民族情结。为了培养坚强的意志,从3、4岁就教给孩子骑马术。《柏朗嘉宾蒙古行记/鲁布鲁克东行记》记载有"他们所有的人从最为幼小到比较年长者,统统都是优秀的射手,他们的孩子刚刚长到2、3岁的时候,便开始骑马西行,驾驭马匹合纵马驰骋,人们送给他们一些适合其身材的弓弩,并向他们传授骑射之艺,举止敏捷,同时表现得非常勇敢","少女和妇女也像男子一样敏捷地骑马驰骋"[2] 这种草原民族特定的环境,在每个人的思想深处都播下了能战胜困难的勇气、宽广的心胸和魄力。摔跤也是蒙古族教育后代的一种途径。据《蒙古风俗鉴》记载:"各地青年从十几岁就十分爱好这种活动,从小就摔跤,没有专门摔跤的学校和门庭,都是各地年轻人出于自己的爱好而练习。"[3] 摔跤不仅是对毅力和胆量的锻炼,也是对智慧和技能的锻炼。骑射和摔跤都是其对后代勇敢无畏的精神素质的塑造,这样他们才可能在匮乏中忍耐,在困苦中坚毅,在肆虐的自然面前乐观而豪迈。

二、传授生产生活的知识和技能

蒙古族的传统家庭教育特别注重劳动教育。他们在放牧、耕田、狩猎过程中,向子女传授生产生活的相关知识技能。因为这些技能是民族成员适应特定的自然环境,保持种族繁衍的必要前提,是民族求得生存、延续和发展的必要保证。蒙古族先民,首先结合游牧经济,传授畜牧业知识,

---

[1] 蒙古族通史编写组编写:《蒙古族通史》上卷,北京民族出版社,2001年版,第429页。
[2] 耿升、何高济译:《柏朗嘉宾蒙古行记/鲁布鲁克东行记》,中华书局,1985年版,第43页。
[3] 罗布桑却丹著,赵景阳译:《蒙古风俗鉴》,辽宁民族出版社,1988年版,第134页。

然后开发良田沃地，传授农业知识。作为畜牧业和农业的辅助，狩猎和采集、加工皮革、冶炼、酿制马奶子等技术在历史上也得到了充分的发展。为了让子女适应自然、家庭、社会的需要，这些技艺技能便成为向后辈传授的生产生活知识的基本内容。当时传授这些技能的任务完全是由家庭教育来完成的。现在蒙古族人们当中广为流传的《呔咕歌》就是对当时这种教育和生产劳动相结合的真实写照（见附录1）。因为游牧是蒙古族的主要生产方式，所以对传统牧业生产知识的掌握便成了人们必备的一项技能，例如，按季节的需要和变化应怎样调整生产活动，为了保证畜种的优良繁殖应如何选配种畜以及怎样建造蒙古包等都仍需传统的生活、生产技能。

为了培养孩子基本的生活自理能力，父母会随着幼儿年龄的增长，刻意让他们参加一些力所能及的辅助性劳动。比如让孩子"帮爸爸卷羊羔"，"帮妈妈看牛犊"，"和姐姐一起数羊羔"等。在劳动过程中，不但激发了孩子们的兴趣爱好，而且培养了他们对事物的认知能力。蒙古民族特别重视教育孩子要从小独立自强，艰苦奋斗，不能屈服于艰苦的自然环境；教育孩子"手要勤于系扣，脚要稳于马镫"，眼里要有活儿，要为家庭承担一定的家务劳动，借此培养孩子对家庭，对社会的责任感。在长期的劳动过程中培养其形成乐观豁达、吃苦耐劳的精神。蒙古族非常注重对长子、长女的培养，认为把长子、长女培养成又勤快又机灵的人，在孩子们中能起到榜样的作用，能带领弟妹健康成长，这也符合现代教育的原则和方法。孩子长到七、八岁时，父母就有意识地教男孩使用马绊、马嚼和备马的方法。父亲会领着儿子放牧或狩猎，母亲则带着女儿做家务活，并传授酿制马奶酒、烧煮肉食、奶食及保存肉食的技术以及衣服、皮靴、皮帽等生活必需品的制作技术。

这些独特的生产工艺，在蒙古人当中有着悠久的传承历史。父母带领孩子共同劳动的过程本身就是一个生活经验的积累过程，也是一个实实在在的教育过程。总之，人们通过对这些技艺的世代相传，促进了蒙古社会的文明进程。

三、传授家庭美德教育

家庭美德属于家庭道德范畴，它是指家庭成员在家庭生活中所形成的价值取向、家庭氛围、家庭精神面貌和与其相适应的道德系统中的知情意行等方面。它涵盖了夫妻、长幼、邻里之间的关系。包括了关于家庭的道德观念、道德认识、道德情感和道德行为。尊老爱幼、团结助人是蒙古民族的传统，也是蒙古社会的风尚，更是蒙古族家庭美德教育的集中体现。

在蒙古社会中，长辈受到普遍的优待，晚辈受到普遍的关爱，母亲得到普遍的尊重，困难者受到普遍的帮助。这与动荡的社会和严酷的自然环境影响所形成的民族性格有关。长辈的丰富生活经验和无私的帮助，常使不谙世事的青年人受益匪浅，请教和遵循长辈的教导已成为蒙古社会的传统习俗。

值得一提的是，游牧经济中不仅男人可以放牧，必要时妇女孩子都能放牧。社会生产中虽然有自然的男女分工，但女性扮演着更重要的角色。从游牧经济为主的蒙古族观念中没有形成"重男轻女"的观念，反而形成了尊重妇女、尊敬母亲的优秀传统。"身必有首、衣必有领"，故十分重视对孩子们进行尊重父母、热爱家乡、热爱民族的教育。蒙古族的谚语说到："金银可以获得，父母不能再得"、"别看是鬓发蓬乱，也还是慈爱的母亲；别看是草檐茅舍，也还是可爱的家庭"等蒙古族诗歌中赞美女性与母亲的内容占较多的分量。因此，在蒙古族音乐中，歌颂母亲的歌曲举不胜数。

在蒙古族家庭道德教育中有非常注重勤俭节约，反对浪费的良好风尚。严厉警告吃饭时丢撒一粒米的行为，"地上的一粒米，天上的一峰驼"是常用的训词。认为"粮食这东西，等我们把它吃到嘴里，已经翻阅了十道山梁"来之不易，我们没理由浪费它。拿吃手把肉来讲，把带肉的骨头用刀子刮了又刮，吃得干干净净的，这一方面是节俭教育，另一方面也是传授爱护劳动成果的教育。

家庭美德教育方面，也要重视培养后代忠诚，信义、矢志不渝的品德。蒙古人以忠诚信义为做人的重要标准。"安答"便是体现这一标准的交际形式。在蒙古社会常见的"安答"关系中，彼此间必须履行"性命般不相舍弃"的义务。因此，忠诚是衡量人们一切行为、维系人与人之间关系的最高准则。蒙古民族教育后代："从酒壶里倒出来的酒热乎，打心眼里说出来的话真实"，"炒米不能种，谎话不能说"、"宁失肥牛，勿失己言"这种告诫代代相传。

家庭美德还体现在很多传统的习俗当中，比如蒙古族的"以西为大，以长为尊"的习俗，迎送客人的礼节，献"得吉"的习俗等。

四、与自然界和谐相处的教育

蒙古族先民在长期的劳动生活过程中，形成了一种尊重大自然，保护大自然并与大自然和谐相处的理念。认为大地是万物之母，与苍天相对应，哺育着一切生灵。蒙古人称大地为"额克德勒黑"（即地母或大地母亲），犹如用自己甘甜的乳汁哺育儿女的母亲，受到尊敬和保护。蒙古族人民对大自然和生活也有着美好的憧憬："成群的野兽到处出没；肥壮的牛羊到处游动……那里没有干旱的春天，只有丰硕的秋天；那里没有风沙的灾害，有的是肥壮的畜群；那里没有严寒的冬天，只有温暖的夏天；那里没有贫苦的百姓，家家户户丰衣足食；那里没有可怜的孤儿，户户家家人丁兴旺；那里没有战乱的骚扰，代代过着安宁的生活。"①

日本著名蒙古学家伊藤幸一曾说："人们对草原上人类和家畜的关系，往往只从经济眼光去观察，常常忘记其常年的共同生活中，还存在不能质疑经济的算盘下结论的另外一面。那就是表现与在朔风凛凛的旷野里，对刚刚生下的羔羊或犊牛给予温情，正像护理一个家庭成员一样笑容满面的辛勤劳动，如旅行于草原，有时在帐幕中与犊牛同居，曾目睹过怀抱仔畜，用牛角哺乳器喂乳的老妇的慈祥姿态，像爱护作物的农民有时对某个单一的植株表示贪恋一样，家畜更需要照管和流露情爱，这甚至使人感到人类和家畜聚在一起过着一种社会生活一样。"② 就这样蒙古人对自然界的万物都很和谐、慈善的对待。他们深知只有认识自然，顺应自然，才能在大自然中得以生存。

正因为有了这样的认识和行为习惯，蒙古族人民世世代代生息在广袤的草原上，由于对自然环境的依赖性强烈而蒙古族人民历来遵循自然法则，有意无意的强化孩子们的环境意识和环保教育。从小给孩子们灌输大草原是我们衣食之母。就拿烧火取暖来讲，蒙古人首先烧的是牛、羊、马粪，而不是去砍伐森林。水是生命之源，把水称为"甘霖"，严禁以任何方式污染水源。成吉思汗颁行的"大扎撒"中规定："春夏两季，人们不可以白昼入水，或者在河流中洗手，或者用金银器皿汲水，也不得在原野上晒洗过的衣服；他们相信，这些动作会引起雷鸣和闪电。"谁违背这些规定，便会遭杀身之祸。可见污染水源者的处罚之重。蒙古人在游牧生活过程中要经常进行倒场、轮牧。这样做的优越性在于给草场提供了一个休养生息，恢复植被的机会。因此分为四季牧场。历史上，蒙古人对野生动物也采取了保护措施，即"地有禁，取有时"，"怀卵时节勿捕"，"怀羔时节勿杀"。蒙古人把围猎的时间，严格限制在冬季，其余时间里，让野生动物进行繁育发展。就这样，蒙古人对赖以生存的草原生态环境采取了

---

① 黑勒、丁师浩译，浩·巴岱校订：《江格尔》，新疆人民出版社，1993年版，第365页—366页。

② 伊藤幸一著，布林译：《蒙古游牧社会》，内蒙古大学蒙古学院资料室藏书，第12页。

形式多样且行之有效的保护措施，由此可见，从蒙古族的宗教信仰，法律制度到生产生活方式，无不体现着对生存环境的关爱，形成了一些非常可贵的环保习俗和生态意识。

在蒙古族的传统家庭教育中，适应自然界的和谐生存教育和维持生态平衡的环境保护教育是同时进行的。这些认识和行为也在一定层面上反映了这一古老民族的与大自然和谐统一共存的思想意识。蒙古族传统环境保护意识是蒙古人民适应其独特的草原生态环境的产物，具有鲜明的地域色彩和民族特色。历史上，这些环保习俗和生态意识在约束人们的掠夺性行为，保护草原，维持生态平衡中，曾发挥过非常积极的规范作用。有些习俗和观念至今仍在草原牧区民间运作之中，继续发挥着维护生态环境的功能。

五、开发智力的教育

一个人的智慧是在掌握知识的过程中培养的，如果离开知识，智慧就成为无源之水，无根之木。自从有了文字，蒙古人更加领略了知识的宝贵，就期望子女成为懂得大千世界，知识渊博的人。常常教育子女"与其拥有万贯财富，不如掌握渊博知识，想当智人，要向慧者学习"。这样开发智力的教育成为传统家庭教育的一项。首先，在日常生产、生活中进行开发智力的教育。孩子会走路就让孩子数羊羔，数牛犊、数晒干的奶酪块，学数数，从而形成一定的数概念。老奶奶领着孙子教给区分牲畜的颜色和年龄。久而久之在潜移默化中，孩子就掌握了牲畜的一些习性，大人让孩子猜谜语，教给蒙古"好来宝"，汉语意为联韵。可以说是一种联头韵的口头即兴诗。由此促进语言和思维的发展。下面是一段广泛流传于民间，用于发展儿童智力的语言游戏，主要以问答形式进行。如：

"甲：一九怎么样？
乙：能冻羊奶酒。
甲：二九怎么样？
乙：能冻马奶酒。
甲：三九怎么样？
乙：冻掉牛犄角。
甲：四九怎么样？
乙：冻掉牛蹄子。
甲：五九怎么样？

乙：春风吹大地。
甲：六九怎么样？
乙：冰化雪消融。
甲：七九怎么样？
乙：山头雾缭绕。
甲：八九怎么样？
乙：大地泛泥浆。
甲：九九怎么样？
乙：天气暖融融。"

"论九九"是把季节的气候变化规律及现象同辨认节气的有关知识结合在一起，所以对于儿童掌握有关自然气象知识具有积极的意义。"①

由于牧业和狩猎业的阶段性和物候变化，牧人特别注重运用长期积累下来的天文历法知识启迪后代。自然界星辰出没、日夜交替、寒来暑往的变化，对牧人的生产和生活有重大的影响。所以教育后代"关于四时（春夏秋冬）和四面（东西南北）八方之知识，以及天、地、日、月、星、云、雨、雾、风、雪、冰、泉、河、海、山的知识。"② 有经验的牧人可以通过天气看年景，对自然灾害有充分的认识和必要的防备。为寻找失散的牲畜，牧人们教会子女从小就学会辨识方向。这样孩子就能掌握时间概念和空间概念。还教给孩子自然变化，气候变化的预兆。比如，若是早晨的太阳颜色鲜红就天气好，又暖和，月亮晕轮会起风等。

其次，通过大众活动和民间艺术，促进儿童智力发展。"那达慕"，意为娱乐或游戏，是蒙古人的群众性盛大集会。一般由官方举办，也有民间举办的。多在夏季之末，秋季之初牲畜肥壮季节举行。这是全民族的称大节日，也是进行家庭教育的"课堂"。每逢那达慕大会，大人领着孩子一起参加活动。借此场面，开阔视野，增进胆量，也是培养孩子交际能力的好机会。还有婚礼，敖包祭会等活动。蒙古民间艺术也是举世闻名的。从小母亲给孩子唱给《摇篮曲》，孩子在歌声中熟睡，又在歌声中醒来。还有用胡仁·乌力格尔（汉语意为说书），好来宝等。用马头琴伴奏叫朝仁·乌力格尔，是专门演唱蒙古族英雄史诗的。用四胡伴奏，主要说唱故

---

① 苏德毕力格著：《蒙古族儿童传统游戏研究》，联合国儿童基金会项目，1988年版，第51页—52页。

② 罗布桑却丹、景阳译：《蒙古风俗鉴》，辽宁民族出版社，1988年版，第7页。

事的叫胡人·乌力格尔。这些民间艺术内容丰富，说书艺人背上四胡或马头琴走遍草原把乌力格尔及时送到牧民中间。这种口耳相传，耳濡目染的环境中，促进了孩子最初的情绪、情感的发展，也是了解本民族历史的很好的途径。

作为父母从不含糊对待孩子问题，三四岁的孩子可以称得上"问题专家"，可孩子的问题再多，再难，也一一给他认真地回答。认为孩子的问题越多，得到的答案越准确，孩子的智力发展得越快。这些观念当初虽然没有科学根据，但能体现蒙古民族朴素又朦胧的教育认识。这些丰富的经验不仅传授给下一代，还形成了一套家庭教育的"必修课"。

六、传统审美教育

不同的民族由于生存环境，生产方式和生活习俗的不同而审美的标准、内容和传授的途径也不同。蒙古族无论是家庭教育还是学校教育都非常注重审美教育，而且他们的审美教育往往根植于周围环境和生活现实中。蒙古族人们具有强烈的民族审美意识，也要向下一代传授审美教育，美育在激发民族认同感、民族意识，培养民族凝聚力上具有重要的不可替代的作用，而且，真正的审美教育应在自然环境中、在现实生活中，而封闭的学校教育只能教给学生一些脱离文化背景和现实的一般审美知识而无法实现真正的激荡心神的审美教育。家庭教育给予人的不仅是个性化的审美知识，而且更重要的是能够感受和欣赏真、善、美统一的自然与生命之美，它既是一种理想之美，又是一种现实之美。蒙古族特殊的生活环境和生产方式决定了其美育在内容和实施途径上都具有很强的独特性。在蒙古族的传统家庭教育中，对下一代的审美教育是通过以下几种途径进行。

首先，通过优美的草原风光和特殊的生态环境进行美育。通过大自然进行美育是美育实施过程中的重要途径之一，"我们每个人都会有置身在大自然怀抱之中，从而体验到心胸变得宽阔，头脑变得清静，心情变得怡然，心灵变得纯洁的美好感受。经常置身在大自然怀抱之中，与大自然进行交流沟通，欣赏大自然多姿多彩的生态景色，人的精神境界确实会获得一种美感，一种升华[①]。"大草原的自然风光和优美宜人的景色给儿童感受自然美、体验自然美、提供了一个得天独厚的条件。草原这一特殊的自然

[①] 鲁枢元著：《精神生态与生态精神》，南方出版社，2002年版，第106页。

美的形态，除了能够给人带来赏心悦目的美感以外，在陶冶儿童的情操，提高人的精神境界方面也有特殊的美育作用。

其次，通过蒙古族传统的民族艺术形式进行美育。蒙古族是一个具有优秀文化传统和深厚历史渊源的民族。受其生活方式、生产活动以及生活环境的影响，在文学、音乐、舞蹈、美术等艺术形式上形成了独具魅力的地域特色与民族风格，这些源于牧区生活的蒙古族艺术，是对牧区蒙古族儿童实施美育的重要途径。它从不同侧面反映了蒙古族的自然和社会概貌及民族心态。是对儿童实施美育的素材。

再次，结合蒙古族传统的那达慕大会、祭祀敖包等活动进行美育。"那达慕"大会上，矫健跤手智慧和力量的较量，骑手骏马腾飞的姿态和节奏，箭羽呼啸凌空的射向，围观人群的激情欢呼，紧张激烈、悬念丛生的场景以及高亢富有韵律的赞词绘成了一幅幅现实美的生动画面，还有，祭祀敖包的古朴之美、虔诚之美、仪式之美，无时不深切感受到蒙古族独特的审美标准，孩子们从中定会获得具有民族特征的审美标准。同时，也无时无刻不激发人们的审美情趣，并会充分唤起人们创造美的想象和欲望。至今蒙古族仍然保留着赛马、摔跤、射箭等传统的体育活动。另外，通过蒙古族的日常生活和牧业生产活动进行美育。蒙古族历来以热情好客、尊老爱幼而著称，向远方的客人敬献哈达是蒙古族真诚的待客礼节，通过接触这些日常生活，可以使儿童对美好的事物产生愉快满意的情感体验，在待人接物当中理解社会美的基本内涵，进而发展他们对美的判断与评价能力，培养他们高尚的情操和文明的行为习惯。

第三节 蒙古族传统家庭教育的方法

家庭教育的方法是指教育者在实施教育时所选择和运用的具体措施和手段。能不能恰当地选择并创造性地运用教育方法，直接关系到家庭教育能不能顺利地进行，直接影响着教育的效果，决定着家庭教育目的和任务的实现。蒙古族家庭教育所承担的任务是多种多样的，影响家庭教育的因素是错综复杂的，家庭教育方法也是多种多样的。现介绍典型的，富有民族特色并延用至今的几个方法。

一、口述历史

以故事喻理是家庭教育的一种方式。蒙古族有很多反映民族历史的民间故事、传说、寓言。如《额儿古涅昆的传说》、《阿澜豁阿折箭训子的故事》、《成吉思汗的故事》等都体现本民族的历史由来、伦理道德观和人生观。反映蒙古族人民与大自然搏斗或蒙古族英雄人物的神话传说,儿童从中了解了蒙古族祖先的故事。空闲时,长辈给儿童讲《额儿古涅昆的传说》,说的是很久以前,一个叫蒙古的部落和一个叫突厥的部落发生了战争。最后蒙古部落被打败只剩下两男两女。四位年轻人没给敌人下跪求活,也没被吓倒,拼命的逃到了一个人迹罕见的山沟。这个地方叫额儿古涅昆。他们在这里繁衍生息,最后溶化悬崖绝壁,迁到了广袤的草原。这是一部蒙古人起源的传说。《元史译文证补》说:"蒙兀先无文字,世系事迹,口相传述。"其教育内容还往往围绕着成吉思汗的传说进行。一代天骄成吉思汗是蒙古民族崇拜的偶像、英雄的代表,集高尚的品德、勇敢的精神、超人的智慧,盖世的胆略于一身,成吉思汗之祖先阿澜豁阿折箭训子的故事,成吉思汗之母诃额仑夫人用草根、乳汁养育英雄儿子的故事,成吉思汗胸怀大志、勇敢善战、知人善任的故事,成吉思汗化为老者教育其弟的故事。此外,还有蒙古族史诗中的英雄江格尔的故事,格斯尔可汗的故事,长久地流传于民间,在寂静的草原之夜,在温馨的蒙古包里,蒙古族母亲的娓娓叙述如一脉脉清流滋润着少男少女的心田。

口述历史的教育方式有自己的特点,这种方法既符合当时"识字人"罕见的历史事实,又结合儿童的年龄特征来灌输传统的信仰、道德观念、价值观念等。长辈们把历史事实泻染上一层神秘色彩,用来激发孩子们的好奇心,使他们容易接受和吸纳。

二、身传言教

身传言教是蒙古族家庭教育的典型方式,其中身传重于言教。在长期的草原游牧生活中,蒙古族培养并形成了注重实际的生活作风。要求孩子做到的父母必须做到,父母以其自身的榜样作用和行为对自己的子女进行熏陶、影响和教育,使孩子通过父母的行为逐渐明白什么是正确的,什么是不正确的,懂得明辨是非、美善丑恶。更重要的是这种过程是在极为平静、和谐的家庭环境中进行并完成的。

在蒙古族家庭里很少看到家长对其子女进行长篇大论的说教情景,即使是孩子犯了一些错,也较少进行严厉惩罚,而是会给孩子反省和改正的机会,同时也会等待孩子能够接受或认识的年龄阶段,这在客观上尊重了孩子身心发展的规律。言教身传是蒙古人家庭教育中最基本的教育方式。当儿童"能言、能性、能视、能听"之时,父母便开始谆谆教诲,担负起了"传道、授业、解惑"的师道重任。而且,蒙古人多是把这种"有言之教"，即言传与"无言之教"，即身教结合起来，要求做到以身作则、言传身教。父母光凭说教是没有用的，自身的行为更告诉了孩子应该做什么。尤其是对于理解能力差，而模仿能力强的儿童来说，身教尤重言教。蒙古族人民相信言教与身教结合在教育中的巨大效能。人是最具有模仿性的生物，模仿是儿童认识外界和形成行为方式最具特点的途径。父母的一言一行为儿童提供了思想言行规范性要求的物化模式，它不仅影响儿童的行为，而且对其道德认识和道德情感也会产生极强的影响。以身作则之所以可贵，在于"言有物而行有恒"，言行一致，给人以很强的示范作用。蒙古族是一个非常讲究礼仪的民族，礼仪的习得是在家庭中父母言传身教，长期训练，儿童不断模仿、实践养成的。

图 1-1-7　蒙古族家庭教育经典典故——"五箭训子"（超鲁画）

三、赐教箴言

所谓的赐教箴言是指引用一些格言、名言或具有历史意义的事件来教育后代的一种传统的教育方法。这是符合教育原则，社会教育原则的教育方式。蒙古族家庭教育中所用的箴言一般都是引用传统格言为主。在没有文字、没有学校的遥远年代里，蒙古族的家庭教育传下了许多凝结着蒙古民族经验和智慧的家庭教育箴言，它本身是一部绝妙的书，以丰富的内容引导孩子的各方面的发展。除了父母赐教箴言以外还有邻里街坊的老年人也会赐教箴言。引用历史上曾经发生的正反两方面的例子或是引用代代相传的格言教导年轻一代。历史上铁木真母子失去贵族身份以后，成为不如普通百姓的穷人，母寡子弱，连正常生活都难以维持的时候，铁木真射死了同父异母的弟弟别克帖儿，这时母亲可额伦恼怒至极说铁木真为"影子之外无同伴，尾巴之外无甩鞭"。[①] 像这样箴言的教育作用是一针见血的，既简练又易懂，符合儿童的年龄特征。比如，对培养孩子的是非观念有帮助的有"忠贤者的勤告要听取；离间者的美言要三思"；言行方面的有"与其说万句空话，莫如办一件正事"；对以培养儿童的自身修养方面有"欲治身，先治心；欲责人，先责己"、"能治家者即能治国"，等等。

四、在游戏中教育孩子

蒙古族悠久的家庭教育史上，儿童游戏作为蒙古族人民群众对儿童进行启蒙教育的手段，它不但反映了蒙古族教育史的传统内容及其在儿童教育方面的独到见解，而且对发展蒙古族的文明史，也有着极其重要的意义。作为蒙古族传统家庭教育的重要组成部分的这些游戏，是古代蒙古族劳动人民创造的。经过千百年的历史变迁，经过不断的发展、演变和不断加工，时至今日其内容变得更加丰富和完善了。蒙古族人民结合儿童的心理、语言、动作等发展特点，创造出许许多多的游戏，并以此来对儿童进行德、智、体、美等多方面的教育，使儿童的身心得到全面健康的发展。正因为这些游戏能使儿童的思维更加敏捷、动作更加灵巧、身体更加健壮、语言表达能力更加丰富和准确，所以，长期以来，游戏一直被蒙古族人民当作教育儿童的最有效的办法之一而沿用至今。

蒙古族儿童传统游戏是在蒙古族氏族社会的游牧、围猎生活和生产实践中产生发展的。游戏的种类很多，可分为智力游戏、体育游戏、角色游戏、音乐游戏、结构游戏、建筑游戏、语言游戏，等等。特别值得一提的是，蒙古族家庭重视通过传统游戏项目的训练，来培养孩子们吃苦耐劳、身体协调性、坚忍不拔的毅力、民族认同感以及有胆有识、有勇有谋、遇事沉着的心理素质。蒙古族儿童娱乐的玩具很多，而且大部分都使用他们在日常生活中常见的东西，就地取材加工修饰而成的。这些玩具从多方面体现了蒙古族劳动人民的聪明智慧与丰富的想象力、幽默风趣的语言、清晰敏捷的思维以及广泛的生活情趣，有很大的启蒙、增智、激发兴趣、培养情操的作用。游戏作为蒙古民族对下一代进行教育的重要手段，也连接了儿童世界和成人世界。蒙古民族传统游戏文化积淀丰富，做人、做事等

---

① 《蒙古秘史》（现代汉语版），新华出版社，2006年版，第28页。

方面的许多人生道理蕴涵其中，孩子们在游戏过程中，自觉或不自觉地学习与运用这些道理，有利于开阔视野、活跃思想、陶冶精神，为未来的发展奠定广博的文化底蕴，在游戏过程中可以有效地传承民族文化。

第四节 蒙古族传统家庭教育的功能

家庭教育功能是一个内涵丰富的概念，它包括了家庭教育对个体、对社会的一切影响状态和结果，是对个体、社会的作用、性能、价值、意义和职能的总称。

蒙古族是一个古老而开放的民族，又有深厚的文化底蕴。由于蒙古族家庭教育一方面与其他民族家庭教育有共同之处；另一方面，蒙古家庭教育又有其明显的地域性、民族性特点。作为一种文化的载体，蒙古族家庭教育具有以下几个方面的特殊功能。

一、保存和传承草原游牧文化，形成和发展了蒙古族文化

蒙古族家庭教育的功能主要表现在蒙古族家庭教育对草原游牧文化的保存、传承的功能。"任何一种文化，都是某个人类群体经过生存选择而幸存的独特生存式样的体现。蒙古族草原文化的地域性、民族性，决定了在其形成、发展的漫长历史过程中，在与外族文化的交流中，在其与其他文化不断的碰撞、整合而实现的自身建构中显示出它独特的特质和丰富的内涵。"[1] 历史上，蒙古族没有自己的文字，所以其长期积累形成的传统文化主要以口承方式世代相传。在蒙古族正规学校教育尚不发达的情况决定了草原游牧文化的保存和传承，在很大程度上必须依靠蒙古族家庭教育来进行。蒙古族家庭作为社会的最基本组织，同样有两种重要的基本功能：生育功能，文明社会人口的再生产，由家庭来承担；教育功能，即教育下一代，促使其掌握本民族文化传统，更好地实现民族化、社会化。在这一过程中，蒙古族文化的形成、保存和传递，必然要通过教育完成，而蒙古族家庭教育便是蒙古族文化保存、传递的起点和基础，又是最基本的传递组织和渠道。由于蒙古族家庭教育中教育者（家长、长辈）和受教育者（子女）均具有血缘关系，从而决定了教育的实效性。蒙古族家庭教育对草原游牧文化的保存和传递，不但有利于文化精髓的保存、民族与社会的

---

[1] 李素梅、白乙拉：《蒙古族家庭美德及其教育的多元文化分析》，载《湖南师范大学教育科学学报》，2009年第5期。

发展，而且在蒙古族家庭教育的实践中，为促使受教育者尽快适应时代的发展，教育者在家庭教育的过程中必然要不断向受教育者注入人类文明的新元素，新的行为方式、价值观等。而这些新的文化要素与草原游牧文化相互交融，代代相传，从而促使了蒙古族文化的形成和发展。所以，在蒙古族文化的发展过程中，家庭教育起到了关键作用。

二、传播和交流民族文化，促进构建和谐社会的功能

人是社会存在物，社会交往是人类特有的现象。人们之间的交往互动是人类实践的重要形式之一，它与生产实践一样，是人类社会得以存在和发展的基本前提和内容。交往形式的变化发展也必然带来人类社会不同程度的变化和发展。另外，不同的群体和个体由于文化背景、思想观念、利益关系、理想信仰、价值取向等的差异，也会出现矛盾的冲突。在这种情况下，个体或群体只有通过交流、相互沟通各自的思想、感情，获得对彼此立场和态度的理解，以求能相互适应，才能遵守共同认可的原则和规范，达成对问题的共识或实现某种暂时的妥协，以使共同活动得以维持或以新的方式继续保持社会各方面及整个世界的均衡关系。

蒙古族传统家庭教育以其独特的教育内容和方式，不断调整人际关系，促使人际关系更加和谐，构建和谐的人与自然、人与社会的关系，实现着人类社会的协调发展。蒙古族待人接物热情豪爽，从而拉近了心与心的距离，达到了相互的理解和沟通。从整个人类的发展来说，正是在人与人的交往中，人的各种素质和能力逐步得到全面发展，通过交往，社会将文化传递给每一个个体，每一个个体不断吸收并内化这些文化；另一方面，每一个个体在此基础上又创造出新的文化成果，反过来又促进整个社会交往的发展。比如，随着近年来蒙古学研究事业的进一步发展、草原旅游业的发展，促进了各民族的团结与交往，蒙古族崇尚白色、向往纯洁的精神、心地善良、热情好客的情怀、勤劳节俭、邻里和睦的美德；热爱自然、热爱生活的美好感情，无不受到兄弟民族的赞叹。

蒙古族传统家庭教育与蒙古民族品质存在着千丝万缕的联系，与民族心理、情趣、道德情操、人格理想的形成发展较为密切。蒙古族家庭教育蕴含着人与自然、人与生活、人与人的和谐关系，是蒙古族人民真善美理想的化身。真善美的本质是主体与客体、人与自然、感性与理性、形式与内容、规律与目的的高度统一。我们可以从传统家庭教育中理解到蒙古族的文明和精神水准。凡是到过蒙古包做客的人，没有不被广袤的草原、奔驰的马群、飘香的奶茶、蒙古族的人情人性陶醉的，他们都为这么一个伟大的民族而感叹不已。

三、促进从"自然人"到"社会人"的发展

蒙古族家庭教育在促进个体社会化方面，与其他民族家庭教育的功能是一致的，即家庭作为一种"面对面"的首属社会组织，这种首属社会组织对人，特别是对青少年儿童的影响是极为广泛而深远的。蒙古族家庭教育促进个体社会化的功能主要表现在：首先，家长或家庭中有教育者（父母、长辈）在教导受教育者（子女）可得基本的生活技能、社会规范、培养道德情操方面起着重要作用，家庭教育为培养社会人共同所需的社会性、社会交往能力打下基础。每一个人从出生到成熟，都经历了从自然人到社会人的发展过程。在此过程中，儿童逐渐获得必要的生产、生活技能和技巧的同时，还必须学习和遵循一定社会的行为规则、道德规范，具备一定的政治思想观念。而这些生活技能、道德规范、行为观念的获得，首先来源于儿童最初接触的环境——家庭和最初的教师—家长。家庭成员的职业、生产生活技能、行为规范，家庭成员之间的关系，家长的榜样示范和积极引导，这一切都将深刻影响着儿童去积极模仿、学习认同、实践而逐渐内化成儿童自己的生活技能，形成自己的一套道德观念和一定的道德行为方式，用以调整自己和他人的社会关系，培养自己的角色意识，履行自己的角色职责。蒙古族儿童进入社会后，其生产生活技能、道德水平的发展，他们的继续社会化是建立在家庭教育的基础之上的。由于蒙古族特别重视儿童早期的家庭教育，因此蒙古族家庭教育在促进蒙古族儿童社会化方面，其作用显得更为持久而深刻。这一点从蒙古族青少年儿童长大之后在生产技能技巧方面多为"善骑善射"，在人格发展方面从"尊敬德高的人、敬爱年老的人、抬举慧思的人、躲开阴险的人"等蒙古族家庭教育格言中清晰可见。其次，蒙古族家庭教育在指导蒙古族儿童发展方向、目标，形成个人理想方面有重要作用。这又是蒙古族家庭教育的一种直接功能。它能够直接满足蒙古族青少年儿童品德发展的需要，给予受教育者（子女）心理机能的培养锻炼，逐渐培养和树立一种符合社会需要的、符合民族精神的人生观、价值观。家庭教育的实施者主要是家长和长辈，他们的信仰、人生态度、人格理想，对子女的期望和引导，都会对他们产生教育和影响。这种教育和影响以血缘关系、情感关系为纽带，"师生"之间没有心理距离，感情融洽，因此，这种教育活动极易对子女和其他受教育者的信仰、情感、生活态度、生活方式等方面产生重大影响，甚至是终生影响。这一功能在蒙古族共同的民族精神与性格特点，如英雄精神、自

由精神、务实精神、开拓精神和热情、豪迈、坚韧、团结、友善、积极进取等方面表现得淋漓尽致，并潜移默化地影响和塑造着该民族的世界观、价值观、情感、信念、思维方式和行为方式。

第二章　蒙古族传统家庭教育传承的现状调查和分析

第一节　蒙古族传统家庭教育传承的现状调查

一、调查对象及基本情况

所涉及的调查点为赤峰巴林右旗、通辽科左中旗和呼和浩特市区。主要调查对象多数是牧区牧民，只有少数是半农半牧、农区的农民，还有一些是后来从原农牧区搬到城镇的上班族。其中女性为56.67%，男性为43.33%；30岁以下占8%，30—40岁之间的占19%，40—60岁之间的占52%，60岁以上的占21%；在文化程度构成上，文盲占12%，小学毕业的占41%，初中毕业的占22%，高中、中专毕业的占18%，大专以上的占7%。被调查的蒙古族家长中，明确表示传统家庭教育有传承价值的占83%，另有17%的家长不太明确或是不表态。职业情况：牧民占68%，农民占20%，教师占8%，其他（包括公务员，个体户，无业者）占4%。家庭类型：四世同堂的占2%，三世同堂的占17%，父母与子女两代人共居的占77%，祖孙两代人共居的占4%。

二、调查的具体内容

1. 访谈教育者（家长、长辈）的典型案例
（1）访谈对象：
A1. 居住地：赤峰巴林右旗，职业：牧民，年龄：52岁，男，家庭类型：三世同堂
A2. 居住地：赤峰巴林右旗，职业：牧民，年龄：29岁，女，家庭类型：核心家庭
A3. 居住地：通辽市科左中旗，职业：教师，年龄：52岁，女，家庭类型：三世同堂

A4．居住地：呼和浩特市区，职业：居民，年龄：60岁，男，家庭类型：三世同堂

（2）访谈内容：

问题一：您对蒙古族传统家庭教育有什么评价？

A1：我想蒙古族家庭教育有很多优秀传统，比如：尊重长辈，对他人热情好客，真诚地对待每一个人、每一件事，历来崇尚教养好的家庭，娶媳妇、嫁女儿，首先要看对方有没有教养好的家庭。

A2：在我的印象里有关蒙古族的历史、传统习俗、艺术活动、传统礼节都是通过父母的教养和童年时代长大的环境中被熏陶获得的，现在我已为人父母，还是很重视家庭教育，而且尽可能给孩子传达在电视和书本上没有的东西。

A3：蒙古民族优良传统和美德在其家庭教育中得到了良好的体现。蒙古族普遍待人有礼、尊老爱幼、乐于助人、热爱劳动、独立生活能力强、孝敬父母，这些品质大家公认的，都可以说家庭教育的功劳。

A4：我认为蒙古族传统家庭教育对民族的形成，发展和安定、团结都起到了关键的作用。今天我们要建构和谐社会，蒙古族家庭教育应该更加发挥这一功能。

问题二：您认为对孩子的发展来说，家庭教育的影响大？还是学校教育的影响大？

A1：我认为家庭的影响大，学校教不了那么多的东西，孩子还是家里呆得时间长，受到的影响大。

A2：应该是家庭吧，因为父母是子女最早的接触的社会角色，父母的一言一行在潜移默化中影响着子女成长。这种影响包括子女的品性、性格、习气、兴趣乃至处世待人的态度与方法等。

A3：我认为还是学校教育更应该承担这个义务，学校里的有专门的老师，相对来说，可能对学生的影响会更大。而且学校里也能较系统的学习传统文化。

A4：应该说两个方面都有责任。首先，学生要在家里接受民族文化教育的熏陶，家长是他们的第一任老师；其次，进入学校以后学生应该在学校里接受更加全面的民族文化教育；最后应该说社会环境也有不可推卸的责任。

问题三：在全球化的今天，没必要对孩子进行民族特色教育。您对这个问题怎么看？

A1：不管是什么时代，家庭教育肯定离不开民族特色教育，因为每个

家庭都有民族特色。

A2：应该对孩子进行民族特色教育，每个人都属于特定的民族，家庭应该培养民族认同感和民族自豪感。

A3：不能因为全球化而失去民族特色，只要是民族存在，特色教育肯定存在。再说民族的就是世界的啊。

A4：有必要，就是得考虑怎样才能更好的结合全球化和民族教育。

2. 访谈受教育者（子女、晚辈）的典型案例

（1）访谈对象：

B1．居住地：赤峰巴林右旗，职业：牧民，年龄：25岁，男，家庭类型：三世同堂

B2．居住地：赤峰巴林右旗，职业：学生，年龄：16岁，女，家庭类型：核心家庭

B3．居住地：通辽市科左中旗，职业：学生，年龄：24岁，女，家庭类型：三世同堂

B4．居住地：呼和浩特市区，职业：学生，年龄：13岁，男，家庭类型：核心家庭

（2）访谈内容：

问题一：您对蒙古族传统家庭教育了解多少？

B1：我了解蒙古族的传统家庭教育，因为是自己民族的传统家庭教育，所以自然非常重视。一个家庭里几代人传承下来的教育就是传统的教育。

B2：我认为了解一点而已，我很重视自己的民族的家庭教育，因为作为一个蒙古族人有必要了解自己的民族文化。

B3：我了解蒙古族的风俗习惯，传统礼节，这些都是通过家庭教育获得的，我非常尊重它。因为我是蒙古族的一员，发扬蒙古族传统文化是我们这些接班人的神圣使命。

B4：不太了解，但很想学习。我知道一些故事，很有趣，我希望有机会能够学到更多有关蒙古族的文化知识。

问题二：您的有关民族历史、民族文化的知识来自家庭还是学校？

B1：我没怎么上学，凡是有关民族历史，民族文化的知识都是日常生活中学到的。

B2：来自家庭和学校，现在学校设了有关民族历史方面的课程。

B3：我觉得这方面的知识更多来自于家庭，为人处事各方面家庭教育具有天然的优先性，对一个民族家庭来说，文化历史方面的教育更多。

三、问卷调查分析

在调查点上发放了 600 份问卷，回收了 570 份，回收率为 95%。下面列出几个典型的问题及选择的详细信息。正如"传承性和变异性是民族风俗习惯矛盾统一的运动特征，在传承基础上的变异和变异过程中的传承，构成了民族风俗习惯发展的总规律"。[①] 蒙古族传统家庭教育在传承过程中出现许多变迁甚至变异在所难免，我们应该承认这是传统家庭教育面对现有文化空间和生态环境的适应方式，是在传统基础上的一种变迁。那么应该注意的是，在一种传统文化的传承和保护成为人们关注的焦点的时候，应该需要不断的反思和批判，处理好传统与现代的关系。

通过对蒙古族家庭教育现状的调查，我们发现在教育观念、内容、方式、等方面发生了一定的变化。

1. 教育观念的变迁

就教育者来说，这里的教育观念主要指家长及长辈对家庭教育的认识，包括教育目的、动机、任务、内容、对子女未来的生活、事业的期望等。通过访谈和问卷调查的方式，笔者了解到，现代家庭教育的目的可以说是传统家庭教育目的的拓展。大多数家长都认为家庭教育目的是为培养未来社会需要的人才而打好基础。任务还是以保证孩子的良好、健康的身体为主（见图 1-1-11）。对子女未来的期望值不是很高，比如说，学业方面，10 年前家长大都认为民族中小学教学质量差，孩子读书也考不上大学，因此对学校教育的期望值也不高，一般读完初中就够了，早晚都要回家放牧、务农。自从农村牧区义务教育的普及后以及在相关民族优惠政策的扶持下，家长的教育观念有所变化。现在觉得如果孩子用功也有可能有前途，但其观念中也存在一些矛盾情绪。如：有好多家长都希望孩子将来"有出息，有高收入"，但又觉得不太可能，问原因他们大多回答"上大学也找不着工作"。在学业期望上，很多回答"上大学"，但不知道上大学以后孩子该怎么办，在教育内容方面，家长基本上认为传统的手工艺如制作奶酒、加工皮革都不必教了，因为"孩子们都不感兴趣了"。同时他们希望孩子多学点现代科学知识，但问到是否希望学校教一些关于蒙古族历史和风俗习惯的知识时，他们回答"应该教"。民族文化对孩子将来发展有没有帮助，对于这一问题大多数家长都认为有帮助，但具体有什么帮助不

---

① 图道多吉主编：《中国民族理论与实践》，山西教育出版社，2004 年版，第 324 页。

清楚（见图1-1-10）。还有大多数家长向孩子传授民族文化的动机是出于民族感情（见图1-1-9）。从家长这种矛盾的情绪可以看出，在现代化的冲击下，家长在教育观念转变过程中显现出一定的困惑。

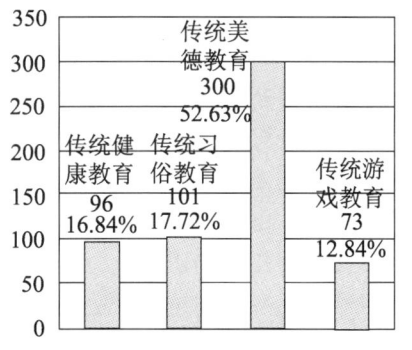

图1-1-8　家庭教育传承中保留最多的内容
- 传统健康教育 96 16.84%
- 传统习俗教育 101 17.72%
- 传统美德教育 300 52.63%
- 传统游戏教育 73 12.84%

图1-1-9　向孩子传授蒙古族文化的动机
- 被迫 17 2.98%
- 好奇喜欢和兴趣 55 9.65%
- 补充知识上的不足 77 13.51%
- 出于自身民族感情的需要 421 73.86%

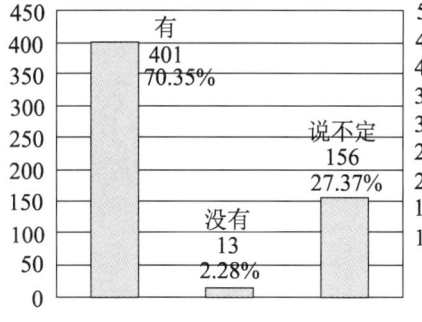

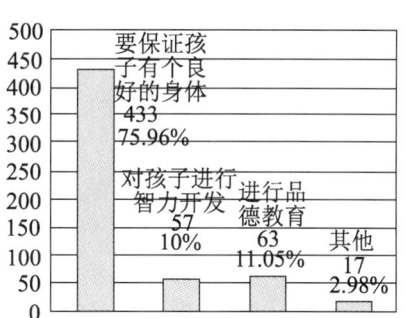

图1-1-10　蒙古族文化对孩子将来发展是否有帮助
- 有 401 70.35%
- 没有 13 2.28%
- 说不定 156 27.37%

图1-1-11　现代家庭教育的首要任务
- 要保证孩子有个良好的身体 433 75.96%
- 对孩子进行智力开发 57 10%
- 进行品德教育 63 11.05%
- 其他 17 2.98%

就被教育者来说，教育观念指孩子们在接受家庭教育时的态度、思想、观念等。蒙古族的孩子在学习祖辈积淀下来的生活生产经验、社会习俗、伦理道德、宗教信仰等过程中也出现新的变化趋势，年轻一代更愿意学一些"实用性"的现代生产生活知识，对民族传统知识兴趣不大。在民族特色的大型活动，节日等场合，才能注意民族传统礼节，习俗以外，一般的日常生活，尤其是学校生活中很少用这些礼仪、习俗。

2. 教育内容的变化

由于起源于游牧文化的传统家庭教育，随着清朝末年对游牧文化的破坏，许多牧区草原被开垦，向农耕文化变迁，从而使传统家庭教育的许多内容在变更过程中由于失去生存的依托而逐渐衰败。调查中发现家庭教育的传承中保留最多的是家庭美德教育,其他一些习俗、习惯在民族生活中慢慢地被淡忘。如果说过去喝奶茶等饮食习惯在所有蒙古族地区普遍存在的话,那么现在只有在纯牧区保存,而农区、半农半牧区越来越被淡忘,或被代替。伴随狩猎游牧生活的变迁有的传统内容在减少或丢失,有的地方在家庭教育方面,接受先进民族的文化而获得充实和发展,并增加了许多新的内容。比如说,在生活、生产、自然知识与技能方面,那些有关节令历法、畜牧经验现在仍然适用的内容沿袭至今,过时的知识被抛弃。民族历史文化教育虽然一直是蒙古族家庭教育的重要内容,但随着熟知本民族史的老人的去世和外来传媒和文化的介入已经开始趋于淡化,甚至部分年轻人对本民族历史一无所知,并且年龄越小所占比例越大,民族传统教育在家庭中出现的频率开始降低,"篝火"边的聚会,老阿妈讲传说的传奇姿态已经被电视所取代,年轻一代也很少再从参加"敖包祭祀"、那达慕大会、制作奶酒的过程中了解本民族的发展历史,无法理解那些礼仪、色彩等所包含的特定历史意义;习俗方面,部分已经消失或淡化,如"祭火"习俗开始失宠,连蒙古族最具特色的"拜天"婚俗在所调查的地区也早已改变,更不能体会其中的文化涵意。由于婚丧习俗的简化,其中的教育内容也在减少。信仰方面,年轻一代对大自然、苍天的崇拜不再如祖、父辈那样虔诚,许多禁忌消失或不具有威慑力,如祭天、祭敖包活动已经少见。

另一方面,一些昔日没有的内容开始成为蒙古族家庭教育的内容,如牲畜、家禽的饲养、优质水草的选择、畜群的繁殖和控制、优良品种的培育、对自然灾害的预防、化肥的使用,农药的调配、现代生产工具使用的知识及发展养殖业成为下一代学习的热点。随着商品经济的发展,蒙古族家庭教育的内容也将不断变化。

3. 教育方式的变化

随着教育内容的变化,教育方式也发生了变化。一方面,原有的教育方式部分消失或更少使用,所调查的地方,很难见到祖母或母亲手把手教孩子做布娃娃、靴子、毡垫子的情景。昔日一家围坐在收音机旁收听科尔沁民歌和胡仁乌力格尔的情景已经被电视所代替,孩子们的歌谣更多是从电视中学来的。可以预见,随着村里电视用户的增多,它将成为蒙古族家庭一种新的教育途径。

另外,学校教育的普及也影响了家庭教育,由于家长文化程度很低,有的甚至是文盲半文盲。放学后,孩子们要么自己学习,要么几个聚在一起互相学习，自我教育或同伴教育作为新的教育方式出现在蒙古族家庭中。

第二节　蒙古族传统家庭教育传承的影响因素分析

蒙古族族家庭教育的这种变化，是一个特定社会变迁的结果，主要有以下几个方面的原因：

一、经济模式变迁的影响

蒙古族是典型的游牧民族，自形成以来就是以游牧为主要生产方式的，并且这种生产方式为建立多民族的统一国家和东西方的经济、文化交流做出了卓越贡献。清代之后，蒙古族游牧生产方式发生了巨大变化，逐渐转变为半农半牧经济或是村农业经济。游牧文化的开拓性以及经济文化类型出现多样化变迁，那么，各地对家庭教育提供的经济、文化空间的支持力就必然有差异，因此，出现了传统家庭教育传承上的较大差异。

为了使调查有一定代表性，笔者选择了内蒙古的锡林郭勒、赤峰巴林右旗、通辽市的典型的两个苏木实地调查，了解到家庭教育的传承现状，无论我国各省区之间、还是内蒙古自治区各盟市之间都有较大差异，相比之下，传统家庭教育的内容在内蒙古西部区传承要好，东部区相对淡化或变迁，牧区要比半农半牧和农区要好，比如，锡林郭勒盟的各旗县主要是以牧业为主，所以还未失去传统家庭教育所依托的自然环境和社会环境。无论在传统内容的全面性还是方式、方法的传统性方面传承的都比较好，通辽市基本以农业为主，因此，传统家庭教育传承因为失去了根本的游牧文化依托而在形式上发生了诸多变迁。

二、民族交往与文化传播的加强

历史上由于争夺地盘，一些民族间曾发生过械斗；又由于语言、风俗习惯的不同，民族之间大都不通婚。但自从改革开放后，商品经济的活跃促进了民族间的交流，公路的开通，汽车、拖拉机、摩托车等现代交通工具的引入便利了人们的族际互动，根本地改变了蒙古族传统的出行方式和交往范围；改革开放以来，蒙古族农村、牧区地区外出打工的人口急剧增多，大量的蒙古族人口走出封闭的村落，他们的文化行为和观念通过族际交往互动得到改造，再通过返乡、探亲等各种方式将城市或先进地区的文化带入蒙古族地区，也改变着家乡人的传统生活方式和观念。尤其是年轻一代积极走出去与外界接触，打破了原来族内婚的习俗，开始与不同的民族通婚。使多种文化在这里发生碰撞。而来自主流文化的新思想、新观念、新知识等通过年轻一代渗入蒙古族家庭。电视作为一种强大的现代媒介在文化传播中起了关键作用，它不仅改变了人们的闲暇生活方式，而且不断地将外界的新信息、新观念、新思想传入蒙古族地区。电话在蒙古族家庭中的普及便利加强了蒙古族与外界的联系。

三、学校教育影响力的扩大

在学校教育出现以前，蒙古族主要依靠传统的社会教育和家庭教育来不断传播民族文化，传授生产技能、培养道德情操、塑造民族性格，促进蒙古族智力发展以推动社会进步。元代以后蒙古族地区虽然有了学校教育，但有机会受教育的人大多为上层诺颜子弟，入学人数实在太少，广大人民被排斥在学校之外。因此，民间传统教育尤其是家庭教育是蒙古族培养后代的主要形式，居主导地位。新中国成立后，现代学校教育才在蒙古族聚居区零星出现。经常是一个老师教几个年级几门课，教学很不规范。但其传播的是主流文化，因此，学校教育传授的主流文化开始通过年轻一代渗透到家庭中去，开始影响蒙古族家庭教育，冲击着蒙古族传统文化。

四、家庭的变化

家庭的变化主要包括家庭文化、家庭结构、家庭教育观念等方面的变化。调查发现，"同喻文化"和"后喻文化"已经在蒙古族家庭中出现，这与前述影响因素密切相关。由于蒙古族与外界的交往增多，学校教育影响力的扩大，主流文化中一些新观念、新思想、新知识逐渐渗入人们的头脑中，而年轻一代对这些新事物较敏感，对主流文化的接受能力和适应能力也更强，因此，主流文化中的某些文化特质很容易在他们的头脑中占有一席之地，在年轻一代的群体中产生了吸引力，甚至使他们对本民族文化产生一种抵制作用，这表现在家庭教育中，当长辈所传递与他们所接受的主流文化产生矛盾时，他们往往倾向于主流文化，但又无法摆脱传统文化的束缚，当这种矛盾无法调解时，迫于"文化强制"的力量，他们接受了自己不愿接受的本民族文化，但不再将自己不愿接受的东西传递给下一代，或是部分的接受，这就导致了家庭教育的变化，导致蒙古族文化的变迁。

家庭结构主要是生育孩子的数量变化，调查发现，村中三代（祖辈、父辈、未成家子女）所生育孩子的数量存在很大差异，以父辈为主的家庭孩子（一般3-4个）大大少于祖辈为主的家庭（一般5个以上）。孩子数量的减少一方面归于国家计划生育政策的影响，另一方面，也归于部分人思想观念的变化，他们从父辈那里感觉到孩子多的艰辛。孩子数量的减少使父母开始有更多的时间来抚养和教育孩子，同时智力和情感上的投资增加了许多，相对过去而言，由于经济的改善和学校教育的发展，大部分家长更愿意送自己的孩子接受教育。

第三节 蒙古族家庭教育"变化"的文化人类学分析

从文化人类学上讲，前述蒙古族家庭教育的变化实际上是蒙古族人们在现代化进程中，民族文化变迁在家庭中的一种具体表现形式。这种变迁主要包括两种形式：一是文化的"衰退"。如口传"歌谣"变为孩子们从电视等媒体上自我学习或同伴互学，使孩子们再也不能从中接受与其生长环境紧密联系的内涵丰富的审美及自然教育，也不能传递长辈在传授"歌谣"、谚语等过程中所赋予的真挚情感。另外，"祝颂"或"酒歌"原是蒙古族人传递和表达情感的一种主要方式，过去，无论男女老少皆擅长，并成为显示其才华的基本技能，由于电视、电影等音像媒体和现代意识形态的渗入，"祝颂"被认为是"老土"方式，现在的年轻人几乎都丧失了祝颂的本领，使这一文化传统出现了"断层"，但是"祝颂"仍然存在于中老年人的记忆中，于是具有经济头脑的年轻人利用现代摄像录音技术把民族歌舞、酒歌等制作成音像光碟，满足蒙古族人，尤其是具有浓厚民族认同感的中老年人闲暇时候的情感宣泄。"皮具、奶酒"也变成工厂批量生产，失去了家庭中的教育功能。二是文化的"变异"，即在现代化进程中蒙古族文化得到了一定形式的发展。如："拜天"的婚俗变成了婚礼的"三拜"。

由此，蒙古族文化在现代化的冲击下所发生的变迁并非是完全的消失或简单意义上的替代，也就是说目前蒙古族文化的变迁在很大程度上是部分文化符号发生了变化，但其文化内涵未完全发生变化，如做人的标准和民族精神没有消失，民族凝聚力和民族意识没有完全丧失。马凌诺夫斯基认为，人类的任何社会现象、任何文化现象，都是为满足某种现实的需要而存在的，这就是各种文化的功能。那么，对于蒙古族文化的这种变化，我们也许可归结为：当两种文化发生冲突时，他们为了工具性的动机—满足某种现实的需要，因而去寻求接受异质文化，但当他们的社会文化认同受到威胁时，他们会抛弃工具性动机，拒绝接受否定他们认同的异质文化。

　　就蒙古族来说，蒙古族文化的传承还主要依靠家庭教育，但上述这种变化使得其家庭教育传承民族文化面临挑战，因为年轻一代在家庭中接受本民族文化的同时又受主流文化地吸引，他们做出一种"功利性"的文化选择影响了家庭教育传承本民族文化。并且，蒙古族甚至整个蒙古族文化的变迁存在一个明显的特殊现象：即蒙古族文化的这种变化大多发生在年轻一代和上一代之间，也就是说，许多即将消失或失传的蒙古族文化符号和话语尚在上一代人身上保存，在这种情况下，继承和发展蒙古族文化，其家庭教育应有所作为。

第三章　蒙古族传统家庭教育传承的建议

　　文化是人类的共识符号，也是一个民族结成稳定共同体的重要依据和内聚力。只有人类文化的传承才有人类的生存，同样只有民族文化的传承才有一个民族的生存和发展。同时，每个民族的文化传承和发展总是要为整个社会的发展与完善提供必要的文化支撑和不竭的动力。因为，一个民族的文化传承并非只是文化形式和要素的传承，更重要的是传递着一个民族潜隐于文化形态中的民族精神、民族认同感和内聚力以及价值观、审美情趣等，文化传承的本质应该是民族性和传承性。

　　蒙古族文化在现代化浪潮中，其民族文化的内核并未完全丧失或质变，人们希望保持其独特的民族身份和民族文化并被尊重和认可，但另一方面对日益消失的文化特色却不知如何加以挽救和保存。蒙古族家庭教育在传承民族文化的同时，又受到来自学校教育、主流文化等各方面的冲击，表现出动力不足的样势，要发挥和传承蒙古族传统家庭教育的功能优势，必须整合各种资源，营造有利于家庭教育发展的宏观和微观环境。

第一节　把有关民族政策落实到家庭

　　首先，应该加强政策宣传。让蒙古族家庭充分了解国家对少数民族的有关优惠政策和法规，如《民族区域自治法》，使民族平等、民族区域自治等政策深入人心，使蒙古族家庭和成员因自己民族受到尊重而产生一种强烈的自豪感、认同感和凝聚力，从而更加珍重自己的传统文化，由此在全球化的大背景下，产生保留和继承本民族传统文化的强烈愿望。政策宣传的形式可以多种多样，可以融入农村、牧区扫盲或"三下乡"工作中，即在扫盲过程中宣传有关的政策法规；也可以建立基层固定或流动宣传咨询站，由政府官员、教师、医生等定期或不定期到各个牧区、村中进行流动宣传活动；也可以通过广播、电视等大众媒体等各种媒介进行宣传，这种宣传覆盖面广、频率高、实效性强、成本低廉，便于人们更好的理解和接受。

其次，利用多种方式和场合传播蒙古族文化，以影响和带动蒙古族家庭教育发挥其独特的作用。如在电台（特别是区、盟、市、旗县）的电视、广播节目制作中多一些反映蒙古族优秀文化的节目，如蒙古族丰富的生产经验、环保知识、传统工艺等。目前在电视台播放的民族节目中，反映民族风俗习惯、宗教信仰、民族风情旅游的节目较多，而反映以民族传统教育和家庭教育为特色的文化教育的节目却很少。蒙古族的传统家庭教育浓缩了古老的草原游牧文化，具有重要的民族标识意义，它承载着蒙古人的民族精神和历史记忆，蕴含着生产技艺、生活智慧和历史文化知识，发挥着社会凝聚功能、教育功能以及调节社会生活功能等重要的传统功能。随着时代的发展，蒙古族传统家庭教育对后代的社会化功能、教育功能以及文化传承功能更加凸显，因此，它的传承显得更加重要。近年来，国家和地方对民族文化保护和传承给予了极高的重视，然而面临民族社会经济与生活方式的变迁以及强势文化的冲击，传统家庭教育在内容和方式、方法的传统性上都出现了诸多变迁，甚至不少民族家庭已经因为失去了赖以生存的文化空间而淡漠了传统家庭教育的许多内容。因此，充分挖掘这方面的资源，让蒙古族的优秀文化广为展示在各种媒体上，使民族成员产生民族自豪感和归属感。这样，家长才会在教育子女时有意识的、有导向的传授本民族文化，孩子在家长的引导下也会自觉地、有意识地去学习和接受本民族的优秀文化。

再次，上级政府管理部门可以利用蒙古族丰富多彩的节日习俗，如那达慕、集会等组织展示蒙古族文化风采的活动，并动员和吸引家庭参与，这样，家长会带着自己的孩子参加，达到教育的作用。

总之，不管是宣传国家的政策法规，还是采取具体形式落实有关政策法规，都是要为家庭教育传承民族优秀文化创造一种良好的宏观氛围，逐步使珍视民族优秀文化传统的观念深入人心，激活家庭传承民族文化的内在活力。

第二节　把民族文化教育融入学校教育中，创造"家校合作"的局面

所谓文化教育是指一个民族社会通过各种途径对民族个体进行包含文化自觉、文化认同和文化知识的教育。它既包括个体在社会生活中自然获得的方式，也应该包括通过学校有计划、有组织的教育方式。每个民族形成之初就是多元的，分散生活在地球的不同地域，从而行成了不同气候、

水土、动植物等的自然环境和资源,这种特定的自然环境必然促成人们不同生产生活方式和文化模式的形成,每个民族的生存和发展都需要文化的有效传承,那么文化教育成为一个必然的选择。因此,民族教育和文化教育在外延上虽然不是同一个范畴,但在本质上文化教育和民族教育应具有统一性,文化传承与教育应该是民族教育的本质,然而目前民族教育普遍存在徒具文化之表,而缺乏文化之性的弊端。学校课程缺乏文化主体所特有的文化之性。文化教育只停留在语言教育,而忽略了民族更丰富的本土知识、文化自觉、文化认同意识和民族精神的教育,使得民族学校的学生虽运用着民族语言与文字,但并不真正理解自己民族丰富的文化。家庭教育、学校教育作为传承文化的两大主干线,应该在个体文化自觉的基础上做好文化认同教育,并统一起来。文化认同是"个体接受某一特定族群的文化的态度和行为,并且不断将该文化价值体系与行为规范内化至心灵中的过程"。[1] 文化认同可以是个体对自己所属文化的认同,也可以是个体对其他民族文化的认同,还可以是个体对两种文化的同时认同。而教育在文化传承中的重要作用就在于形成人们的积极态度。进行文化认同教育,对于汉族成员来说主要侧重于第二种认同,因为相对来说,汉族成员在文化上具有一种"优越感",可能存在"本土文化中心主义"[2] 的现象,通过文化认同教育,能使他们以平等平和开阔的态度对待蒙古族文化及其他民族的文化。而对于蒙古族成员来说则主要侧重于第一和第三种认同,既要使蒙古族成员认同主流文化以适应社会发展的需要,更重要的是认同本民族的文化,保持本民族的特点。又要通过文化认同教育,使蒙古族"在认识自己文化,理解所接触的文化的条件下,在多元文化的世界中确定自己的位置,经过自主适应、选择和主流文化一起取长补短",创造各民族文化在"多元一体格局"中和谐共存的局面。

具体到蒙古族聚居区的学校教育来说,首先,民族教育要体现"双重性"的目标,一方面学校教育要兼顾主体民族为主的统一的国家发展要求,另一方面,又要适应自己的文化环境,体现本民族的特色。结合当今国内的新课程改革,把蒙古族地区丰富的自然资源、民族文化资源作为题材编入教材,开发校本课程,使蒙古族学生充分认识到自己家乡丰富的自然资源和人文资源,充分了解自己的家乡和民族文化,从而产生对本民族文化的认同感。其次,应让蒙古族学生了解主流文化,使他们能够对主流

---

[1] 谭广鼎:《原住民教育研究》,台湾五南图书出版公司,1998年版,第124页。
[2] 萨姆瓦等著,陈南、龚光明译:《跨文化传通》,三联书店,1988年版,第23页。

文化与本民族文化进行正确定位，培养和形成正确的文化辨别和文化选择能力，避免盲目从众。另外，在教学内容设置上，注意把本民族文化，如生产生活技能、民族历史、伦理道德等文化的精华融入教学内容中，并把他们与其他民族，特别是与主流文化进行比较，使蒙古族学生能在比较中提炼精华，把两种文化中优秀的部分有机结合起来，创新自己的文化，从而影响家庭教育。

第三节　加强蒙古族家庭自身建设

自从在蒙古民族中以婚姻和血缘关系为纽带而建立的家庭产生以来，家庭就成了一个十分重要而独特的个体社会化机制，也是蒙古族人们带领孩子接受社会化的第一个大课堂。蒙古族人们坦诚热情、勤俭和善，有着很强的民族凝聚力，同时，在市场经济大背景下，一些新的思想开始支配他们的行为，如"实用主义"、"拜金主义"等逐渐影响到蒙古族家庭教育，因此，应充分利用国家建设社会主义新农村的契机，加强蒙古族家庭自身的建设。

提高家长素质是家庭自身建设的首要内容。家庭教育的质量取决于家长的素质。特别是在知识经济的时代，家长对子女的教育不仅反映了当今社会价值、行为方式和生活方式，而且反映了家长的人生观、道德观、世界观，为子女提供了今后做人的模式和生活态度，为其以后的社会化以及如何做人、做什么样的人奠定了基础。家长素质低下，言行举止不文明，或在道德品质、行为习惯上有问题，甚至有违法犯罪行为，会对孩子产生腐蚀作用。家长以身作则，严于律己，作风正派，品行端正，就容易使子女养成良好的行为习惯和道德情操。所以，要想让孩子健康地成长，家长就得首先从自我做起，自尊、自重、自爱，不断提高为人父母的本领和素质，有远见，识时务，身体力行，做出表率，努力使自己的言行成为子女学习的楷模，这是对孩子最有效的教育方法。提高家长自身素质的内容是多方面的。首先，家长应自觉提高科学文化知识的修养，特别是与自己工作紧密相联的知识；其次，应加强自身的道德修养，文明处事，礼貌待人，为子女做一个道德上的典范；最后，应加强家庭教育科学的修养。如教育学、心理学、法律基础知识等，以实现对子女的科学管理和教育。当然，提高家长素质的方法是多种多样的，家长可以通过多种渠道去获得知识，如电大、职大、函大、家长学校、父母广播学校，以及各个地区的家庭教育研究会等，只要家长留心，提高自身素质是现实可行的。还可以通过广播电视、家庭教育咨询辅导站等多种方式，向家长宣传、推广正确的育儿方法。由于地处较为偏僻的牧区、农区，家长（尤其是妇女）与外界接触不及其他地区快捷，一些固有的落后观念如"安于现状、固守田园"、"自给自足"的保守思想仍影响着一些家庭对下一代的教育，限制了他们的"社会化"，因此，在尊重其传统文化的前提下，把科学的育儿知识与扫盲、计生、保育等工作结合起来，把乡土知识、农科知识与育儿知识融为一体，既使家长保持民族自尊心和责任感，又能吸收主流文化中的营养，使家庭教育真正的传承民族优秀文化。

第四节 促进蒙古族家庭教育文化创新功能的发挥

蒙古族文化传统在现代化转换中面临着多种挑战，一方面要挣脱文化滞后的束缚，另一方面又要应对现代化、全球化的冲击。在内外两种合力的夹击下，蒙古族文化未来发展的可能选择是：或者保持与外来文化的对立和冲突，拒绝全球化而固守文化边缘；或者在全球化语境中放弃文化传统；或者进行积极的对话，寻求切合点，进而达到某种程度的共融共盛。第一种选择既非蒙古族文化历史的主流，又极易滋生文化民族主义情绪，最终必将因封闭而裹足不前；第二种选择容易造成民族性的丧失，是蒙古族各阶层群众所最不愿看到的。因而，未来蒙古族文化发展的最理想的道路就是消解冲突，对蒙古族传统文化资源与外化资源进行衔接，创造出既具有现代色彩，又具有本土旨趣的新文化。

文化的创新是一个民族永葆生机和活力的源泉，而家庭作为社会的细胞，不但要有传承社会文化的功能，同样应具有创新文化的功能。家庭教育的文化创新功能表现为对不同的文化资源的遴选和链接，在遴选和链接中汲取精华、剔除糟粕，进行优化组合。蒙古族家庭教育所弘扬的很多传统美德，如勤劳勇敢、敬老爱幼、和睦共处、诚实正直、舍己助人、褒善抑恶、男女平等，以民间传说、神话、故事、诗歌、谚语等为载体并世代传承，深刻教育着广大蒙古族社会成员，影响他们的行为和心理，但是，适应现代社会生存所需的时代观念如开放观念、市场观念、科学观念、民主观念等也需要被各民族成员所接纳。在新与旧、现代与传统的冲突中，由血缘、情感纽带构成的家庭具有更大的宽容性，如果能够做到兼容并包，借助蒙古族家庭丰厚的家庭教育资源将时代观念整合进蒙古族传统文化之中，必定能促进民族文化的创新。

促进文化创新功能的发挥有赖于家长观念的更新和家庭教育自身的创

新。在信息时代背景下，家长的权威可能受到挑战，呈现出"后喻文化"的特征，即长辈向晚辈学习；同时，家庭教育的内容更加广泛、教育方式和手段更加灵活多样，要求家庭真正成为"终身学习"的场所。因此提高家长知识水平和文化素质是家庭和社会共同努力的方向。

第五节　加强少数民族家庭教育的理论研究

目前，关于家庭教育的理论研究主要是针对汉族地区或经济发达地区或笼统的"现代家庭教育"，其中多数是研究家庭教育的内容（德、智、体、美、劳等）、目的、任务、方法、艺术以及独生子女的家庭教育等，而对蒙古族及其他少数民族的家庭教育理论研究很少，有的也只是对一些少数民族家庭教育现象的陈述，有的在论述少数民族传统教育中略微提到家庭教育。家庭教育作为整个国家教育和人类教育的重要组成部分，国家和社会应当为少数民族家庭教育创造良好的条件，应开展家庭教育理论研究，发展家庭教育科学，设立家庭教育指导机构和咨询机构，组织编辑出版家庭教育的刊物和书籍，开办家长学校，家长训练班和家庭教育讲座，普及家庭教育知识，提高家庭教育质量。

据此，我们认为可以组织一批教育专家、民族学者等对包括蒙古族在内的少数民族家庭教育实况、特色、民族心理、文化和家庭教育在传承本民族文化功能的发挥情况等进行研究，总结其特点和规律，使之上升到理论高度来指导少数民族家庭教育在未来的发展，使本民族的文化更加充满生机和活力，从而促进地区经济、社会和文化的良性发展，使各民族文化在"多元一体格局"中和谐共存。

蒙古族传统家庭教育和现代家庭教育并不是完全隔离的，也不存在时间上的断裂。无论时代怎样变化，传统家庭教育特有的对个体和社会的功能应受到人们的关注。

蒙古族传统家庭教育的传承对蒙古民族文化的传承、民族社会的发展和个体民族性格的形成都具有不可替代的价值和意义。目前，进一步分析和研究蒙古族传统家庭教育传承中的问题和机制，完善或构建更为有效的传承机制是一个非常迫切的问题。只有确立将传统家庭教育文化与现实社会需要相结合的教育观念，才有利于民族传统文化的传承，有利于民族家庭教育的现代重构，最终促进新形势之下蒙古族家庭教育的发展。

第二篇

蒙古族儿童传统游戏与文化传承

第一章　蒙古族儿童传统游戏的概述

第一节　蒙古族儿童传统游戏的起源

一、民族游戏的起源

关于游戏的历史起源问题有着"本能论""劳动起源论""享乐论"等不同的观点和看法。"本能论"一般以人类和动物的游戏在进化过程中的连续性作为依据，把本能作为核心概念解释游戏在人类社会中的存在。"劳动起源论"强调劳动对于人类自身和人类文明发展中的意义，强调人类游戏区别于动物游戏而特殊指出："游戏是劳动的产儿。任何一种游戏都有一种严肃的劳动作为原型。人为了生存必须劳动。在劳动中逐渐学会评价自己力量的活动，把它看作是享乐的源泉。游戏消除了劳动物质目的。而把伴随着劳动的愉快本身变成目的。"[1]"享乐论"则假设游戏的动机来自于人类对自身力量的体验。下面主要从物质生产劳动、军事战争、风俗习惯、文化交流等四方面加以考察游戏的历史起源。

（一）生产劳动起源说

追溯中国流传至今的许多传统游戏的起源，可以发展有很多游戏活动是从紧张而严肃的劳动和物质生产演变而来的。例如，投射游戏活动中的扔石球、射箭、投壶等，与原始狩猎活动密切相关。这些活动最初完全是功利性的，是为了满足人们物质生活的需要，但后来随着社会生产的发展和劳动效率的提高，一些原有的生产劳动形式便开始转化为娱乐游戏活动。从扔石球捕捉野兽到弓箭的发明，石球的功能也开始从生存向娱乐性方面转化，目的不再是为了击伤或击到野兽，而是为了玩乐、消遣，增加一些欢乐的情趣。[2]

---

[1] 赵世林:《西南少数民族文化传承论纲》，云南民族出版社，2002年版，第17页。
[2] 赵世林:《西南少数民族文化传承论纲》，云南民族出版社，2002年版，第17页。

某些少数民族的射箭游戏活动中,我们也可以看出一些原始狩猎的印迹,如宋代契丹族中盛行的射兔,元代蒙古族中盛行射草狗,清代满族中盛行的射鸽等游戏活动,所射的对象都是一些动物,实际是原始时代中捕猎野兽、击射猎物生产活动的再现。再如过去达斡尔族中有一种传统的射箭游戏比赛,叫作"射萨克"。所谓"萨克"就是动物的踝骨。比赛时把十几块"萨克"横放在地上,在大家商定的距离之外用箭射。先进行预赛,射中较多者参加下一轮比赛。预赛优胜者站在较近处再射,最后以射中"萨克"的多少确定成绩和名次。①

这种以射动物的踝骨为内容的游戏活动,也很明显地带有原始狩猎的色彩。这充分说明,这些游戏活动源于人类社会劳动过程,随着新的生产工具和方式的更迭,逐渐转变成为一种满足人们娱乐的游戏形式。

(二) 军事活动起源说

古代社会中的氏族争斗,诸侯称雄,经常造成大规模的军事战争,这些军事战争成了古代人类社会生活中的一个重要组成部分。随着历史的发展和社会的趋于安定和平,战争的数量逐渐减少,战争的方式也发生了变化,于是一些原本属于军事性的活动演变成为娱乐性的游戏。例如,古代的角抵、风筝等游戏与古代军事活动有关。从表面上看,军事战争关系到国家、民族生死存亡的重大事件,与那些为了娱乐、消遣而产生的游戏活动似乎风马牛不相及。但实际上我国历史上很多传统的游戏活动是从一些军事战争中的某些活动中演变而来的,与军事战争具有十分密切的关系。

我们可从古代的蹴鞠、围棋、象棋、放风筝等我国古代的游戏活动中,找出许多有关这些方面的例证。例如,象棋古称"象戏",有些古人认为它源于原始时代的军事演习和军事操练活动。②

(三) 社会风俗说

风俗是人们在长期的社会生活中形成的一种文化传统和行为规范,它是群体性社会观念和社会行李的产物。一定的群体观念和群体心理,会造成人们行为方式上的某些一致性,这种一致性的行为方式经过长期的历史发展和沉淀,便会演化成为具有相当稳定性结构的行为文化模式。例如,如今越来越被我国年轻一代青睐的美国情人节的习俗,可远溯到古罗马的"牧神节"。③

---

① 蔡丰明:《游戏史》,上海文艺出版社,1997年版,第60页。
② 蔡丰明:《游戏史》,上海文艺出版社,1997年版,第60页。
③ 杨占武:《世界习俗大观》,湖南文艺出版社,1982年版,第270页。

中国古代许多风俗原本并不具有娱乐、游戏的性质，主要体现的是人们在政治经济、宗教信仰、伦理道德、生产消费等方面的思想观念和社会心理。但后来经过长期的历史发展，这些思想观念和社会心理方面的因素逐渐淡化，而娱乐性、游戏性方面的因素加强，转化成了游戏的形式。

（四）起源于文化交流

古今中外，无论是硝烟弥漫的战争年代还是和平年代，各民族之间的文化往来从未间断过。游戏也不例外，如我国汉代和唐代，与周边的朝鲜、日本、印度等国家建立了外交关系，文化交流十分频繁，如朝鲜的将棋、围棋都是从我国传入的。同时我国古代有相当一部分游戏活动，是来自一些边远地区的少数民族和邻近的其他各国。中国古代的马球也是由外域民族传入的。马球古称"击鞠"，主要盛行于唐代。马球这种形式最早是从西部的民族传入中国的。当时的西域大宛盛产好马，并每年向大唐王朝进贡，这激发了唐代朝野对养马及马术的兴趣，故马球之戏也便在此时从西方民族传入中国。[①]

二、蒙古族儿童传统游戏的起源

学术界关于蒙古族儿童传统游戏的起源存有诸多不同的观点，可以归纳为两个方面：一是通过对文化交流，尤其是古代与周边其他民族的文化往来从外传入并逐渐成为蒙古族儿童传统游戏；二是蒙古族固有的、从民族内部的各项信仰活动和物质生产劳动中产生的、独特的活动。笔者在整理和分析前人的研究并作为本研究和分析的基础上，以蒙古象棋和男儿三艺为例，蒙古族儿童传统游戏起源进行较客观的梳理与界定。

（一）来自文化交流

蒙古象棋是蒙古族中最普遍的一种游戏。据民俗史料记载，象棋最早从印度起源后传入到我国；我国象棋创始与南宋刘克庄的时代，现行的棋制已在13世纪完全定型。也有学者认为民间流行的象棋不迟于11世纪末。又由于元朝在中原统治了大约一百六十多年，民族之间不断交流与融合，相互学习，由中原传入草原。

（二）来自本民族物质生产劳动和各种信仰活动

大部分蒙古族儿童传统游戏来自本民族生存过程中的各种物质生产活动、原始宗教礼仪和祭祀等信仰活动中。大约到了11世纪以后，尤其到了

[①] 蔡丰明：《游戏史》，上海文艺出版社，1997年版，第60页。

十三世纪成吉思汗统一蒙古各部建立蒙古汗国,畜牧业经济得到了快速发展,成为北方游牧文化的集大成者,生产生活条件有了巨大变化,这不仅为娱乐性文化活动提供了物质基础,而且使人们逐步摆脱了仅为满足食物而狩猎奔波的生活模式,提供了较多的闲暇时间。加之游牧文化广阔、开放而流动的固有特点,造就了游牧民族居住文化的分散模式,牧户与牧户之间的距离一般都在几里、十几里甚至上百里,即使有交往,也十分有限。对身处这种辽阔草原的蒙古游牧民族来说,他们的生活封闭而单调,草原上人烟稀少,长时间感受孤独和寂寞,这就意味着牧人们对各种形式的娱乐集会活动和广泛的交流都十分向往,男儿三艺的产生也是一个人心所向的事情,能够满足牧民精神文化生活的需要,同时也能够满足社会成员走出蒙古包获得社会化的需要。因此,蒙古族的"男儿三艺"最早渊源是狩猎经济,是和古代部众的原始狩猎生产和生活直接交织在一起。随着游牧经济的发展和建立统一的游牧帝国的军事需要,摔跤、射箭、骑术又一度成为蒙古民族军事训练、强身健体和选拔将领的重要手段,并成为军体活动性质的竞技项目。成吉思汗本人及其得力将领都是"三项竞技"的超群者。此时,"男儿三艺"作为游牧文化的重要元素,获得了更为自觉的发展。[①]

第二节　蒙古族儿童传统游戏在家庭教育中的作用及成功个案

一、蒙古族儿童传统游戏在家庭教育中的作用

蒙古族是一个具有悠久历史和灿烂文化、古老文明的民族,素以机智、热情、勤奋、勇敢而著称于世。作为一个有悠久历史和文化的蒙古民族在培养和教育下一代方面,有着一个整套教育理论和教育方法并一直流传至今。

在蒙古族悠久的教育发展史上,儿童游戏作为蒙古族人民群众对儿童进行启蒙教育的手段,不但反映了蒙古族家庭教育史的传统内容及其在儿童教育方面的独到见解,而且对发展蒙古族的现代家庭教育及家庭文化,也有着极其重要的意义。

作为蒙古族古代教育内容的重要组成部分之一的这些游戏,无疑是古

---

① 白红梅:《文化传承与教育视野中的蒙古族那达慕》,中央民族大学博士论文,2008年。

代蒙古族劳动人民创造的。经过千百年的历史变迁，经过不断的演变发展，经过劳动人民不断的加工，时至今日，其内容变得越加丰富和完善了。

蒙古族有句谚语，叫作："人从儿时，骥从驹时。"长期以来，蒙古民族就是本着这个原则来教育自己的儿女们的。在培养和教育孩子们的过程中，蒙古族劳动人民发现了这样一条规律：儿童的年龄越小，其身体与思维发展的关系就越密切。根据这一规律，他们结合儿童的心理、语言、动作等特点，创造出许许多多的游戏，并以此来对儿童进行德、智、体、美、劳等多方面的教育，使儿童的身心得到较全面而健康的发展。正因为这些游戏能促使儿童们的思维更加敏捷，动作更加灵巧，身体更加健壮，语言表达能力更加丰富和准确，所以，长期以来，它一直被蒙古族人民当作教育儿童的最有效的办法而延用至今。由此可见，儿童游戏在蒙古民族的教育史，特别是在家庭教育史上占有何等重要的地位。

儿童总是把游戏当作他们生活中的最主要的需求。他们总是说："我还没玩够呢！"，这时，总有一些家长严厉地斥责说："玩，玩！难道不玩就会缺点什么吗?!"，一些家长总是强调让儿童们学习，对游戏的重要性却往往不太重视。他们不了解不让儿童做游戏不只是缺了点什么的问题，而是对身心发展的一种侵害。许多人总是错误地认为，游戏是可有可无的东西。这只能说明，他们对儿童游戏的重要性方面，连起码的知识都不具备。

那么，儿童为什么强烈需要玩具，特别喜欢做游戏呢？我们的家长们应该正确认识这些问题。

随着社会及社会生产力的发展，成人与儿童在日常生活中的各种行为方面产生了许多难以调和的矛盾。儿童虽然很向往成人的生活，具有一定的参与意识，但他们这种要求却总是难以实现，于是就产生了游戏。

游戏对儿童来说，似乎是他们天性的本能，但实际上并非如此。因为游戏本身是社会生活的产物，它不是自然形成的，而是在成人的影响下，通过教育实践逐步形成的一种反映儿童现实生活的社会表现。它对促进儿童的身心发展起着极大的促进作用。

游戏是儿童最基本最主要的活动形式，也是儿童接受教育的主要方法和方式。比起其他活动它更有益于儿童的健康发展。孩子们正是通过做游戏来认识世界，体验生活，并从中受到各种有益教育，从而学到各种知识技能，发展其智力的。因而它是儿童最喜爱、最乐于参加和最能激发他们积极性和创造性的一项活动。并且游戏能使孩子们的心情更加愉快，使他们变得更加聪明伶俐，也能使他们的各种天赋才能得到充分的、奔放的、自由的发展。

游戏为什么能激发孩子们的兴趣、积极性和创造性呢？这是与游戏本身的特点和性质有关的。我们应当懂得，游戏是儿童们最喜闻乐见、最感兴趣和最自由自在的活动，同时也是最适合儿童年龄特征的和生活特点的一项基本活动。

儿童之所以喜欢游戏，其原因不仅在于游戏十分适合他们活泼好动，善于模仿的天性，而且也适合于他们的心理年龄特点。儿童的心理年龄特点表现在具体形象性和不随意性等各方面。他们的认识活动比起婴儿，虽然有了初步的抽象概括的能力，但比起大孩子，还很不够完善，基本上还是以具体形象性为主，抽象性开始萌芽着，而且，游戏的内容一般是孩子们最感兴趣、印象深刻的社会生活和客观事物的反映。孩子们对自己感兴趣的事物，往往表现出情真意切、态度积极。这样做起来情绪愉快而稳定。所以，游戏对儿童有极强的吸引力，并能使他们始终处于兴奋状态之中，因而，做游戏时，孩子们的自控力往往是比较差。

其次，游戏是一种目的和自觉地反映现实生活的活动，具有很强的社会性。孩子们的各种游戏都来自于生活。例如，智力游戏中的《蒙古象棋》，语言游戏中的《谜语》，体育游戏中的《猎人捉旱獭》《踢毽子》，角色游戏中的《开商店》，结构游戏中的《堆雪人》，等等都反映了具体生活场面。当然，这些游戏并不是生活的原版，而是孩子们根据自己对生活的理解，按照自己的愿望，展开自己的创造想象将具体的生活内容重新进行了组合，创造性地把生活反映在游戏之中。

第三，游戏是一种娱乐活动。游戏在这一点上同劳动或学习有很大的区别。它没有社会实用价值，也不是强制性的社会义务，而只是孩子们进行玩耍和娱乐的活动。

因为做游戏一般不受时间和具体条件的约束，可以完全按照自己的意愿。其目的就是为了玩，为了获得愉快和满足，所以没有任何压力和障碍。儿童在做游戏的过程中，似乎是在完成一件什么任务而感到兴奋，始终充满了欢乐。反过来说，即使什么也没做成，也不会感到沉闷或失去了什么，照旧还会高高兴兴地继续玩下去。正因如此，他们在游戏的整个过程中，态度始终是主动而积极的。总而言之，游戏活动的显著特点就在于它的趣味性、形象性、社会性以及具体性。

就游戏本身的特征来讲，它既要反映儿童健康成长的客观需要。同时又要间接地反映人与人之间的关系和人与大自然的关系。儿童向来就是喜爱大自然的。它们对各种飞鸟、花草、昆虫等等充满了纯真的爱。鲁迅先生说过："儿童是很值得佩服的。他们常常观察星星和月亮以及自然界的种种变化，考虑花草的利用，倾听昆虫的吟唱；他们甚至幻想着飞上蓝天，钻进蚁穴看一看愿望。"生长在牧区的儿童看到小羊羔要喝积在地上的水，就会说："好乖乖，这是脏水，喝了肚子会疼的！"类似这种情况，表明了儿童常常是生活在童话般的世界中。正因如此，幻想、想象和实际生活在儿童的心目中，似乎没有什么区别。所以，人与自然界的关系常常成为孩子们做游戏时的丰富内容。

上述内容说明，游戏是人类在孩童时期最愉快的活动。这是必然的客观规律，是不受家长或成人的意志支配的。

要想教育好儿童，首先要很好地了解他们。从心理学角度来看，我们如果能真正地了解儿童做游戏时的心理状态，那么才有利于正确引导。通过游戏来了解儿童，是一种可行的有效办法。因为儿童在玩时所表现出来的情感是真实的：他们在做自己所喜欢的和感兴趣的游戏时，会毫无掩饰地流露出各自的思想情感。如果遇到用语言难以表达的事物，他们就会用类似的事物或动作表情表现出来；反过来，用其他事物或动作表情难以表达的，就用语言来进行表达。

有趣的游戏非常符合儿童的生理和心理特征，也有益于促进他们健康地成长。在游戏中，孩子们自然而然地学习和模仿自己敬仰或崇拜的人物，充分发挥着自己的想象力。在此过程中，他们觉得自己长大了，懂事了：大人能做的，他们也能做，什么都想去模仿，能用自己的意愿去指挥世上的一切。在游戏中，一些矛盾得到了解决，他们就会感到进一步的满足。从而能促使他们的思维得到进一步的发展。

蒙古族儿童经常玩骑马的游戏。他们用长树枝或柳条当马骑，用短树枝当鞭子，跨上"马"扬起"鞭"，左右开弓，奔跑驰骋。这正如俄国著名的戏剧家斯坦尼夫斯基所说："孩子们在做竹条游戏时，他把竹条当成真正的骏马，并随心所欲地充满激情地挥着这匹"骏马"来回"奔跑"。此例可以生动地说明，游戏是最适合于儿童生理结构和心理特征的。

正确合理指导下的儿童游戏，对孩子们的身心健康，有着不可忽视的巨大的推动作用。游戏是增进儿童身体健康的有益活动。游戏对于儿童身体各个器官的发育，特别是对感觉、听觉、运动器官及内脏器官的敏感性和承受能力的发展，有许多益处。例如，体育运动能促进孩子们的骨骼、肌肉生长，呼吸、消化功能的完善以及意志的培养。其次，游戏能丰富和加深儿童们的各种经验和知识，发展语言和交际能力，促进智力发展。特别是儿童的观察、记忆、思维、判断、创造等能力的发展，具有特殊的作用。例如，蒙古棋、沙、帕日吉、语言游戏等对语言和思维能力就有很大的促进作用。而且游戏又是对儿童进行美育的重要方法。通过游戏，儿童们会自然地流露出对美的追求和向往，能充分的发挥出自己的创造力，如通过作角色游戏、结构游戏、图画游戏、表演游戏等。我们的先辈虽然早就懂得了儿童传统游戏的教育作用，并给于了一定的重视。但从理论上来说，尚缺乏科学的系统的全面的论证。至于从教育科学（特别是教育学、心理学）的角度上进行系统的归纳，使之上升为理论方面，更是一大空白。

有关蒙古族儿童游戏的内容和种类是比较丰富的。作为教育儿童的独特方法，又全是蒙古族的祖先世世代代延袭下来的，编写此册子时，笔者本着去粗取精，照顾全局，突出重点等原则，力求将某些主要游戏的内容及其教育作用等，作以详细的阐述和概括。

二、蒙古族儿童传统游戏的成功个案分析

蒙古族儿童喜欢玩一种叫"海中亥"的游戏。这种游戏比较像今天风靡世界的"芭芘娃娃"。而"海中亥"是一种布娃娃，其形象具有蒙古人的特点，其服装完全是早期草原的蒙古袍，肥而宽大，尤其是套在长袍外边的坎肩，现在已经不多见，只有"海中亥"仍然保留此种服饰。"海中亥"的发式传承了古代蒙古人的发式。玩"海中亥"属于室内生活游戏而且也是一种假象游戏。"海中亥"的游戏内容是模仿古代蒙古族的传统家庭生活，活动过程中伴有口头叙述。一组"海中亥"四到六人，一般是父子两代或者祖孙三代。游戏时，分为两伙，每伙一至三人，各执一组"海中亥"，用枕头或毛巾围成一个圆形，表示蒙古包。然后把"海中亥"摆在假设的蒙古包内。游戏的内容有：放牧、打猎、迎猎、挤牛奶、剪羊毛、套马、做客、过年、祭祖、生儿育女等。在游戏过程中，一边用手操纵"海中亥"，一边按内容口头解说。如玩放牧游戏时，用手拿着扮演爸爸的"海中亥"到蒙古包外面去放牧，扮演妈妈和女儿的"海中亥"要一起拿到蒙古包外边去送行。又如，玩打猎游戏时，扮演爷爷的"海中亥"从森林里打猎回来，蒙古包里所有的人都要出门迎接。爷爷归来告诉大家：猎获几只山兔、几只野鸡、几只狍子等。如果有两组"海中亥"时，孩子们各代表自己的"海中亥"相互对话，表达游戏的内容和情节，如玩做客游戏时，一家"海中亥"到另外一家做客，这家"海中亥"要按照蒙古人的规矩，迎接客人到蒙古包内，让座到主人右侧，表示对客人的敬

重。这种模仿成人家庭生活的游戏,孩子们不仅很喜欢,而且在游戏过程中很自然地传承了蒙古人的生活习俗。①

这种游戏其实是从古至今全世界儿童都玩的游戏,但因其就地取材、反映儿童周围日常生活的特点,不同地区和不同民族又各有差异,"海中亥"是蒙古族儿童对大人们日常生活的模仿,如串门、出猎、打鱼、做皮活、放马、抓马、采集野果等,玩时用草棍、用枕头或毛巾围成一个圆形,表示蒙古包,这些可以促进儿童的发散性思维,并按生活中家里的摆放布置好,此外还要把人、偶的关系处理妥当,分好上下辈、亲属朋友等。然后一个个玩偶次第登场。体现出浓郁的鄂伦春家庭和社会氛围。

蒙古族游戏中蕴涵着多种促进儿童身心发展的因素。游戏的故事性、情节性很强,引人入胜,长时间沉浸其中,可以培养儿童专注的精神;孩子们认真地替自己的玩偶扮演着各自的角色,体会着不同角色的权利、义务和情感,同时也发展着自己对现实社会角色的初步了解和认识;游戏中孩子们不时喃喃自语般介绍着故事的背景和进展情况,并用角色的身份相互交谈,这使他们的语言、交流和思维能力在不知不觉中得到了锻炼和提高;虽然是在游戏,但又都是认真地按照日常生活的规则来展开游戏的故事情节,这就要求他们平时要注意观察生活。这些不仅是对将来真实生活的演练,同时也在潜移默化中使儿童懂得了尊老爱幼、热爱生活、勤俭持家、和睦相处、团结互助等做人的道理,使民族的价值观、道德观得以传承。

---

① 李吉阳:《少数民族玩具和游戏》,晨光出版社,1994年版,第157页。

第二章　蒙古族儿童传统游戏的种类

　　蒙古族儿童游戏是与蒙古族古代传统游戏娱乐有密切关系的。而这种传统游戏娱乐活动又是在蒙古族氏族社会时的游牧、围猎生活和生产实践中产生发展的，所以追溯蒙古族儿童游戏的产生历史可以说是源远流长。

　　蒙古族儿童传统游戏中除了包括"男童三艺"（即摔跤、骑马、射箭）以外，还有"蒙古象棋""沙嘎"（羊踝游戏）"宝嘎""踢毛毽""掷布鲁""玩毛球""甩鞭子""塞雪橇""滑冰""米格玛""帕日吉""吉日格"（鹿连儿）"哈木嘎""大六牌"（股牌）"沙嘎""猪旱獭""捉迷藏""宝日查乎""兴嘎日查乎""说九九""捉食指""找中指""阿日本努合"（数羊粪蛋）"连环锁""语言游戏（如绕口令、顺口溜、谐歇词、对口令、猜谜语）"，等等其他种类繁多的游戏。

　　蒙古族儿童游戏若分类可分为：智力游戏、体育游戏（或运动游戏）、音乐游戏、角色游戏、结构游戏、建筑游戏、语言游戏，等等。如果按游戏方法、器械来细分的话也可以分为沙嘎（羊踝游戏）、乎鲁格图游戏（棋类游戏）、开锁游戏、绳扣游戏、连套游戏、折叠游戏等。以上这些如果按其内容、性质可分为创造性游戏和规则型游戏两大类。

　　蒙古族儿童游戏娱乐的玩具很多，而且大部分是用他们在日常生活中见到的东西就地取材加工修饰而成的。这些玩具从多方面体现了蒙古族人民的聪明智慧与丰富的想象力、幽默风趣的语言、清晰敏捷的思维以及广泛的生活情趣，也表达了他们热爱生活，向往美好未来的愿望。从这里我们也可以了解蒙古族优秀传统文化遗产和民间教育的宝贵经验、原则和方法。所以从一定意义上来讲这些游戏确实具有启蒙、增智、激发兴趣、培养情操的作用。

第一节　男童三艺

　　从很古老的时候起，蒙古族就有一种习俗，就是每一个男性都必需熟练掌握摔跤，骑马，射箭三项技能。作为男子汉如果不会这三项技能就被认为是极可耻的、丢人的事。所以蒙古族儿童从小就把"男童三艺"作为他们的主要游戏。

一、儿童摔跤

摔跤是蒙古族民间最喜爱的一种活动，也是那达慕大会的主要项目之一。早在元代，就有专门负责蒙古摔跤的机构，到了清代，摔跤又有了新的发展。据蒙古人民共和国扎·达木丁《蒙古摔跤》中记载："要说蒙古摔跤的起源这要追溯到人类原始社会石器时代。在久远的原始时代，人类的祖先为了生存，围猎飞禽走兽，徒手于野兽搏斗。围猎后他们要聚在一起庆贺自己的胜利，交流围猎的经验，总结磋商猎物的技能，这样一来，就自然地产生了摔跤这一项目。"这无疑是一个符合历史事实的正确结论。关于这一点，在其他历史文献、书籍中也有记载。

在古代，男子三项运动经常以庆祝大会、祭旗选将、军民联欢、升官晋爵、祭敖包等形式在夏秋两季举行。据说，蒙古大汗特木金就是通过"男子三艺"来选拔他的将帅、首领的，成吉思汗有时还亲自与那些被选拔的将士们较量。1206年，在鄂嫩河畔举行的蒙古大帝国建国大典上，聚集了512对1024位摔跤手，进行了空前盛大的比赛和欢宴。从此，摔跤、骑马、射箭成了蒙古族的"男子三艺"并一直延续至今。从史书记载来看，历年、历届的比武、比赛的参赛人数都没有超出过这一次。1982年在锡林郭勒盟举行的那达慕大会上又聚集了512对1024名成年选手，64对128名儿童选手，进行了激烈的夺魁比赛。

摔跤作为蒙古族的一项民间群众性的娱乐活动，之所以能从古至今一直流传不衰，这不仅与旧时的社会教育、政治、战争生活、社会娱乐活动有着密切的联系，而且与草原游牧经济的生产方式、生活环境有关，同时它对强身、丰富草原牧民精神生活也起着重要作用。到过草原的人都知道，小孩从五、六岁开始就自发地在蒙古包前摔跤，父兄们还经常在一旁观看助威，并指点教授方法。

蒙古族的摔跤不同于中国式摔跤又不同于日本的相扑，它的规则、方法、服装、场地等都有自己的特点。蒙古式摔跤的规则是参赛者不分等级、民族、年龄、体重，只要愿意即可报名参加。所以参赛者有时可达几十、几百、甚至几千，一般说来大小比赛均不会出现参赛人数少而不够数的情况，反之超额的情况却是常有的。正因为这样，规则中采取了单淘汰方法，即每轮淘汰半数，一跤定胜负。参赛人数必须是二的倍数，即四、八、十六、三十二、六十四……若总数出现奇数就摔不出冠军。比赛人数一般根据比赛规模的大小而定，最低不得少于16人或32人，大型的比赛多达1024人。蒙古族的摔跤服一般来说是很讲究的、很有自己的特点。摔跤服不仅做工精细、结实美观，而且穿在身上会更显示出摔跤手们隆起的胸肌、粗壮的胳膊、结实的大手，一个个犹如古代的骑士、十分威武雄壮。

摔跤手们参赛时身着牛皮做的短而无袖的上衣，蒙语叫做卓锋格，上边缀满金银钉或铜钉，后背中间有圆形眼睛或有"吉祥"之类的字样，下身穿肥大的白色灯笼裤，并套上绣有各种图案的套裤，腰间系有红、蓝、绿、黄各色缎子作的条条裙，足蹬马靴或镶花的蒙古靴，并用皮绳绑紧靴子，以防激战时靴子破裂。脖子上套着五颜六色的布条项圈，蒙语叫"津格"。

蒙古组摔跤比赛的场地大一点，或者小一点都可以，一般有一片草坪或松软空地就行了。观众席地而座，围成圆圈，摔跤手们就可以在中间进行比赛了，如果是那达慕大会，那还要搭一个主席台，台的左右各搭一个蒙古包，供摔跤手们休息，比赛时先将参赛的选手分成左右两队，一般按四、八或十六排列，如果是大赛的话，就要让32对或64对摔跤手同时比赛。比赛前，按照民族传统习俗，左右双方各备善歌者数人。尤其邀请一些老人参加歌唱队。歌手站在己方的蒙古包前，一面朗诵角力（摔跤）赞，即以生动的比喻，夸张的语言来鼓舞摔跤手的斗志，烘托气氛，一面高唱豪壮高亢长腔的挑战歌。通常唱上三遍后，在蒙古包前搭肩而立的摔跤手们，则以雄鹰展翅姿势跳跃出场，先绕场一周，后按序排列在主席台前，向主持者和来宾行礼，接着合掌向观众致意，之后听裁判员安排对手。裁判员这时还要唱出选手的名字，出生地和特长，随后双方交锋，比赛开始，按单淘汰的规则，经几轮比赛后最后才决定胜负，胜者倍感荣幸，观众热情赞扬、歌颂摔跤手是草原上的好汉，摔跤手的荣幸要受到很长时间的传扬。

蒙古式摔跤技术分进攻和防御两种，基本动作约有二百多种，招数很多，大的如：勾子、泼子、别子、坎子等，每一个大招数有包括许多小招数，有"大招三十六，小招如牛毛"的夸张说法。

蒙古族摔跤不仅在于双方比体力、比技能，同时它还是一项比智谋、比耐力、比应变力的体育活动，所以摔跤手从小就需要多方面的锻炼和培训。

二、赛　马

赛马是草原那达慕大会上最牵动人心的节目。因为马是草原民族兴旺发达的象征，也是蒙古族牧民的"翅膀"，是生产生活中不可缺少的工具。在草原牧区家家都有养骏马良驹的习俗，爱马和善骑是蒙古族的优良传统。一匹好马是牧人的一大骄傲，同样，一个好驯马手更是令人仰慕的英雄，因此蒙古民族有"马上民族"的美誉。

早在匈奴时期，蒙古民族就有了赛马活动。草原牧民无论男女老幼，几乎都会骑马。五、六岁的小孩，便能与父兄一起到牧场放牧，而且能跨上马自由的疾驰，从这里，我们可以感受到蒙古族人民剽悍勇敢的精神，赛马一直是蒙古族男女老幼都喜爱的一项体育运动。

蒙古族自古就有严于教子的传统美德，他们让自己的子女从小就参加骑马、驯马等各种训练，以掌握驾驭烈马的本领。赛马是一项既比较马的品种、比试马的速度，又较量骑手的眼力，驯马的技术以及骑术的高低的运动。参加比赛的选手通常是儿童，但是通过小骑手和赛马，也可以看出驯马手的技术高低，所以，驯马手，骑手和马是三个关系密切的统一体。

蒙古族的赛马除了分成赛奔马，走马（跑时侧步的马），颠马等不同步法的马以外，还要分赛儿马、成马、五岁马、四岁马、三岁马、两岁马等不同年龄的马。一般赛奔马的较多，赛走马的较少。距离通常根据马的岁数及体力的大小分三十华里，六十华里、八十华里不等。参赛人数少则几十，多则几百或上千，参加比赛的人不分年龄、性别，但是绝大部分都是七八岁至十一二岁的儿童。他们在比赛中常常大声地呼喊着，以激励马儿加速快跑，为了减轻马的负荷，赛奔马时不备马鞍，骑手不穿靴袜，只穿华丽的彩衣，头上缠有红、绿、黄等各色绸子，这些彩绸随马的奔跑上下飘舞十分好看。有的地方人们戴三角帽或圆筒帽。在比赛之前，马的主人就像给出征的将士送行一样，精心装束心爱的骏马，给骏马扎起小辫，用彩绸束住马尾巴，带上各色绸子扎成的项圈儿，还在马的脑门上佩戴圆形的小镜子，把马儿通身擦抹得油光铮亮，这样，骏马奔驰起来，煞是好看，就像神话故事里的神骥一样。

从骑马比赛中，我们可以看出：蒙古族儿童不仅敏捷、善骑、聪明、有耐力，还具有沉着、遇事不慌的好品质，这都源于他们从小受到父兄的影响教育及严格的训练。

三、射　箭

射箭是蒙古族最古老的文娱体育活动之一。蒙古民族不仅善骑，而且还以善射著称于世。古代蒙古族儿童玩具多是弓箭。亲友远行，常以弓箭相赠，少年铁木真离开家时，家人就赠给他一张弓，两只箭，作为途中娱乐和防身之用。在蒙古族的发展历史上历代都传送着许多关于射箭的美丽神话和传说。

射箭活动在蒙古民间有着悠久的历史，其规则也随着社会的发展而发展着。自从成吉思汗统一了蒙古各部，到元、明、清以来，射箭活动在蒙古族当中广为盛行。成为草原上人们衡量一个男子汉有没有本事的一个标志。射箭也从而成为蒙古族男子显示其智慧才华力量的重要项目。"一代天骄"成吉思汗就是蒙古族历史上弯弓射箭的能手。

因为蒙古族自古以来就十分重视射箭这一军事技艺，因而蒙古族儿童自然地从幼年时期就开始把弓箭当成了主要的玩具。众所周知，在蒙古族历史上，弓箭曾是蒙古兵将的主要兵器。在《蒙古族文武训练》中多处详细记载了蒙古族儿童从幼小年纪就开始学习训练骑射技艺的情形。

蒙古族的射箭，从前分远射和特定目标射两种，现在一般只分骑射和静射两种，其中人们最喜好的是骑射。参加射箭比赛的通常是七八岁至十七八岁的少年男女和一些成人。

射箭时的靶距为七十五米或四十五个弓的距离。女子射距为六十米，少年儿童射距根据性别和年龄的大小来定，男孩一岁为四米，女孩一岁为三米，即十岁男孩儿为四十米，十岁女孩为三十米，其规则与成人规则相同。

参赛人数多则百余人，一般为二三十人。参加比赛者弓箭自备，弓箭的式样，弓的拉力，箭的质料、重量、长度均无统一的规定。一般规定为："一弓三箭"，即每人射九箭，分三次射完。

射箭比赛开始时射手们穿上赛服，各个精神抖擞地进入比赛场地，骑射者背上弓，跨上箭袋，乘马到起跑线等候，等裁判员一发令，就开始起跑，同时拉弓抽箭、搭箭、发射，中靶后，靶环自动脱落，观众老远就能看到成绩，不断给优胜者喝彩助威。静射的射法，是射手站在规定的地点发射。骑射和静射都以中靶箭数的多少来评定名次，优胜者获物质和荣誉奖。

直到今天射箭仍然是广大牧民所喜爱的一项娱乐活动。特别是内蒙古的阿拉善盟，每年在盟或旗举行的那达慕大会上，都有射箭这个比赛项目。但是现在的广大青年中这一活动不太普及,在儿童体育活动和游戏中已不占重要的位置。

第二节 蒙古儿童的智慧游戏——西他日(蒙古象棋)

蒙古象棋是最具有民族特色的一项传统智力游戏,也是启迪儿童智慧,促进思路敏捷的活动,如果说男子三项技艺着重于力的较量,那么蒙古象棋则侧重于智力抗衡。

蒙古象棋与国际象棋大致相同,它下法多样,变化多端。同时具有其思维的深度与广度,并集独立性、辩证法、逻辑性、灵活性为一体。它将蒙古民族的历史与生活高度概括凝聚于小小棋盘之中。关于蒙古象棋,古今有不少诗人、墨客留下了赞语,如著名诗人古勒仁色、p·杜古尔等都有描述、赞颂蒙古象棋的诗句流传于世。

蒙古象棋已有一千二百多年的历史,而国际象棋才仅有六百多年的历史。关于蒙古象棋发源于何地、何时以及与国际象棋有什么联系等虽然存在许多不同的说法,但是它自古以来就作为蒙古民族传统的智力游戏,有着深刻的民族痕迹这一点,是无可置疑的。蒙古象棋从古至今经历了千百年的变化与发展,已成为步法变化多端,规则严密,寓意高深的智力游戏。我们知道,任何一个国家或民族的娱乐游戏都不同程度地打下了其民族生活斗争的历史烙印,蒙古象棋也是如此,蒙古棋中棋子的形状就是可以证明这一点,很古老的时候,蒙古民族在举行《男子三项技艺》比赛时也举行蒙古棋比赛,既较量体力又较量智慧。

这里需要说明的一点是,作为民族传统游戏的蒙古棋,在古时候并没能在民间广泛普及流传,其原因据说是棋与战乱有关,所以长辈就不让儿童们玩,但是到了近代情况发生了变化,草原上的牧民们不分男女老幼都喜欢下棋或观棋已成风气。新中国成立以后,蒙古棋成了草原人民游戏娱乐的主要内容之一,并且,除了"男子三技"以外,它已被列为第四项内容了。内蒙古自治区各盟旗举行的那达慕大会上都要进行蒙古棋比赛。

蒙古语将蒙古棋称作西他日,两人对弈。各有棋子十六枚;分别为诺彦(主帅各一)、波日斯(虎将各一)、特默(骆驼各二)、毛日(骏马各二)、杭盖(轻车各二)、胡(卒子各八),共三十二枚组成;诺彦又叫做"苏鲁德",波日斯、特默、毛日、杭盖称为"宝德"(大子)。棋盘由横竖平行的九条直线相交而成,由 $8 \times 8 = 64$ 个方格组成了见方棋盘,每子各占一方格。对弈时,先在自方的第一行八个格子里,按从中间向两方的顺序，诺彦、波日斯居中，两边各摆一个特默、毛日和杭盖；在它们前面的八个格子里各摆一个胡。

对弈时，双方按规定轮流移棋。各个棋子的步法，相互不同，如诺彦，可沿周围格，无论先后左右，直格或斜格，每次只移一步，移进空格或有对方棋子的格子，吃掉这个棋子，并落脚在被吃掉的对方棋子的位置上。波日斯，步法同诺彦，但格数不限。它是全部棋子中最活跃，最有威慑力的棋子。顺着直格移动或斜格移动，每次只走一个直线，不能在中途拐弯。在新走的路线上如有自方的棋子，则不能超越，如遇对方的棋子可以吃掉，并占据其位。特默顺斜方格移动，步数不限，同样不能中途拐弯，同时不能超越在路线上遇到的自方棋子，如遇对方棋子可以吃掉，然后占据被吃掉的棋子的位置。毛日，每走两个直格家一斜格，不分前后左右，可以超越路线上遇到的自方棋子和对方的任何棋子，然而在它落脚格里如有自方棋子则不能落脚，若是空格或遇对方棋子，则可以落脚或取而代之。它是蒙古棋中步法隐蔽且出其不意，变化莫测的轻骑兵。杭盖顺横格或直格走横线或直线，在移动中不能变换方向，步数不限，不能超越线上的自方棋子，如遇对方棋子可以吃掉，占据其位；它是横冲直撞的一员猛将。胡，是在整个棋子中能够首当其冲的生力军，而且蒙古棋的结局是依据所保留的胡的多少以及位置的适当与否来决定赢局的大小，双方开始对弈时，第一步移诺彦前头的胡，往前走两格（有时也先走波日斯前头的胡），互相对峙。其中的所有胡，走直格，吃斜格，每次向前走一步，前头如有自方或对方棋子堵住去路时，则能前进；而斜前方格里如有对方的任何棋子，就可以吃掉，占据其位。如果前进到棋盘尽头，可以变成走波日斯或杭盖同样步子的"晋升"了的波日斯或杭盖。变波日斯或杭盖，由棋手自己决定，方法是：前进到了尽头，下棋者马上宣布为杭盖，则下一步在走时，它就走杭盖的步子；假若棋手想要变波日斯的步子时，到了尽头也不马上宣布，而顺斜格线往回移棋，每一次移一步，连续走够三步才宣布为波日斯；如果顺斜格往回只走了一步，也可宣布为波日斯，不过这种波日斯叫做单斜眼波日斯，它的走法跟杭盖一样，在走斜格时只能走一格，所以一盘棋中，波日斯和杭盖可以超越原来的数量。在蒙古棋的规定中，不能吃光对方的棋子，而只剩下光棍诺彦；如发生这种情况，不管你的势力有多么雄厚，只能算为和棋。所以，在对弈中，往往有意识地保留对方一个胡，因为胡是向前走一直格的，假若用任何一棋子顶住其前进的格子，则可任意限制其前进，如留其他棋子，则对方为了正确和棋，所留下的棋子毫无畏惧的横冲直撞，不让你达到"舒勒特"（赢局）的目的；

这种情况下胡则成为"疯棋子"。但是，在胡被阻挡了的情况下，如果遇到这种情况，则这个被阻挡了的胡就可以按吃子的步子，从阻挡它前进的对方棋子的斜前方超越，然后再往前移动。所以，胡是蒙古棋里一个被视为有特殊作用的生力军。

蒙古棋以将死对方诺彦作为胜局的标志，所以要尽力保护诺彦，牵制对方，尽可能消耗对方有生力量，争取胜局。蒙古棋中，只把将死对方诺彦看作小胜局，而最讲究的是大"舒勒特"。

"舒勒特"的大小，以其"阁黑"（卒子摆阵）的声势大小来区分。为了赢更多的"阁黑"，要在整个对弈过程中，破坏对方可能取胜的"舒勒特"，同时也保存自己的势力，尽可能保留自己用于达到某种"舒勒特"的棋子，特别是争取多留一些胡。这是蒙古棋的一个重要特点，也是衡量棋艺水平高低的一个标准。当然，"图黑"的结局也是将死对方的诺彦，不过它是通过比较复杂的，有不同的棋子按顺序不间断地连续将，把对方的诺彦按规定的路线，逼到预定的位置之后将死。"图黑"有好几十种，各有一定名目和基本规则。例如，波日斯为主的"单一图黑"，波日斯为主的"七个图黑"（特默、毛日、杭盖也类似）和必须具备半盘棋一次将之后才将死的"诺日斯格玛"等胜局。为了防止多余的棋子影响"舒勒特"的步子，有时也会把他多余的棋子强行喂给对方的诺彦吃。

在将对方的诺彦时，各个棋子所用语也有区别。如"沙格"（用波日斯和毛日，杭盖时用），"道"（用特默将时）、"朝德"（用胡将时）；而将死叫"玛德"，诺彦虽没有被将，但无处可移，而且其他棋子又可以走时（在这样的情况下，如果有被对方有意正面顶住保留的卒子，可以按吃棋子步法前进，再堵再前进，成为"疯棋"了，逼对方和棋），叫作"吉德"（即和棋）。

诺彦被将之后，拯救的办法有：挪位到不被对方将的位置上去，用自方棋子堵住对方的路线；吃掉威胁自己主将的棋子。

蒙古棋经过千百年的演化，成为变化无穷着法严密，妙趣横生，增进智力的一种高超艺术。

蒙古棋多为木刻，一般常见的原料有紫檀、桦木、沉香木、红松等，也有用牛角、驼骨等做的。其中多以亭台楼阁代表诺言，波日斯、特默、毛日、杭盖都采用狮、虎、骆驼、马、车的主体形象，胡则刻制的较小，采用狮、虎或者摔跤手，赛马者的形象。

对弈时一般都请客人先走，年少者请年长者先走，并且有"走错者不悔棋，失棋者不失意"的棋风，蒙古棋变法很多，这里不一一叙述。

蒙古棋赛的种类与规则。

蒙古棋比赛分团体赛和个人赛两种，这两种形式都是自古延传下来的。

一、个人比赛

1. 单人比赛——每场比赛必有两人对弈。

2. 双人比赛——每场比赛必有四人参加，两人一组对弈。对弈时同组的两个人可以相互商量，也可以不商量，但商量与否必须先在赛前定好。双人比赛时同组的两个人轮流走棋。

二、团体比赛

1. 分台比赛法——参赛单位先确定好棋手人数，也可以根据实际情况增派代理选手。

参加比赛的队要按参赛选手水平的高低排好次序，并报告给比赛组织者。比赛时分台进行，不得随意改动。

2. 循环比赛法——两队的选手都要彼此交锋一次。

比赛方法又分淘汰法，分组选换和不分组循环赛三种。

淘汰赛，安排定的次序比赛，失败者被淘汰，获胜者参加下一轮比赛，一直到赛出冠军为止。其中又分单淘汰赛和双淘汰赛两种，参赛者不限人数，一般在参赛人数多而时间又紧的情况下采取这种方法。

分组淘汰赛，参赛选手被分成若干组以后，这些组又相互轮流比赛，在将每组中获胜者重新组成一个组进行轮流比赛，最后决出名次。此法一般在参赛者较多而又不便于进行无组循环赛时采用，这种比赛形式能节省时间。

不循环分组赛，参加比赛者相互轮流比赛，按全部比赛中得分多少来决定名次。一般在参赛人数不多而时间又充裕时采用此法。

蒙古象棋一般都采用循环赛，比赛对手以抽签法来决定。

我国一著名棋手曾说过："因为象棋是一项通过竞争、斗志来锻炼人思维活动的艺术，所以他深受群众的喜爱"。这的确是一句十分恰当的评价。

蒙古象棋由于做工雕刻精致美观，形象可爱，栩栩如生，而且还涂上鲜艳明快的色彩，所以令儿童很感兴趣，深受他们的喜爱，通过对弈，孩子们不仅可以陶冶情操，磨炼意志，还能得到生活艺术美的陶冶。

关于蒙古象棋有许多生动描述、赞美的诗句和谜语。下面摘录几段供读者欣赏：

开始：
君爱下棋乎？
与我对弈否？
败了别气馁，胜了莫骄傲。
诺彦：
诺彦是长官，
绿顶乌纱官，
众人保护我，
不怕敌进犯。
盖：
盖就是车，
本事真不低，
进攻防守样样能，
波日斯是我的好伴侣。
毛日：
毛日是骏马，
铁蹄遍天涯，
千难万险挡不住，
冲锋陷阵打天下。
胡：
胡是小兵卒，
冲锋打头阵，
拼杀真勇敢，
下地摇身变，
谁若小看我，
吃亏在眼前，
孤胆闯敌营，
众胡难抬架，
小小胡儿本领大，
将军夺魁不离它。
结束：
仔细斟酌心莫慌，

调兵遣将摆战场，
进退迂回施巧计，
稳操胜券心欢喜。
棋迷：
没有嘴能吃，
没有腿会行，
厮杀不见血，
激战无硝烟。

将率军卒三十二，
六时四形摆战场，
举起击鼓互宣战，
进攻防守厮杀忙。

第三节　开发蒙古民族儿童智力的游戏——掷沙（即羊踝游戏）

　　掷沙是一种世界上罕见的、能开发儿童智力的蒙古民族独特的传统游戏。因掷沙的内容非常丰实，且男女老幼都可以参加，所以他在蒙古民族居住地区有着广泛的流传。在以游牧为主要生活方式的古代蒙古部落中，当读书识字等文化活动还未占据它应有的重要位置时，掷沙便成了人们生活中不可缺少的智力游戏，它具有"启发智慧，比试智力，妙趣横生和锻炼意志"等重要作用。

　　所谓的"沙"，是指用绵羊、山羊、牛、黄羊、盘羊等家畜和野生动物的踝骨做成的一种玩具。古人亦将沙称作"裕"、"呷"或"裕思"。柯尔克孜语种现在还沿用着"裕思"这个词汇，意为"漂亮的东西"。据某些史料记载，这些词汇经过漫长历史进程，逐渐演变成为了今天所谓的"沙"。古时候人们把沙的四个方面分别称作是"布克"、"气克"、"踏"和"阿尔策"。后人则把这四个面分别称为"绵羊"、"山羊"、"骆驼"和"马"。例如，尹湛纳希在其巨著《青史演义》中，将沙的四个方面分别称为"阿尔策"（马）、"唐盖"（牛）、"气克"（绵羊）、"布克"（山羊）；蒙古人民共和国出版的《正月里的某些游戏》一书中也分别把沙的四个方面称作是"阿尔策"（马）、"踏"（牛或骆驼）、"布克"（绵羊）、"气克"

（山羊）等。

根据史书记载蒙古民族远在狩猎和游牧部落时代，掷沙游戏就已经出现了，如《蒙古秘史》中就有如下的记载：铁木真、陶林汉和扎木哈德布罗联军在攻占了古尔本莫里格德后，铁木真和扎木哈二人一起于胡尔纳格，昭布拉联合宿营时，二人一起回忆起少年时代成为安答这件往事："初做安答时，铁木真十一岁，于斡难河冰上打髀石（即沙）时，扎木哈将一个髀石与铁木真；铁木真欲将一个铜灌的髀石与扎木哈，做了安答……"

根据这个记载我们可以知道，作为玩具，沙在很早以前就被蒙古民族视为珍品，受到大人和孩子们的普遍喜爱，并且成了蒙古儿童最喜爱的游戏之一。

关于这点，《绥远通史》中也有明确的记载："蒙古地方的孩子爱玩掷沙（一种用羊踝骨做的玩具）。其玩法通常是两个或两个以上的人围坐在一起，并规定每人持有的沙不能超过一定数量。先有一个人伸出握沙的手，让大家轮流数其数目，猜数时规定不能重复报过的数。待大家猜完后，此人便展开手掌：如有人猜中，便每人输给他这个数（猜中之数）的沙，如未有人猜中，大家就按这个人手中沙的数目输给他这个数目的沙。"持此之外，《塞外记事》《蒙古风俗鉴》《吉林风俗》《元史》等历史文献，对蒙古民族的这种游戏，均有不同程度的记载。

综上所述，我们可以清楚地看到，掷沙游戏无疑是蒙古民族历史和文化中不可分割的重要组成部分。

玩掷沙对于少年儿童来说，并不是以消磨时间、耗费体力，从而使其得到精神上的满足为目的的。沙虽然只不过是一块小小的骨头，但玩掷沙却有无穷无尽的奥妙；通过玩掷沙时的激烈竞争和角逐，孩子们的智力不但能得到积极的开发，心胸变得更加宽阔，勇气得到迅速的增长，还能进一步陶冶孩子们的道德情操。另外，通过玩掷沙游戏还能促进孩子们的身心发育，促进儿童判断力、反应能力的提高，也会调解手、脚及其他身体器官的应变能力。促进其动作变得更加敏锐、迅速与协调，值得重申，玩掷沙游戏作为一种竞争性较强的活动对于开发儿童智力，尤其是幼儿智力，有着不可忽视的重要作用。通过玩掷沙游戏，牧区儿童一般在学龄前的阶段里，均已初步掌握了简单数目之间的加减运算，为以后入学学习打下了比较牢固的基础，具体说来，其原因是牧区儿童在学龄前，常常三四个人聚在一起用一百个左右的沙做游戏，而玩掷沙游戏是赢多赢少来决定胜负的，所以每一个人都想尽办法去赢别人的沙，赢得多的总是一遍遍的数自己原来有几个，现在增加到了几个，而输者总是愁眉苦脸地从原来的数字上减掉一些，如此玩来玩去，他们对百数以内的加减法自然就掌握了。

蒙古民族历来有珍惜沙的习俗，他们的食物来源主要是肉食，因此他们把牲畜看作是命根子和无价之宝，由此，把牲畜身上的一部分，也就是把沙也看得非常珍贵，他们经常说："沙多马驹子也多，沙美儿孙也美。"而且在吃饭和啃骨头时，特别留意沙，从不随便扔掉；如果遇到沙，就会把沙上附着的筋肉刮干吃净，然后涂上各种鲜艳的彩，用它们去做各种形式的掷沙游戏。蒙古族人民是这样赞美沙的：

牲畜身上的
肉最重要；
肉里面的
骨最重要；
骨头面的
沙最重要。
沙的正面
表示骏马；
沙的反面
表示犍牛；
沙的凸面
表示绵羊；
沙的凹面
表示山羊；
朝上仰的
表示骆驼；
朝下卧的
表示……

从上面的赞词中我们可以看到，沙的各个面都有固定的名称或叫法，而且还有一种在掷沙游戏中被当作码子用的特殊的彩色沙，叫做"沙格"。对这种特殊沙，蒙古民族也有如下的赞词：

这是用

成吉思汗
放牧过的，
宝尔涛海草原上，
数不尽的羊群中那只褐色头羊身上的沙，
精制而成的，
美妙的珍品。

此外，蒙古民族中还有用沙来算卦占卜和在喜庆筵宴时玩掷沙游戏等风俗。例如，相传早在公元1200年的丙寅月丙寅时，成吉思汗曾在大帐中面南背北坐在桌旁掷沙，以此来预卜战事是否顺利。占卜的具体方法是这样的：将沙掷出后，如马面朝上，主大吉，表示战争会取得全面胜利；如绵羊面朝上，则表示虽能取胜，但不能全歼溃敌；如山羊面朝上，则预示战争不顺利或失败；如牛面（骆驼面）朝上，则预示自己的军为敌军所消灭等。

用沙占卜虽然充满着迷信色彩，但它却是和当时人们的心理状况相吻合的。

正因如此，蒙古民族养成了成百成千地收藏沙的习惯。他们用装潢别致的各种皮、布或毡做的口袋来专门盛沙，并把此事看得非常神圣。现在内蒙古的牧区仍然保留着上述习惯。每到过年过节，或是为老人过本命年（即六十一岁，七十三岁，八十一岁……）时，邻近的孩子们便会欢聚在一起，展开热闹红火的掷沙游戏。除上述情况之外，孩子们在闲暇时，也经常玩掷沙的游戏。

掷沙游戏时，有许多严厉的规则和玩法。由于蒙古民族居住比较分散，各地区又各有一些不同的规则。例如，有些地方玩掷沙游戏时，让最年长的一个最先掷叫作"沙格"的沙；有些地方则让最先把"沙格"的马面掷得朝上的人第一个游戏。第一个开始做掷沙游戏的必须右手持沙格，并要郑重地朗诵如下的开场白：

愿我手中的这颗沙格；
能为大家带来无限欢乐；
睁大双眼好好看哪，
我是多么骁勇善战！

朗诵完毕，就要把所有的沙均匀地撒在阵地上，开始弹沙。如果此人是左手握的"沙格",或是把开场白朗诵错了,或是撒开的沙堆在了一起,这个人就得把弹沙的权力让给下一个人。接下来的这个人把沙撒开后还必须说:

  这些美丽的沙,
  被我均匀地撒开啦!
  如果我玩得不好,
  请大家指教吧!

  说完后,才可以弹沙。弹沙时,不能使用掷沙之手。这样的话,既使弹中了也不能算数。在弹沙的过程中,手指或指甲不能沾地,不能投机取巧,而且须用同样的沙(即马对马,绵羊对绵羊……等)互相弹射,并不许碰其他的沙。一人弹沙结束,必须对下一个人说:

  请你收下,
  这颗沙格;
  集中精力,
  努力弹沙!
  请你用这,
  美丽的沙格;
  去赢那些,
  各色的沙吧!

  说完之后,大家继续开始游戏。不同地区的人对沙的各个面还有不同的叫法。例如,有的地区把"骆驼"叫做"牛",把"绵羊"叫作"布克",把"山羊"叫作"阿尔第","弘希儿·温格"叫作"敖奴"或"通格",把"布格斯·温格"叫作"骆驼"或"温格"把"沙格"叫作"温特格","沙莫"或"沙胡",等等。
  下面简要介绍掷沙游戏的各种形式即玩法,以便使读者对这一问题加深理解。

  一、"赛马"

  玩赛马一般不限人数,但以十个或十几个人玩最好。玩这个游戏时,先把许多沙的马面朝上,排成长蛇阵,然后每人各取一沙(也有用沙格代替的），作为各自参赛的"马儿"。而后再取四个沙，轮流掷。掷出的四个沙中出现几匹"马"，掷沙者的"马儿"就可以沿着长蛇阵超越几匹"马"，停在旁边。如此轮流掷去，谁的"马儿"能最先跑到长蛇阵的末尾，并能第一个回到起点，谁就是这场"赛马"角逐的冠军。

二、"摔跤"

玩"摔跤"不限人数。每人先各取一沙做上标记，作为各自的"摔跤手"，然后根据沙的多少，按照蒙古民族的摔跤规则，组成十六，三十二，六十四，一百二十八，二百五十六（其中包括各自的"摔跤手"在内）等数目中的任何一个数目的"摔跤手"（即沙）队伍，进行角逐。玩比赛摔跤时，先从固定数目的"摔跤手"任取一沙，并将此沙随同代表自己的"摔跤手"的沙同时掷出：如自己的"摔跤手"马面朝上，而另一"摔跤手"的马面朝上或朝侧，则表示自己的"摔跤手"获胜；反之，自己的"摔跤手"就算失败，失去了再摔跤的权力；如二沙同时马面朝上，则算平局，并继续比赛，直到决出胜负为止。如此轮流掷沙，决出前八名，而后再继续下去，直到出冠军亚军为止。

玩这种"摔跤"游戏时，人们还习惯把涂有各种色彩的沙叫作"优秀摔跤手"，把那些普通的沙叫作"饭桶摔跤手"。儿童们把这种"摔跤"游戏称作是"祭敖包"或者"做耐尔"。

三、独贵七个

所谓独贵七个，其实就是每个人出七个或是共用七个沙，大家轮流弹着玩的一种游戏。此种游戏一般由两个或几个人轮流进行弹沙，而且弹沙者绝对不许说话或笑出声来，如果说话或笑出声来，就算犯规，而轮到下一个人弹沙。玩独贵七个的具体方法将所有的沙撒到地上，然后由一个先互弹的沙（即"马"弹"马"，"绵羊"弹"绵羊"，等等）弹沙的过程中，其他人可以故意说笑话，尽力引逗弹沙者说话或发出声音来。如果弹沙者能不说一句话或不发出任何声音弹完七回，就算优胜。

四、掷沙英

掷沙英是一种不分男女老幼人人会玩的游戏。所谓沙英，就是把四个黄羊骨分别磨成四种不同形状面的特殊沙。掷沙英有两种玩法：其一是先发给每个参加者较多同样数量的沙。然后大家围坐在一起，由最年长的一个开始掷沙英；掷前要先问下首坐着的人："给多少？"尔后才将沙英掷出；如掷出的四个沙英表示赢了，回话者就得输与他自己所报的那个数目的沙；如沙英表示输了，那就轮到回话者，也就是第二个人开始掷沙英；如第二个人掷出的沙英表示输了，第一个掷沙英者就得输给他刚报过的那个数目的沙。于是就轮到第二人向第三人提出一个人曾向自己问过的问题。如此循环下去，谁能把大家手中的沙赢净，谁就是这场游戏的优胜者。

玩掷沙英有许多规则。沙英是用以下四种形式表示赢的；四个面都不相同；三立一躺；四个面完全一样；四个面全部立着等等。除此四种形式外，其他均表示输了。掷沙英时还可以喊："着！"，如遇上掷出了三个"山羊"和一个"马"的情形时，还可以喊："糟糕！"或"倒霉"然后输给下首坐着的人三个沙，交出掷沙英的权力。另外，回话的人可以不说明具体数字而报："全部！"那么，回话者或者将问话者的全部沙赢走，或者将自己的沙全部输给对方。这样玩，可以加快玩掷沙英游戏的速度。

如果参加掷沙英游戏的人数过多，一般会采用第二种玩法：发给每人三个沙后，开始如前法掷沙英。但不同的是，第二种游戏中不做问答，并且不管输赢每次只限一个沙。把别人手里的沙赢光者称优胜。游戏过程中，允许新来者加入，但只限其持有三个沙。

掷沙英是掷沙游戏中的一种普及性较广的活动，因此它受到蒙古族儿童的普遍欢迎。

五、玩抓沙

玩抓沙又叫作掷"沙胡"，掷崩，拾沙，拾脽沙，按掷沙，掷"温塔盖"，等等。

上文提过，蒙古民族自古以来就有成百成千地收藏沙的习惯，并于喜庆筵席的日子里欢聚在一起玩抓沙游戏。玩抓沙时先用根线或铜线将几个制线串起来做专用的"沙格"，也有选一个固定的沙来做"沙格"的。玩抓沙一般不限人数。玩时先将许多沙撒放在毡子上或垫子上，然后由一个人先将沙格抛向空中，同时极快地从地上抓一把沙，待沙格将要落下来时，再用抓落了沙的手接住沙格。如果按住了，手中的沙就归于此人。如此一人一次地轮流下去，直到地上的沙全被抓空，每人再出同样数量的沙，撒在当中，再抓；最后把所有的沙赢回者即为优胜。

玩抓沙也有许多规则，一般是把沙格抛向空中后，须用抛出沙格的手去抓地上的沙，抓多抓少不限，但在接沙格时，未按牢或把已抓到的沙掉在地上，就称失败，并把抓到沙放回原处，轮下一人再抓。

玩抓沙还有一种玩法，就是每次只抓一个沙，抓沙时不准触动其他沙；还有一种将二十到三十个沙一个不漏地全部抓起并按住沙格的玩法；另外，从前在东乌珠穆沁旗还有过把铜球抛向空中后抓沙，待铜球落地后再弹起时按住这样一种说法。

六、掷混合沙

几个孩子把各自的沙全部合在一起后，由一人先向空中抛沙格，然后从地上快速抓三个或三个以上单数的沙（不许触动其他沙）后，接住沙格，然后从所抓到的沙中挑出两个沙，并将此二沙同沙格一起抛向空中后，从地上再抓三个以上单数的沙；然后再从所抓沙中挑出两个沙同沙格一起抛向空中，在抓沙，如在玩的过程中触动了其他沙，或将抓到沙或沙格等掉在地上，就轮下一人来玩，如此轮流下去，直至决出胜负，其输赢的规则同玩抓沙相同。

七、吃青蛙

在玩吃青蛙游戏时，孩子们围在用沙摆成的青蛙图形周围轮流掷一牲畜的桡骨，桡骨落地后再地上砸了几个小坑，掷桡骨的孩子便可以从青蛙图象的某一部位取那个数目的沙，有时砸出的坑的数目多于沙的数目（如蛙心六个沙，蛙爪五个沙，蛙腿四个沙，蛙头三个沙，蛙肾二个沙，蛙尾一个沙），那么掷桡骨的孩子就得按这个数凑齐。

八、抓子

玩此游戏必须有两个人以上参加，游戏者每人分到数目相同的沙后藏于袖子中，然后每人手中抓好若干个沙，伸出来（不让旁人看见），其中一人开始一次猜测众人手中的沙数，并算出总数。猜完后众人亮出手中的沙，若猜对了，沙就归他。如此玩下去，最后谁赢的沙多谁就是胜者，如果那一人手中只剩下一个沙了，他就用右手食指顶起沙，优先猜，如猜输了退出游戏。

九、掷三个阿叉

阿叉是指掷出的沙全是马（窄平面）的一种游戏。玩时几个人用三个沙轮流掷着玩，比赛谁先同时掷出三个马，谁就被认为是幸运者。

十、掷四样

参加人数不限，用四个沙投掷，四样指的沙的四个面，即马、驼、绵阳、山羊。游戏中谁先一次掷出这四样，谁就赢了一次。

十一、猜数

猜数又叫抓子，人数不限，参加者每人分到同样数量的沙后，手中拿出几个（数目自己定），轮流猜，谁将众人手中的沙数的合数都猜对了，沙就归谁，最后以赢沙的多少定胜负，玩时也可自己出空手，但有的地方不可这样玩，此游戏主要用于儿童学数，通过游戏让儿童学习数数，学习简单的加法。

十二、拴羊

参加者将沙按宽凸面一个挨一个摆好后玩挤羊奶的游戏，作母亲的主要为了让孩子模仿大人的劳动，学到一些生产知识。

十三、拉脚游戏

先将许多沙按窄凹面摆成一长龙，在从羊胫头上取下来的小碎骨用线连好当牛粪栏，放于长龙之上，玩长途运输的游戏。玩时孩子们常以思念出远门的父母或亲人为主要内容。

十四、玩十二属相

取沙十二枚，掷马（窄平面）玩。游戏法：从鼠（子年）开始每一个人掷十二次，谁若能掷出马来谁就是幸运者，免掷余下的次数。就是每到过年过节，人们都玩这种游戏，尤其过本命年的人玩，以取吉利。

十五、拣沙

①先将四枚沙放在方垫的四个角上，然后向上扔出手中的沙，快速拣抓起垫上的四个子，在接住向上扔出的沙。

②游戏者悄悄伸直盘坐的单腿，在靴头，膝盖上各放一枚沙，口中（或在唇与鼻中间挟住一个沙）咬住一个沙，接着把手中的沙向上扔，乘机快速拣起靴、膝、口中的沙后再接住下落的沙。

十六、掷色叶尔

游戏者将沙堆放一旁，有一个孩子开始掷四枚沙（此沙用黄羊的羊拐做，其六个面均要磨平）。如果掷出色叶尔就赢六个沙，出四个马赢四枚沙，出四个驼赢四个沙，出四个头倒立赢二十个沙，出四个尾倒立赢十个沙。（若全掷出上述五项后可再掷一次，若再掷出三项，可赢三个沙），若掷不出，即轮到下一个人，也有掷出四个阿拉叉就赔四枚沙的规矩，如此轮流掷下去，将那堆沙全用完了后赢者就从别人的手中抽沙，直到哪一位把全部沙都赢到手才算最后胜利。

十七、掷百分

用四枚沙玩。现将沙的窄平面与凹面磨平。游戏时先从年龄大的开始，依次轮流。游戏开始，第一个人先掷，打开门（开门即掷四样，掷四个马，掷三个马，一个绵羊，若能掷出以上三种的一种就算开了门，然后开始得分，得分有七种，扣分有一种，如四个马一百分，可一次获胜。三个马，一个绵羊为七十五分，三个绵羊一个马为二十五分，四个倒立，即两马两骆驼或三马一骆驼，三驼一马为五十分，四个不同样为八分，四个驼或四个绵羊，四个山羊为四分，每样两个为二分）。开门后掷出一马三个山羊的话扣除十五分，即从总数将分扣除，注：得分者可连续掷，若他的所得分数与其他人所得分数相等时前者的所得分数就被减为零。得百分的为胜者，也有玩五百分或一千分的。

十八、挤马奶

游戏为一个右手拿二或三个沙，轮流向上掷（约二三尺高）后接住，有熟练者可掷百余次，也可用双手轮流掷三个沙，此游戏即可一个人玩也可众人互相比赛。

十九、射哈勒扎

此游戏也较射沙，有两种玩法，一种是用沙来射沙，一种是用特制的箭筒来射沙。箭筒叫好布图勒，除了箭筒以外还要备一支箭。好布图勒用木头制成，中间有槽，也有的用黄羊骨制作，箭可用木或羊拐制作，将羊拐磨平，钻个洞，里面灌满铅即可。游戏时双方每人拿出一枚沙当靶子，置放靶子时可叠起放，并列放或者单个放。两人间隔 8~9 尺远，各自在自己面前的木板上掷一沙，放置时将沙头朝前方。射的时候先将箭放在箭筒的凹槽中，用中指使劲弹出，直射对方的靶沙。先射靶沙的马面。射中后面依次射驼面，绵羊、山羊等面。靶沙的放置法为：平放、竖放、顺立放、顺平放等。射时只有中了靶沙才算赢。叠放的沙要从上往下依次射，不得碰其他沙，若俩个人成绩相同时再射绵羊头（即顺射放的宽凸面），先中者为胜者，但必须完全从板上射掉地下，否则只能算射伤，再重射。此游戏也可以几个人玩，大家轮流射靶。

二十、玩班布日海

玩班布日海用三个沙。按一百分计算，掷出单个马为三分，三个绵羊为一分，三个山羊为一分，有时还加倍算，如掷出三个马为九分。还有一种玩法，即一个人掷出三个马得了九分，第二个人同样也掷出三个马得了九分，那么双方的得数均为零。

二十一、射沙

射沙也较弹布格其格，参加者不限人数，参加者平分到若干沙，围成一圈席地而坐。从年龄小者开始将一定数目的沙掷于中间，大家全掷完后再轮流弹沙，用马弹马，用羊弹羊，用驼弹驼，弹时不得碰其他沙，最后若剩下两个同样的沙，弹后可得两个沙。如果弹射时不中或者碰了其他沙，或者只剩下不用的两个沙时，就轮到下一个人弹，全部弹射完，第一轮就算结束了。第二轮开始时以手中沙数量少者为标准出沙，继续玩。如其中哪一位手中只剩下一个沙了，大家每人就出一个沙玩。如果弹不中，而手中再没有沙了，就退出游戏。掷沙时如果掷出三个以上的沙都一样，大家可抢夺，此为"抢沙"。各地玩法不同，有的地方不抢马，最后以得沙的多少决定胜负。

射沙有很多规矩，如弹沙不限左右手，但不得用弹沙的手捡沙，弹中哪个沙就捡哪沙，若叠在一起则不算，弹射两个马后如果再出现了马可再弹。如果两个马中间挡着一个羊，可将一马用拇指翘起来弹。

二十二、计谋

此游戏可增长人的计谋和组织能力，先准备一个五角棋盘，在拿出九个沙，当作犬，将犬置于五角棋盘中任意一个交叉点上，也可放在一些空交叉点。游戏到最后，下犬者为胜。

二十三、喂驼

游戏时几个人中的长者将全部沙捧起掷于地上,然后把其中的绵羊捡起来打驼,争取把驼都打成绵羊。如果掷出的沙中没有驼,就把绵羊捡起。如果没有绵羊,而全是驼的话就先把驼拴住,等有了绵羊时再打驼。游戏中如果驼少绵羊多的话,成绩就大,反之成绩就小,以赢沙的多少定胜负。游戏中如果掷出了一种沙时可抢夺。

二十四、臭沙

将沙排成两行,并记住对方有记号的沙,互相换位,然后问对方,他的沙在哪里。得到回答后在从那一排开始换沙的位置,排成两行再问对方,得到回答后又像上次一样换位,排行再问,认沙时先将沙全混起来然后一个一个捡起来问,发现有记号的沙就说:"呸!这沙真臭!"以戏虐对方,蒙古族儿童的沙游戏除以上所介绍的以外还有《转陀螺》《五种牲畜》《玩角鹿》《算卦》《双宫鹿》《四宫鹿》《五沙千分》《鹿连儿》《计算两钱》《四样》《四难》《背山羊》《十二难》《祭火》《放牧》《接羊羔》《估牲畜》《跪骆驼》,等等,很多玩法十分奇妙有趣。

第四节 提高思维能力的语言游戏

一、蒙古族儿童的绕口令

在漫长的游牧和狩猎生活中,在征服大自然的过程中,蒙古族劳动人民经过长期的实践和认真摸索,创造出了一种优美动听富有节奏感,极其丰富多彩的语言——蒙古语。

根据有关历史记载,蒙古民族自古以来一直就沿用着一种独特的教育方式——用口头文学来启发和教育儿童,以便有效地提高自己民族的文化素质。例如,蒙古人教孩子从小就背诵谚语格言,学习绕口令,猜谜语,等等。

儿童口头文学,从来都是和儿童的日常生活及娱乐活动密切相关的。因此,表现一定的伦理道德的语言游戏也是多种多样的。而这些同时又成为蒙古族口头文学的重要组成部分,它不但能教育孩子们有效地认识周围的世界,而且还能促使孩子们熟练地掌握本民族的语言,提高思维能力,增强智慧。

因此，我们的祖先就将一些规律和道理同语言融合为一体，组成了语言游戏，用以教育自己的下一代。这些语言游戏对于增强儿童的身心健康，提高他们的思维能力以及思想认识起到了极其重要的作用。

儿童语言游戏包括绕口令、谐、词、辩论语、谜语、谚语、格言、游戏语、三字语，等等。而这些又和儿童们最喜爱的游戏有着十分密切的联系。

由于蒙古族的儿童语言游戏是从优美动听、丰富多彩的蒙古语言词汇中精选提炼出来，并又经过蒙古族劳动人民世代相传而留下的语言产物，因此它含有极其深刻的哲理。它不但能引起儿童极大的兴趣和热情，而且还能促进儿童的身心健康发展，使儿童们能充分地认识到什么是美，什么是理想，哪些是正确的，哪是错误的等一般的伦理道德，从而使儿童能更好地理解和认识周围的世界。

绕口令是一种培养幼儿正确的辨音、发音、训练发声器官的游戏。

所谓绕口令，就是用一些发音比较难的单词组成的短语或短句编成短诗。例如：

孟根汗有一千零一个银子铸成的球，
有人偏说它不是孟根汗的一千零一个银子铸成的球，
那是什么才叫孟根汗的一千零一个银子铸成的球？

铸铁浇成的烙铁，
水晶铸成的罐子。

牛车前，车辕后，
老雕老鸹呱呱乱叫。
一头秃角铁青大牤牛，
再加一头秃角铁青大牤牛，
如果不把这两头秃角铁青大牤牛叫作秃角铁青大牤牛，
那么什么样的秃角铁青大牤牛，
才配叫作秃角铁青大牤牛？
塔木其草原上有五十五只肥壮的旱獭，
如果不把这五十五只肥壮的旱獭叫作五十五只肥壮的旱獭，
那么什么样的旱獭才配叫作五十五只肥壮的旱獭？

镶了金子的球,
镀了银子的球。
(快速重复多遍)

十五的月亮晕圈大呢?
还是二十五的月亮晕圈大呢?

花牛犊儿,
绕着圈儿,
舔着下巴,
舔着肩儿。

额吉、德吉、彻吉三个字,
是按德吉、彻吉、额吉顺序说呢?
还是按彻吉、额吉、德吉顺序说?

冰河上滚动着银色的球,
银河上滚动着冰做的球。

喳喳叫的旱獭子,
吱吱叫的田鼠子,
淙淙流的泉水子,
叮当作响的耳环。
编成云纹的脚蹬缀子,
纽了四个结的马肚带子。

怀里揣着茶碗的,
系着黄缎腰带的,
穿着天蓝袍子的,
长着雪白牙齿的,
骑着花色走马的,
美丽端庄的旭仁姑娘,
沿着晨雾弥漫的小路,
来到新胡硕的那座新盖起的蒙古包前。

来利如鲁瑞,
来利如鲁瑞。
(极快地重复)

塔木其草原上放牧着塔木其家的牛,
为了找回那头丢失的牛,
塔木其来到塔木其草原。
在辽阔无边的塔木其草原,
塔木其遇到了那头塔木其家的牛。

你叫我为你装上一烟袋锅的烟,
我就为你装上一烟袋锅的烟;
你若不让我为你装上一烟袋锅的烟,
我就不为你装上一烟袋锅的烟。

十二头花奶牛带着十二只牛犊,
在十二座山头上来回地走。

大牤牛的犄角有道小弯,
小牤牛的犄角有着大弯。
(快速地重复)

苏润吉鲁,
呼兰吉如。

快速地重复上述绕口令(急口令),能促使孩子们正确地掌握蒙古语言的各种复杂的发音方法。幼儿学习蒙古语会话的时候首先遇到的就是容易将"r"音读成"l"音这个难题。因为在语句中这两个音标一接近就会互相影响,容易被读成一个音。我们的祖先很早就觉察到了这个问题。于是就将一些由这两个音标组成的,容易混、容易错的字句编成各种不同的绕口令教给孩子们学说、锻炼,使其掌握正确的发音,达到口齿伶俐的目的。

有些绕口令是由双唇音和舌尖音的词组成的,如b、m、n,象"孟根汗有一千零一个银子铸成的球……"其用音译则为"孟根汗乃明嘎尼根孟根本布格给……"这里就包括了"m、b、n"三个音标。从这里可以看出,蒙语绕口令的目的就是为了改善、锻炼发音器官的能力,使孩子们掌握正确的发音法。

还有一部分绕口令则是把某些舌尖后音的声母同舌尖韵母组成的字放在同一语句中,令其快速的重复。

绕口令中有由三两字组成的较简单的绕口令,主要以刚学话的幼儿为对象,也有一些较长并复杂一些的绕口令是以学龄前儿童为主要对象。由此可见,绕口令是根据儿童年龄大小带有针对性编的,由简到繁,由易到难,不同年龄阶段有不同的绕口令。

综上所述,绕口令在启发儿童正确发音,促进发音器官正常发育的同时,激发了儿童学习本民族语言的兴趣,培养了儿童的各种能力,彰显了蒙古语言游戏的独特魅力。

二、调音语

蒙古族人民为了使孩子们更好地掌握自己的语言,不仅教他们练习各种容易混淆的语音,而且还将那些完整的话语分成若干固定的节拍,让孩子们一口气读完,既练习了吐字,又增加了肺活量,这种练习语就叫做调音语。练习调音语时一般按照竞赛规则进行。这样做一方面能满足孩子们争强好胜的心理,另一方面又能促进语言的掌握和学习。对于这一点,蒙古人民共和国的专家 p·郝日老说过这样一段话,"……青少年们在暑天聚在一起玩耍的时候常常比赛说:'二十五个葫芦'和'三十二只白瓶子'。在这种场合,孩子们往往选出一个代表,让他手持一个装满酸马奶的葫芦(瓢),先来一段开场白:'扎,为了我能成为一名男子汉,我要把二十五个葫芦一口气说完'接着就深深吸一口气,开始'一个葫芦,两个葫芦,三个葫芦……'一气说完二十五个葫芦为止。如果此人能清晰利落地说完二十五个葫芦,就将酸奶瓢交给下一个人,令其继续说下去;如果数不完或吐字不清楚,就罚他喝完瓢中的酸马奶,或罚他将桶中的酸奶汁搅动一百下。三十二个白瓶子的游戏也同"二十五只葫芦游戏一样。"

做"二十五只葫芦"或"三十二个白瓶子"游戏时,有两种形式:一种是一开始就进入主题,即开始进行游戏;另一种是在正式开始之前先进行各种各样内容丰富的娱乐活动,例如让某一个人讲笑话、朗读诗歌等,延长游戏的时间。如做"三十二个白瓶子"游戏之前朗诵一段诗:"如来就是黄胡,好道都就是隆胡,馋人的佳肴,结实的天窗。扎,为能成为好男儿,我要一气数完三十二个白瓶子"等诗句,接着便开始:"一个白瓶、两个白瓶、三个白瓶、四个白瓶……三十二个白瓶"的快速朗诵。朗诵前，一般还要定出规矩，数到几个瓶子，算几等男子汉，等等。

由于游戏十分有趣，数瓶子就成了孩子们最喜欢的话题之一。常此练习下去，孩子们的肺活量增加了，同时也掌握了蒙语的发音方法。

在做"二十五个葫芦"的游戏时往往是这样开始的："单个儿的葫芦，装了酒的葫芦，当当响的葫芦，骨头做的葫芦；咚咚响的葫芦，装了油的葫芦，嘣嘣响的葫芦；圆圆的葫芦，咣咣响的葫芦，装满了面的葫芦，男子汉的二十五个葫芦，夺魁者的三十五个葫芦；窝囊汉的十五个葫芦，草包只能数五个葫芦。扎，我要开始数了！一个葫芦，两个葫芦，三个葫芦……三十五个葫芦。"他们在开始数之前就提出能数到多少个葫芦，达到什么标准，即夺魁或成为好汉等。数时中间不能喘气，而且吐字还要清楚。这种游戏不但儿童喜欢玩，一些专业歌手，予热乐其（祝福者）、胡尔其（说书艺人）们进行说唱训练时也把它作为基本功之一。

蒙古民族的这项游戏活动虽然是以少年儿童为主要对象的，但同时也要求成年人熟练的掌握，以便更好的教育自己的子女。另外，蒙古人还把这项游戏分成幼儿级和青少年级等不同的等级。而且其内容、难度也因级而异。

三、儿　歌

儿歌是针对儿童身心特点编排的一种娱乐游戏。儿童有爱动，好奇心强，容易接受新鲜事物等特点。蒙古的学者 g·劳贝尔在《儿童口头文学游戏中的语言》一文对此做过如下阐述："儿童在蹦跳玩耍时总是喜爱配有一定节奏的音乐和语言的歌谣，为此，人们就给孩子们编排了儿歌。"

儿歌可分为学龄前儿童的儿歌（3～6、7岁）和学龄（6、7～11、12岁）儿童的儿歌两种。儿歌的内容一般是描述自然界的种种现象和动物的动作等。例如，在野外行走时突然惊跑了一只兔子，与其介绍兔子的眼睛是这样的，耳朵是那样的，跑起来又什么样，不如用儿歌的形式表现的更生动活泼。

　　　　兔子兔子跳跳，
　　　　兔子尾巴翘翘，
　　　　两只眼睛，
　　　　两只耳朵摇摇。

描述鹤的儿歌同样有此特点：

　　漂亮的陶格如
　　丑陋的陶德格；
　　跳起查玛吧陶格如，
　　我为你来打鼓，
　　咚咚咚，咚咚咚，
　　我送件衣服给你吧！
　　喇嘛少布，喇嘛少布，
　　跳起你的查玛吧；
　　我送你件好东西，
　　跳起来吧，跳起来吧！
　　咱们俩一起玩吧！

　　做上述娱乐游戏时不要求大声的朗诵出来，而要模仿鸟的动作，配以适当的曲调进行表演。因此，我们还可以将此项游戏称为舞蹈游戏。
　　还有一个娱乐词叫作"德鲁"，内容是这样的"德鲁贴到了冰面上，他向冰问道：'你伟大还是我伟大？'冰回答说：'当然是我伟大啦！''那为什么太阳一出来你就化了呢？''那就太阳伟大呗'，德鲁就依次找太阳、乌云、风、树、斧子和锯等，提出上述问题，最后找到了人，并说你既然伟大，为什么害怕魔鬼呢？人生气地说——胡说，世界上根本就没有鬼。说完一巴掌把德鲁打得紧紧地贴在了冰上面"。
　　另外，还需要说明的是照成语（谐谑语）游戏，不仅能一个人单独表演，有时为了充分的调动听众的积极性，还可以几个人同时表演，如"究竟谁最厉害"这个游戏就是由甲乙两人以问答形式进行表演的。

　　甲：太阳厉害，还是月亮厉害？
　　乙：太阳厉害，
　　甲：那为什么乌云能遮住太阳呢？
　　乙：乌云厉害。
　　甲：那为什么风能把它吹走呢？
　　乙：那还是风厉害。
　　甲：那风为什么会被山挡住呢？
　　乙：高山厉害。

甲：高山为什么会被老鼠掏了那么多的洞呢？
乙：老鼠厉害。
甲：那老鼠为什么会被猫捉住呢？
乙：猫厉害。
甲：那猫为什么挨孩子们揍呢？
乙：孩子厉害。
甲：孩子为什么怕大胡子爷爷呢？
乙：大胡子爷爷厉害。
甲：那大胡子爷爷为什么被埋进灵藏呢？
乙：灵藏厉害。
甲：那灵藏为什么被牤牛拱塌呢？
乙：牤牛厉害。
甲：牤牛为什么被套在车上？
乙：大车厉害。
甲：大车为什么被斧子砍了呢？
乙：斧子厉害。
甲：斧子为什么被磨石磨了呢？
乙：磨石厉害。
甲：那为什么磨石总要断呢？
乙：断厉害。

还有一种儿童游戏叫《到底是谁》①，内容是这样的：

哪个孩子吹牛啦？
是地鹬还是灰鹤？
是顶真还是扣子？
丘陵颤动啦！
豆子震飞啦！

这种谐谣语是由固定的词语组成的，每个人都按顺序背一段，当最后一个孩子说完"豆子震飞啦！"时，大家都一蹦而起，绕着树丛或蒙古包

---

① 此材料由阿拉善盟的都旦德尔同志提供。

奔跑，当大家捉住了说最后一句词的孩子后就提问，此为"好问"：

甲：你去哪儿了？
乙：找我哥去了。
甲：嘴里叼着什么？
乙：喷香的羊肉。
甲：羊肉哪儿去了？
乙：让黑狗抢去了。
甲：黑狗哪儿去了？
乙：跟拉水的人走了。
甲：拉水的人哪儿去了？
乙：和砍柴的人走了。
甲：砍柴的人哪儿去了？
乙：和驼倌走了。
甲：驼倌哪儿去了？
乙：跟接驼羔的人走了。
甲：接驼羔的人哪儿去了？
乙：和牛倌走了。
甲：牛倌哪儿去了？
乙：跟接牛犊的人走了。
甲：接牛犊的人哪儿去了？
乙：跟羊倌走了。
甲：羊倌哪儿去了？
乙：跟接羊羔的走了。
甲：接羊羔的哪儿去了？
乙：跟马倌走了。
甲：马倌哪儿去了？
乙：跟接马驹的走了。
甲：接马驹的人哪儿去了？
乙：拉着黄骠骠马走了！
甲：黄骠骠马哪儿去了？
乙：跑到树林里去了。
甲：树林哪儿去了？
乙：被山火烧了。

甲：大火哪儿去了？
乙：被雪压灭了。
甲：大雪哪儿去了？
乙：被太阳晒化了。
甲：太阳哪儿去了？
乙：在蓝天的这边，在白云的那边，飘呀飘呀！没有啦！

被追的人必须迅速、准确地回答上述问题，如果答不出来或答错了，对方就问："你要挤羊奶呢？还是鞣皮子呢？"被问者必须选其中的一个来回答。如果回答说："挤羊奶"，对方就捏他的鼻子；如果回答说："鞣皮子"，对方就揪他的耳朵。如果被追的孩子把上述问题统统准确无误的回答完毕，他就不再是"吹牛者"，而要反问对方：

你这个小小的毛虫，
你能问住我吗？
我的妙语多的是，
如同天上的星星。
孩子喜欢玩，
骆驼喜欢蹦，
骆驼奔跑的时候你能让它停住吗？
五个指头不一般长，
你能叫出名称吗？

这样一来，对方就得回答说：

让我说来我就说，
我可不是哑巴，
一点儿也不比你差。
叫巴然（大拇指）。
叫毫然（食指）。
敖力吉格力吉（中指）。
敖乐退必（无名指）。
彻吉玛咪（小拇指）。

或也可答作：

> 老大是大拇指，
> 老二是食指，
> 老三是中指，
> 老四是无名指，
> 五弟是小拇指。

如能将五个手指的名称都准确迅速地回答出来，游戏就算结束了。

总的来说，谐谑语是一种能够充分调动少年儿童兴趣的娱乐活动。它不仅使儿童掌握了许多词汇，而且增强了他们的言语、思维以及观察事物、判断事物的能力。

作为蒙古族少年儿童传统游戏之一的语言游戏，除上述以外还有"照绕语""辩论语""猜谜"等游戏。其中最令人感兴趣的是那些可以提高智力和应变能力及反映灵敏度的讽刺诗性的辩论语。如果说绕口令、调整说话节奏的调音语、照绕语、谐谑语等可以提高孩子的语言表达能力、思维能力和朗诵能力，那么辩论语就是验证掌握和运用上述各种能力，并使之更加强化的游戏了。

第五节　开启儿童智慧的智力游戏——蒙古民族的谜语

蒙古民族的谜语自诞生以来，对发展蒙古族的文化教育，增进蒙古族儿童身心健康一直起着非常重要的作用。

谜语是蒙古民族民间口头文字的重要组成部分，也是蒙古族儿童文学中的一种特殊形式。它是根植于蒙古族人民波澜壮阔的生活和斗争沃土中，闪耀着熠熠光彩的珍珠。是由丰富的内容和多种形式组成的，融趣味性、娱乐性与竞争性为一体的能激发儿童浓厚兴趣的一种智力游戏。

蒙古族谜语语言的内容极其丰富，它不但涉及了简单的自然现象（如山水湖泊、飞禽走兽、花草树木、风雷雨雪、人体器官等），而且还包括了日常生活中的一些琐碎事物（如衣物用具、本书乐器等）。更重要的是，它还涉及了复杂的社会现象，如风俗习惯等，几乎囊括了人类社会生活中的一切方面。在表现形式上，蒙古族谜语也是丰富多彩的，它突出了蒙古语的表达习惯，通过丰富的联想和奇妙的构思，生动地反映了蒙古民族的生活习俗画面；通过通俗易懂简明扼要的语言，巧妙而含蓄地揭示了深奥的哲理，供人们去猜测、判断，以提高人们理解和认识客观事物的能力，检验人们的智力水平。

因此，我们可以说，蒙古谜语是根植于群众之中的，它是开发儿童智力、发展儿童认知能力、提高其素质及修养的利器，是他们获得美的教育和美的享受的珍品，是人民群众语言丰富的产物。除此以外，由于他还有帮助人们认识和理解客观事物，培养人的审美观念，使人们充分获得美的教育和享受等巨大作用。

作为蒙古民族民间口头文学和儿童文学的重要组成部分的蒙古谜语，有着悠久的历史。对此，一些专家曾提出过比较笼统的观点，如认为：谜语产生于人类形成对比和比较智能的时代，也就是说，谜语形成于非常久远的时代。但绝大多数人却认为，蒙古谜语产生和发展于蒙古氏族社会的后期。笔者认为，后一种观点比较切合实际。例如，《蒙古秘史》和《成吉思汗传记》二书中的〈阿尔 森·胡尔齐的传说〉〈孤儿舌战成吉思汗的九员将军〉等历史作品中就有过关于谜语的记载。特别是在仲景文《民间口头文学概论》中谈到："在元朝时，猜谜语的习俗非常盛行，并且当时的某些谜语一直流传至今。"根据上述记载，我们可以清楚地了解到，蒙古民族从成吉思汗时代起，尤其是从元代开始，就有了猜谜语的习惯。

如果说最初的蒙古谜语只是用于增加宴会和娱乐活动的热烈气氛，那么，后来的蒙古谜语则主要以丰富儿童的文化生活和发展他们的智力使他们受到一定的教育为目的。蒙古谜语通过它诗一般的语言和节奏，通过形象的描述，把自然界的美好事物同儿童的心灵巧妙地结合起来。这对于锻炼和促进儿童的思维能力，使他们通过事物的现象去认识事物的本质，有着积极的意义和影响。

因为谜语是对自然界和社会生活中经常遇到的事物之形象解释，而这些解释又是以事物的本质和内部联系等特点为表现形式的，是作者周密观察和高度概括的主观反映。所以，从心理学的角度来讲，谜语又是人类思维的反映，是人们在了解和改造自然界的社会实践活动过程中总结出来的，是知识和语言紧密结合的产物。

蒙古谜语所反映的内容十分丰富。

第一，它反映了人们的日常生活行为，生活用具及各种生活习俗。例如：

十个喇嘛提口袋，
五个徒弟躲起来。

（穿袜子）
命令五个台吉，
找来一根柱子，
来来往往忙活，
掏出一堆祸害。
（剔牙）
燕子几来回，
绕着丘陵飞，
一阵嚓嚓响，
青草全除掉。
（剃头）
小铜锅，架起来。
呼噜噜，烧起来。
（抽烟）
戴着帽子，挺着肚子，
伸长脖子，吐着奶子。
（茶壶）
有耳朵听不见，
有眼睛看不见，
没嘴会唱歌，
没箭有弓弦。
（马头琴）
有嚼食的利齿，
无咽物的本领。
（剪子）
桌上摆开了战场，
颗粒下有了声音，
越看越知味，
越瞧色越浓。
（筝、围棋、书、画）
长着尖尖的嘴巴，
拖着长长的尾巴，
喜欢坐在火炉里，
常常睡在绸缎上。

(烙铁)
有面没有嘴,
有腿没有手,
不爱吃饭食,
专捡剩酒喝。
(饭桌子)
生就细长身子,
长就尖尖嘴巴,
三个朋友扶着,
爱管国家大事,
平生性格温和,
爱走白布毡子。
(毛笔)
十个加十个还是十个,
十个减十个还是十个。
(戴手套)
弟兄十二个,
各有各的格,
两个邮递员,
围着他们转。
(钟表)

第二,反映牧业生产为内容的蒙古谜语。例如:

一条花带子,
三个木闩子。
(马绊子)
全身牛毛,四只虎掌,
一对龙眼,脖子细长,
猴腚猪尾,骏马鬃毛,
鸡冠蛇肚,绵羊大头。
(骆驼)
一个老头两只脚,
雪白胡子嘴下飘,

不论冬夏与春秋,
始终翻穿大皮袄。
(山羊)

第三,以反映各种自然现象和事物为内容的蒙古谜语。例如:

一把蓝缎子巨伞,
万颗闪光的珍珠,
一个白玉圆盘,
一颗滚动的火。
(天空、星星、月亮、太阳)
望不到边际的绸子上,
洒满了闪光的珍珠。
(星星)
怎样画都是圆的,
怎样写都是长的,
热天它不着急,
冷天它急匆匆。
(太阳)
欺负软弱的,
害怕强硬的,
有缝拼命钻,
无隙空着急。
(风)
美丽的花,洁白的花,
不撒种子,冬天开花。
(雪花)

第四,以飞禽走兽为内容的蒙古谜语。例如:

不是喇嘛会念经,
不是战将有矛锋,
不是老虎有花纹,
不是财主财宝生。

（蜜蜂）
没有腿的爬行者，
不出汗的盘绕官，
没有胯的滑溜臣，
没有尾巴的秃英雄。
（河水、蛇、鱼、蛤蟆）
黑黑的羽毛如墨染，
尖尖的尾巴两叉开，
专吃蚊子和害虫，
家住泥窝惹人爱。
（燕子）
弯着罗锅腰，
拖着细尾巴，
长着尖尖牙，
人们都恨它！
（老鼠）

第五，以植物、食品、文字等为内容的蒙古谜语。例如：

一个东西圆滚滚，
青皮布满绿条纹，
肚里藏着黑芝麻，
甜甜红瓤真馋人。
（西瓜）
未饮先闻香扑鼻，
进肚是你天不怕，
喜庆筵席它助兴，
常伴却把壮志扔。
（酒）

我们还可以把谜语分成释意性的单解谜语和多解谜语两种。单解谜语是指有一个谜底的谜语。例如：

盘腿坐在板中央，

外人来了不惊慌，
若要主人回来了，
咔嚓一声便回房。
（锁子）
上面盘坐的是鼓肚子诺彦，
下边蹲的是扁肚子诺彦，
生来就是个大肚子诺彦，
祖传就是淌口水的诺彦。
（酿奶酒）

多解谜语是指由两个以上的句子组成的，每句都有一个谜底的谜语。例如：

哥哥劳动摘帽子，
弟弟劳动剃胡子，
姐姐劳动先喝水，
妹妹劳动抹白粉。
（毛笔、铅笔、钢笔、粉笔）
五只鸿雁展翅飞，
光头疙瘩永难追。
（五个脚指、脚后跟）

根据蒙古谜语的内容，我们可以把它分为两大类，即形象性谜语和叙述性谜语。形象性谜语是指那些以人类社会中的动植物以及其他事物的本质、特点、用途等为内容的谜语。例如：

这座山上的松，
那座山上的柏，
等到太阳下山后，
枝枝叉叉接起来。
（眼睫毛）
握在手里不够一把，
放在手后能把草原装下。
（眼睛）

两座丘陵遥相望,
一匹骆驼卧中间。
(鼻子)
肋骨突出奶子稀,
下巴有须好脾气。
(山羊)
个子一寸高,
身披千层衣,
嗵地一声响,
碎片满天飞。
(爆竹)

叙述性谜语则是以表现某种事物或现象、动作作为内容的谜语。例如:

你从这边走,
我从这边绕,
你我两个人,
相会右河心。
(蒙古包的箍带)
日夜不停地赶路,
无影无踪地奔跑。
(水流)

一般情况下,上述两类谜语中第一类较多些,第二类则少些。其原因主要是游戏者多数为青少年儿童的缘故。根据儿童思维的发展规律,少年儿童思考问题时往往经过由具体到抽象、由非完整到完整、由低级到高级这个发展过程,学龄前儿童的这个特点表现得尤为突出。儿童对周围事物和现象始终充满着强烈的求知欲和好奇心,他们渴望看到一切、听到一切,对什么都想问一问,对什么都想知道。所以,从心理学的角度来看,用较具体的、能用肉眼看得见的事物(如植物、身体器官、山脉河流、日月星辰等)来做谜底是和儿童心理特征相符的。

从以上谜语的特点可以看出,蒙古族谜语用语生动简练,寓深刻的内容于朴实无华的言词之中。在形式上,它又有蒙古诗歌的一些特点。比如，多数谜语都是由两行或四行组成，行与行的字数相等，而且还合辙押韵，读起来朗朗上口，有节奏感。例如：

> 能缩短路途的飞鹤，
> 能滚动巨轮的犟臣，
> 能解饥肠的卷毛油桃，
> 能涉渡沙海的大帆船。
> （马、牛、绵羊、骆驼）

在这个谜语里，分别用比喻手法刻画了"马"和"骆驼"、用拟人化的手法刻画了"牛"、用借代的手法刻画了"绵羊"，十分逼真形象。古希腊哲学家亚里士多德曾说过这样一句名言："谜语就是成熟了的比喻。"我们由此可知，比喻在谜语中占有相当重要的地位。谜语之所以用各种修辞手法，其目的就是为了使谜底更巧妙、更准确、更含蓄，从而增加了它的趣味性，促使人们更加积极地参与进来。

猜谜语是不限参加人数的游戏，有一部分人出谜，另一部分人猜谜，而且还不能重复他人的谜底。蒙古民族非常重视培养少年儿童猜谜语的能力，经常组织儿童进行各种类型的猜谜语竞赛活动。为了使这一活动进行得更加热烈，游戏里还有一段插曲，就是"卖"那些猜不出谜底的孩子。它的具体内容是这样的：如果说不出对方所出的谜底，他也可说出一个谜语让对方猜，如此相互轮流出谜轮流猜。到最后实在答不出谜底把对方难倒，那么他就要被对方"卖"掉。所谓"卖"掉，就是出谜者编出各种诗句进行讽刺和挖苦。比如，一个孩子出了条谜语：看着近，咬不着，这是什么？对方如长时间答不出，这个孩子就说：

> 你要能赶快答出来，
> 我可以送你骏马一匹，
> 还可加上一件羊皮大衣，
> 再加上一件狐皮大衣，
> 送你一把带鞘的宝刀，
> 再加一匹枣红马，
> 送你多多的礼物，
> 请你快快的回答！

说完类似的好来宝，如对方仍答不出来，就可以用"刻薄"的语言进行讽刺和挖苦，将其"卖"掉：

给我一头三岁牛，
给我米三斗；
给我四岁驼一匹，
给我米四斗；
给我一块肉，
给我一罐油；
给我草一抱，
给我酒一壶；
卖了、卖了
大家把价定！

从字面上看，我们所说的"卖"孩子，好像是把这个孩子说的很不值钱，但其本意只不过是说这个孩子的谜语学得不好，因而在众人面前出他的洋相罢了。所以，被"卖"的孩子丝毫不会生气，只是有些脸红害羞而已。

那么，这样的一种智力游戏，对儿童的身心健康发展究竟起什么样的作用呢？对此，人们的认识不同、观点不一致。一般来说，它的最显著的作用有如下几点：

第一，蒙古族谜语可以向儿童进行知识教育和思想教育。即它具有知识性和教育性。蒙古族谜语的内容大多是常识性的，它表达自然界或社会某事物或现象时往往把那些难以理解的，含有事物本质特点或内在联系的事物用最简单的，能看得见的，容易理解的事物来通俗而形象地描述和解释出来，因此，它能最大限度地吸引广大儿童，激发他们的好奇心和浓厚的兴趣，以至为了解答某一条谜语而绞尽脑汁，费尽心思。猜着了，会喜不自禁，欢呼雀跃，从而增加了猜谜语的勇气和信心。

这样孩子们通过各种形式的猜谜语竞赛活动，无形中丰富了自己的知识（如天文、地理、动植物、社会人际关系、伦理道德、风俗习惯等），加深了对事物的理解及其本质的认识程度，同时又受到有关行为规范、是非善恶美丑的认识和评价方法的知识，从而培养他们明是非、别善恶、辨美丑，识荣辱的能力。因此，我们可以说猜谜语活动也是培养儿童知、情、意、行的过程。总之，蒙古族谜语的内容中广泛地容纳了社会、生活、自然现象、各种事物的内在规律及相应的关系等。小到日常生活，大到宇宙空间，无所不包。所以，我们完全可以把蒙古族谜语看作是一个为青少年儿童揭示人类和自然界规律的百科全书。

第二，蒙古族谜语对发展儿童的语言和思维能力有着重要的促进作用。这一作用可以说是该游戏的一个重要特点。因为它总是抓住事物的形象特征，用通俗准确而幽默风趣的语言，简明扼要而生动活泼地表现出来。因而它具有较强的启发性。例如，"有耳朵听不见，有眼睛看不见，没口且唱歌，没箭有弓弦。"（马头琴）、"一把蓝缎子巨伞，万颗闪光珍珠，一个白玉圆盘，一个滚动的大球。"（天空、星星、月亮、太阳）等。这些谜语既形象又富有韵律的语言，不仅完全符合他们心理特点，而且儿童在这一活动中去听、去想、去说在活泼愉快的气氛中去积极地动脑，进行分析、综合、比较、推理、判断，从而能丰富他们的词汇，发展儿童的观察力、注意力、记忆力、想象力，思维和语言表达能力。

蒙古谜语中常用有生命的东西比喻无生命的东西，或用无生命的东西比喻有生命的东西；或把这种事物说成另一种事物，其作用显而易见，企图使猜谜语者产生迷惑，从而启发儿童的想象力和思维，发展儿童感知能力，促进知觉的概括性；发展儿童的形象思维，促进思维向抽象性转变。有些谜语，像绕口令、调谐音、连锁语等，可以培养儿童正确地辨音、发音、训练发音器官，准确无误清晰流畅地运用语言，充分表达自己想说的话。孩子们在猜谜语的过程中，还可以促进分析综合能力、推理判断能力和创造能力的发展。所以说，出谜和猜谜语的全部过程，也就是积极引导猜谜语者开阔思路，激发求知欲的兴趣，陶冶他们的情操，增强他们的自信心，使他们形象思维、抽象思维以及创造能力都得到充分发展的过程。

总之，从上述蒙古族谜语的特点、内容和教育意义可以看出，谜语是文学性与趣味性、知识性与教育性、逻辑性与科学性、娱乐性与竞争性等相结合的，启发儿童思维、发展儿童聪明才智的一种十分有意义的智力游戏和大脑体操。它是打开儿童智慧之门的金钥匙，蒙古民族祖先很早就认识到这深刻道理，在漫长而艰苦的历史过程中，特别是在自然的生产斗争和生活实践中，创造了丰富多彩的民间口头文学，其中，谜语是这一精神财富中的晶莹璀璨的部分。这也是蒙古族古代家庭教育中的优秀遗产和重要口头学习教科书。他们在教育子女的实践中经常重视对儿童有目的进行这方面的训练。他们不仅言传身教，而且还有意识地组织他们进行各种猜谜竞赛。所以，千百年来，蒙古谜语能在蒙古民族聚住区广泛流传，经久不衰，成为蒙古民族传统教育学中一颗灿烂夺目的奇葩。

附：蒙古族传统儿童诗歌
1."论九九"
乙："能冻羊奶酒。"
甲："二九怎么样？"
乙："能冻马奶酒。"
甲："三九怎么样？"
乙："冻掉牛犄角。"
甲："四九怎么样？"
乙："冻掉牛蹄子。"
甲："五九怎么样？"
乙："春风吹大地。"
甲："六九怎么样？"
乙："冰化雪消融。"
甲："七九怎么样？"
乙："山头雾缭绕。"
甲："八九怎么样？"
乙："大地泛泥浆。"
甲："九九怎么样？"
乙："天气暖融融。"

"论九九"是把冬春季节的气候变化规律及现象同辨认节气的有关知识结合在一起的，所以，对于儿童掌握有关自然气象知识具有积极的意义。

2."数九"
"数九"同"论九九"一样，也是以二人问答形式进行的。
甲："一？"
乙："看一眼就忘不了。"
甲："二？"
乙："两只手来握东西。"
甲："三？"
乙："伴住马的三条腿。"
甲："四？"
乙："四头牛来耕地。"
甲："五？"
乙："五九春风吹。"

甲:"六?"
乙:"六畜兴旺好年景。"
甲:"七?"
乙:"北斗七星在头顶,天将破晓不用愁。"
甲:"八?"
乙:"八方神灵显威风,细而摧开花面客。"
甲:"九?"
乙:"听人说九遍,事理全明了。"
甲:"十?"
乙:"十人齐努力,能把泰山移。"

3. "捉中指"

玩"捉中指"游戏时不需其他玩具,只是由一个人把自己一只手的五个指头变换一下位置后用另一只手握住,然后让别人辨认哪一个手指是中指。如果让对方捉住了中指,便进行如下的对话。(捉的人为甲,被捉者为乙)

甲:"中指去哪儿啦?"
乙:"找可汗去了。"
甲:"干什么去了?"
乙:"修弓箭去了。"
甲:"给他啥好吃的了?"
乙:"满满一桌羊胸脯,还有羊肚子。"
甲:"有我一份吗?"
乙:"给你留点肉皮子。"
甲:"放在哪儿了?"
乙:"让黄狗叼去了。"
甲:"黄狗哪儿去了?"
乙:"跟检粪的跑了。"
甲:"检粪的哪儿去了?"
乙:"跑到树丛里去了。"
甲:"树丛在哪儿?"
乙:"被大火烧掉了。"
甲:"大火在哪儿?"
乙:"被雪压灭了。"
甲:"雪在哪儿?"

乙："让太阳晒化了。"
甲："太阳在哪儿?"
乙："让云遮住了。"
甲："云在哪儿?"
乙："藏到黑牤牛嗓子眼里去了。"
甲："黑牤牛在哪儿呢?"
乙："找乳牛去了。"
甲："乳牛在哪儿呢?"
乙："找牛犊去了。"
甲："牛犊在哪儿呢?"
乙："找牵绳去了。"
甲："牵绳在哪儿呢?"
乙："让钉子钉住了。"
甲："钉子在哪儿呢?"
乙："钻到地里去了。"
甲："什么时候取出来?"
乙："等山羊的犄角长到天上的时候，等骆驼的尾巴探到地里的时候，我就给你取出来。"

说完，被捉住中指的人就用力从对方手中把中指拽出来。这个游戏，能锻炼儿童的口语表达能力，并帮助他们去认识事物的相互关系。如能在对话中有意地加入一些谚语、格言或讽刺性妙语，就更能使游戏趣味横生、充满快乐了。

另外，还有一种变化了的"捉中指"游戏。在这个游戏中，被捉住中指的人要说：

"为了可汗的孩子们，
我背着粪篓捡粪去了!"
对方问："什么时候回来呀?"
他就说：
"山坡上布满羊群的时候，
骆驼在河边饮水的时候。"
土尔巴特的孩子们玩耍的时候，
锅里的奶茶滚开的时候，
男人们戴上皮帽的时候，

新娘子起床梳头的时候,
妇女们穿上新衣的时候。"
对方接着问:"带来什么了?"
回答:
"瘦马的肠子,
病牛的肚子,
死马的心肺,
十桶奶酒。
对方又问:"带来的东西呢?"
回答:"遇上一匹跑惊的骆驼,
一掌踢翻在地上啦。"

由于这些词全被编成朗朗上口的诗,所以易记、顺口、很适合孩子们的特点。

第六节 激发兴趣、启迪智慧的传统游戏

一、帕日杰

帕日杰与蒙古棋、沙掷游戏对比起来,在民间流行并不是很广的。因而,在记载古代蒙古族生活习俗的文献资料中,关于这方面的记载极少,即使有记载,也只是一点而过,没有详细的说明。但根据调查,通过家乡父老乡亲们的回忆,说明这种游戏至少也有三四百年的历史了。

帕日杰游戏与蒙古民族悠久的拉脚生活有着密切联系,并集中反映了牧民拉脚的艰辛以及他们所表现出来的聪明才智。

帕日杰的结构为:取大小和式样相同的六枚贝壳,里面倒上火漆,使之成为黑白两色。游戏时将做好的帕日杰抛掷在垫上,根据出相的不同在棋盘上走车行卒。谁先走完全程谁就是赢家。

帕日杰的棋盘是这样的:在一块正方形的白布上画好十字,这十字的四条线为四个门,每扇门都从布的正中向外作与十字平行的三行直线,这样就共有二十四个眼,每一个眼都称为"嘎吉日"(位置)。平行的三行直线中,中间的一行叫作"告乐",意为"老家"。棋规中规定;对方不得吃掉居于"老家"里的棋子;双方的棋子都不得进入对方的"告乐"中,棋子只能在"告乐"周围的棋眼上运行。这些棋眼也都有各自的名称。例

如,"苏古""达木如·郝仁德""达木如""混地""必黑""必黑·郝仁德"(也叫"必黑·木如古")"努都""散其格",等等。两个"散其格"中间为"告乐敖瑞"。

帕日杰的棋盘除上述外,还有一种叫作"套日古乐棋盘"。这种棋盘中间也是十字形,周围有四方形的框子,其式样虽与前者不同,但棋眼数及名称等都是相同的。

帕日杰的棋子主要用铜钱、扣子等做成,也有手巧者用纹石雕刻而成。游戏时对奕双方持同样数目的棋子(其数目多少没有死规定)一般十枚为最高数目。

帕日杰的输赢规则为,先将帕日杰用双手捧住,摇几下抛于垫上,然后根据出现的正面或背面来决定棋子的走法。如果抛出的六个帕日杰中出现五背一正,则为"益斯"(出九),这是棋步最大的绝好棋。出了"益斯"可"奖棋",一个棋子可走二十五个"嘎吉日"(即棋眼)。如六个帕日杰出现五正一背,则为"阿日本尼格"(出十一)。也是一种得奖棋。"奖棋",意指将没上棋盘的棋子摆到棋盘上走棋。除了"益斯"和"阿日本尼格"外都不奖棋,只是根据出数的多少来走棋。然而,如果没有奖棋,棋子则上不了棋盘,棋步也就没有什么作用。六个都出"背"为"阿日本郝益尔",六个全出"正"为六步"六个查格来";四个"正"、两个"背"为两步;三个"正"、三个"背"为三步;二"正"四"背"为四步。

游戏双方各守两个门,双方以相同的人数各持相同的棋子,依次掷帕日杰,走棋。一般双方各为五人,每人持五枚棋子进行角逐。掷时如出现"益斯","阿日本尼格"或"六个查格来","阿日本郝益尔"的话,可连续掷,直到不出上述几种帕日杰时再轮到下一个人。按照出"奖"的数目出棋、摆棋、走棋。每个棋子先走完自己一方"告乐"中的八个棋眼,出了门后向右转,走完四个门的六十四个棋眼后再回到自己门内,走完"告乐"的八个棋眼就算走完了全程、走完了脚、完成了任务。但是,每一个棋子只有在出现"阿日本尼格"时方可挪步出"营",不得随意乱动。出了"营"的棋子就可根据所抛掷帕日杰的步数而走棋,如一方的每个人都将五枚棋子先于对方走完了全程,就算赢了。掷帕日杰时出"二""三""四"就不能再掷了,要轮到下一个人;如掷出"阿日本尼格""郝仁塔布""阿日本郝益尔""六个查格来"时刻连续掷。走棋时四扇门的八个"必黑"中,可放对方的棋子,此时双方不得互吃棋子,只有出了"必黑"走到其他棋眼上时,后者如按棋步赶上前者时方可吃掉前者。被吃的棋子不管走了多少步，还须回到起点重新走。当一个棋子走完全程，重新回到自己一方的门后就没有被吃掉的危险了。如果棋子走到最后一步，其步数与帕日杰所出数相等时就"掉洞里了"，其意为"欠一屁股债"，成了穷光蛋。这样的棋子只有出"阿日本尼格"或"益斯"时才能救出来。当对奕对方中的一方的最后一个棋子走到自己门里后，掷出的帕日杰出现"阿日本尼格""郝仁塔布"时，所剩棋眼没有那么多了，只能走一个棋眼，这样一步一步挪动的棋子如掉到洞里的话，就根据它所挪动的步数掷出同样数目的"阿日本尼格"来才能救出它。这种玩法促使双方情绪激动、兴趣倍生。这时，棋迷们就编出顺口溜：

"洞、洞，千年的洞，
牛皮蒙就的深洞；
洞、洞，万年的洞，
虎皮蒙就的黑洞。"
于是，把对方气得直冒火。

对奕双方的一方全部走完了行程后，必须将棋子从盘上撤下，方为赢，否则为输。

帕日杰游戏是一项传统游戏，可以激发儿童兴趣、启迪智慧、培养儿童的优良品质。

二、吉日格

吉日格分"成三"和"宝嘎"两种。"成三"为二人游戏。在地上或硬纸上画好棋盘，棋盘上有二十四个位置，两人各拿十二个沙（或石块、草棍等，只要两人能分辨自己的棋子即可）一方用"绵羊"的面朝上放，一方用"山羊"的面朝上放。两人轮流放沙，每次放一个，即把沙放在棋盘上自己认为合适的任意一位置上。待全放满之后，把自己"成三"之后吃掉对方的一个沙取下来。当双方都把对方被吃掉的沙拿下去后，棋盘上就出现了不少空位。双方开始轮流移动各自的沙，争取使自己的棋子"成三"和破坏对方棋子"成三"，每"成三"一次，就吃掉对方一个沙。这样，沙被对方吃掉得多的一方就会溃不成军，成不了三，而对方沙多，成三的机会也多，吃掉对方的沙也就多。最后，沙多者胜，沙少或无沙者败。

"成三"游戏不仅有趣，而且还能培养、提高人的观察、分析能力，它是一项将眼前和长远结合起来的很有寓意的游戏。据说，"成三"游戏玩得好的人，能预测天气和气候变化。

三、宝嘎

宝嘎也叫宝嘎号日哈或宝根吉日格，即猎鹿儿。这个游戏源于蒙古民族的围猎和放牧生活，也是一个独具民族特色的游戏。除了蒙古族外，其他民族很少玩这个游戏。

游戏方法为：

首先在硬纸上画好棋盘，此游戏有两种玩法，均为二人游戏。一种叫"二十四"，另一种叫"六十四"。两种玩法都是一方移"鹿儿"，另一方放置和移动狗。

"二十四"即指一方持两个鹿，另一方持二十四个狗。用牛沙做的棋子为鹿，用羊沙做的棋子为狗。先在棋盘上布置八个狗和两个鹿，鹿先动，鹿如直线跳过狗，即意味着狗被吃掉，被持鹿儿的一方拿掉。持鹿的一方堵住狗时，狗如果排列成双层或双层以上，鹿就无法跳过。鹿若被狗团团围住，直到不能移动了，持鹿一方就算输了，如果狗被吃掉太多，无法围住鹿时就算持鹿一方赢了。

"六十四"使用四个鹿儿，六十个狗。在棋盘上先布置十六个狗和四个鹿，其玩法和输赢与"二十四"相同。

圈鹿时，不管在什么地方围住，如果使其不能移动了，则不能算真正赢，而必须将鹿圈在棋盘四角尖上（"二十四"要圈在两个对称的角尖上）或对称地圈在棋盘角尖两侧。

四、额布尔宝嘎

牛角棋也是二人游戏，因棋盘似牛角，故起名为牛角棋。棋盘上有十个位置，棋子为三个沙。其中一个为鹿，两个为狗。游戏的一方持鹿，另一方持狗。双方轮流移动，如果把鹿挤到牛角尖处无法移动时，持狗一方胜；如果使鹿钻到狗的背后，则鹿方获胜，狗方失败。注意一点是：开始玩时，在牛角型棋盘底部的两个位置上放置两个狗，在上方的任意一个位置上放鹿，玩时鹿先动。

第七节　蒙古民族儿童的传统游戏——赛布鲁

蒙古族大约从公元 1300 年开始，就有了赛布鲁的风习。那时，布鲁不仅是蒙古民族进行狩猎和同敌人作战的武器之一,而且还是一种进行娱乐和体育锻炼的工具之一。关于这点,罗布桑朝格丹在其所著《蒙古风俗鉴》一书中,做过如下叙述:"男孩子的主要玩具是羊髀骨和布鲁,女孩子的玩具则是布娃娃、线绳和小布袋。男孩子长到五六岁的时候,父兄们便为他们准备了弓箭、布鲁和人头靶,教他们练习射箭和掷布鲁。女孩子长到五六岁的时候,她们的母亲或姐姐们就教她们握针使线,让她们自己动手缝制布娃娃和小布袋之类的玩具。"① 现在,蒙古民族虽然仍保留着掷布鲁的风习,但已演变成了一项竞争性极强的体育活动,而且为蒙古民族传统的体育项目——好汉的三项竞赛,即摔跤、赛马和射箭,增添了新的风采。

在内蒙古自治区的哲里木盟、赤峰市和呼伦贝尔盟、吉林省的郭尔勒斯、鄂尔多斯等地区的蒙古民族之间,一直盛行着赛布鲁的习惯,它已经成为青少年和壮年男子们较量本领的一种形式。

新中国成立后,在党和政府的支持和关怀下,赛布鲁已经成为那达慕或其他大型集会上的竞赛项目之一,得到了进一步的发展,1956年,中央教育司颁发了《中小学体育课教学大纲》后,内蒙古自治区政府和教育厅根据内蒙地区的具体情况,把掷布鲁列为民族体育课的一个内容,编入了教学大纲,并规定了测验布鲁成绩的具体标准。

布鲁的种类有心型布鲁、翁格布鲁、投掷用布鲁和普通布鲁。心型布鲁也叫都金布鲁,心型布鲁的形状有如心脏,是用铁、青铜、黄铜、铅、锡等金属制成的,并系上牛筋,以便于携带。这种布鲁的主要用途是猎取野猪、狼等野兽。翁格布鲁是把化开的铅倒在刻有美丽花纹模子里浇铸而成的,把儿用硬木做成。因为这种布鲁有重量轻、掷速快和命中率高等特点,所以用它专门猎取野鸡、兔子、狐狸等小动物。投掷用布鲁是用硬木制成的,其形状如同镰刀,两头儿分别掏一孔儿,注入化开的锡或铅,以便保证它的掷速和命中率。这种布鲁的主要用途是用以训练儿童掌握投掷布鲁的方法及要领。普通布鲁的形状如同一根短拐杖,而布鲁的头部形状和鱼头相似。②

上述四种布鲁中,以心型布鲁的命中率最高,掷速最快,杀伤力也最强,是猎取野物的主要布鲁。

---

① 罗布桑朝格丹著:《蒙古风俗鉴》。
② 翁格布鲁——带孔的布鲁之意。都金布鲁——悬垂的布鲁之意。因重量关系,此种布鲁携带时尖头朝下,呈悬垂状,故得名。

掷布鲁的方法同掷手榴弹的方法相同。它有增加手臂肌肉力量，培养投掷技巧及锻炼身体等重要作用。掷布鲁还可分为骑掷和步掷两种，步掷中还可细分为掷远和掷固定目标两类。掷远就是看谁掷得最远，掷得最远的就得第一。掷固定目标是验证掷布鲁者投掷目标的命中率的比赛，比赛一般需用七百五十平方米的场地，场地的一端画一横线当做投掷线。离投掷线三十米处放三根平行于起点线的立柱，分别相距十公分，作为投掷目标。这种立柱目标一般呈圆形，高度一般为五十公分，立柱底部直径六公分，上部直径四公分。在比赛中无论是掷远还是掷固定目标，都规定参加比赛的运动员每人只可掷三次，每次必须在三十秒内将手中的布鲁掷出去。掷远比赛是根据投掷距离的远近来记分的，掷固定目标的比赛则是根据命中目标的次数和其他具体情况来记分。掷固定目标比赛的具体记分办法如下：用一根布鲁能一次直接击中三根做为目标的立柱，就记十分；一次间接击中三根木柱，就记八分；一次直接击中两根木柱，记六分；一次间接击中两根木柱，则记四分；如果一次直接击中一根木柱，记二分；间接击中一根木柱，只记一分。每人轮流掷完三次后，比赛即告结束，并按得分多少来记名次。

掷布鲁要注意的问题是要稳、要准、要机动灵活。如能把握好这三点，在加上平时的苦练，就能取得比较理想的成绩。所谓稳，就是说要沉着冷静，保持清醒的头脑和正确的判断能力，这样才能认准方向，发挥出最佳水平；所谓准，就是在稳的基础上，估计好目标和自己的距离，确定自己采用什么样的姿势，从多远的地方助路、用多大的力气。所谓机动灵活，主要是对骑掷而言。骑马掷布鲁时要随着马的步伐和节奏，从而确定自己将布鲁出手时的具体地点，以便准确地命中目标。

第八节 蒙古族儿童的其他游戏

一、数羊粪蛋的游戏

数十个洞羊粪蛋的游戏共需二人，即先在地上按顺序掏十个洞，用五十颗羊粪蛋作为玩具。这是蒙古族儿童在放牧时经常玩得一种智力游戏。

此游戏的具体玩法如下：

先在每个洞里各放五颗羊粪蛋，然后一人一洞作为起点，再将起点洞内的粪蛋全挖出来，并按顺序往其他洞中分投一颗，待手空后，再把下一个洞中的粪蛋掏出，仍照前法进行。如此投来投去，如遇到所掏洞中无粪蛋，则可将下一洞中的粪蛋全部"赢"走。随后由另一人开始做游戏。如其所掏之洞无物，而下一洞中仍无物，那他就什么也没赢着，而且还要轮给另一人做游戏。直到洞中所有的粪蛋全部赢完，游戏才算结束。然后再按各自所赢粪蛋的多少来定输赢。

玩数十个洞羊粪蛋的游戏时，可选任意一个洞作为起点洞，也可故意迷惑对方，以达到多赢的目的。

二、大六牌——股牌

这种游戏是蒙古民族最喜爱的游戏之一。它对培养和锻炼少年儿童的分析、比较、判断、推理等思维能力和集体观念有着积极的意义。

此游戏的具体玩法分为"坐麦汗"（即坐庄用整付牌60张）和"碰奴赫"（即顶牛用半付牌30张）两种。

三、对手指

由两个孩子用沙做此游戏（沙即羊踝骨）。一人先将沙掷于地上，如果"骆驼"面朝上，则得二分；如果"羊"面朝上，则得一分。如此轮流掷沙，先得满十分者，便将对方捉住，并用手指弹其脑门，弹完后，伸出食指。被弹者也立刻将食指伸出，碰对方的手指。如碰到了，则重新开始游戏。

此游戏对于帮助儿童学习算术和锻炼眼力，均有一定的促进作用。

四、开锁子

此游戏有"聪明的小鸟""掌握智慧的一百零一种方法""银钥匙""银链环""陶布其""蒙古钥匙"等多种玩法。下面我们将"蒙古钥匙"的玩法简单地介绍一下：

用铁丝做一把九个环的锁，用一个带三个环的钥匙去开启此锁，由于开锁过程比较复杂，因而需要极大的耐心和毅力，同时还需要有开锁的技巧。打开锁需要来回绕六百八十一次，而且绕的方向必须正确才能成功。

五、踢毽子

踢毽子也是蒙古族儿童最喜爱的游戏之一。毽子有两种，一种是把二、三枚铜钱用羊皮条拴住，上面载上马鬃或山羊胡子即成；另一种是缝一小布袋，内装小沙粒或粮食而成。玩法有对踢、花样踢、比赛快踢、比赛多踢等多种。踢毽子是牧区儿童冬季里最喜爱的游戏，无论是单人表演还是多人比赛,都要划出一定范围,如出圈判为犯规等。

六、踢掷牛毛球

牛毛球是把牛毛浸在水里后揉成拳头大小的一种毛球。其玩法有比赛掷远,投击目标等多种。参赛人数不限,有时分成甲乙两方进行比赛,是锻炼儿童机智勇敢行为的一种好游戏。

七、老鹰捉小鸡

这是一种培养儿童团结友爱优良品质的游戏。尤以六至十岁的儿童最为喜爱。此游戏不限人数,人越多则游戏越热烈。游戏时,先选一健壮儿童扮成"老鹰",其他人中年龄最大的一个儿童扮作"母鸡",其余儿童均扮成"小鸡"。"母鸡"站在排头,"小鸡"则依次抓住"母鸡"的腰带,排成"鸡阵",阵尾一般放最弱的儿童。"鸡阵"排好后,由"老鹰"直扑阵尾,去捉最后面的"小鸡"。游戏开始时,由"母鸡"先问"老鹰":"你在找什么?"

老鹰回答:"拾粪时把金梳子丢了,你们捡到了吗?"

待"老鹰"说完,众"小鸡"从"母鸡"身后伸出一只脚引逗说:"这个是不是?""老鹰"则在回答"都不是!"的同时,猛地扑向阵尾的"小鸡",并说:"是他!"这时,"母鸡"则回过头来拼命保护那只最末尾的"小鸡"。经过一段时间的争斗后,如果"老鹰"未能捉住阵尾的"小鸡",则众"鸡"就算胜利,并把"老鹰"赶跑;如果能捉住阵尾的那只"小鸡",则"老鹰"取得胜利。

玩此游戏的规则是:"老鹰"只可捉排在"鸡阵"最末尾的"小鸡";"鸡群"则要相互抓紧,不能松手,如离开"鸡群",则算被"老鹰"俘获。

"老鹰捉小鸡"也是牧区儿童最喜爱的游戏之一。它不但能锻炼儿童的身体,增加欢乐的气氛,而且还能培养儿童的团结互助精神。

八、丢手绢

丢手绢也是蒙古族儿童的传统游戏。具体玩法是:孩子们先手拉手站成一圈,然后在原地坐下。组织者根据参加者人数,先选出1~2个孩子作为丢手绢的人。随着大家的歌声,游戏开始,丢手绢的孩子绕着圈,在大家的身后慢跑,选择要捉的人。玩丢手绢所唱的歌是这样的:

唱呀唱呀唱，
大家来玩丢手绢；
跳呀跳呀跳，
大家来玩丢手绢。
花手绢呀更美丽，
放在身后呀真机密；
悄悄地放呀快快地跑，
不要让他逃脱了！

丢手绢的孩子若把手绢丢在某一孩子的身后面，而这个孩子未发现，丢手绢的孩子便可捉住他；如这个孩子发现了，并起身追住丢手绢的孩子，于是，被捉住的孩子要到人圈中为大家唱歌，而后拿起手绢继续绕着大家跑，游戏重新开始。

玩丢手绢时的注意事项是：丢手绢的孩子从人们身后经过时，人们不准回头；看到别人后面被放了手绢，不准告密，否则，就要被罚唱歌；丢手绢的人必须在大家的背后绕着跑。

这种游戏既能促进儿童的身体锻炼，又能增强儿童的反应灵敏性，是一项趣味性很强的游戏活动。

九、跳绳

先由两个孩子抓住一根长绳子的两头，站在一定的距离内上下绕圈甩动长绳。其他孩子排成一行，接着绳子上下翻动的规律，看准机会，一个接一个地从绳子上跳过。如在跳得过程中绊了脚而未跳过，或因观望错过了一次跳得机会，则"倒霉者"就得去替换甩绳子的人。如此轮流跳下去，直至游戏结束。

十、公鸡斗架（撞拐）

先按人数把参加游戏的儿童分成两组。每组分别选一儿童进入已划好的直径为二米的圈内。游戏开始后，两个儿童都要抱着自己的一条腿，用另一条腿支地，并蹦蹦跳跳地用所抱腿的膝盖去撞击对方，哪一方被撞出圈外或被迫先放下所抱之腿，则算失败，赢者得一分。一对结束以后，再换一对进行比赛。待众人全部比赛完毕，则按各组得分多少定出胜利组和失败组。

十一、轰老鹰

　　做这个游戏时，先选一个身强力壮的儿童扮"老鹰"，另选一个年龄最大的儿童扮"母鸡"，其余的孩子全扮作"小鸡"，排在"母鸡"身后，相互抓紧前面一人的腰带。游戏开始时，"母鸡"和"小鸡"齐声呐喊："咕嘘！""咕嘘！"以便轰走"老鹰"。"老鹰"则奋力扑向排在末尾的"小鸡"。"母鸡"为了保护"小鸡"，同"老鹰"激烈地周旋、拼斗。"老鹰"从"鸡阵"的末尾一个一个地捕到"小鸡"后，这些落入"鹰爪"的"小鸡"便成了"老鹰"的随从。等到双方人数相等时，"老鹰"的随从们便一个抱住一个的腰排成一队，同"鸡阵"群"鸡"进行"角力"比赛。哪方的人被另一方拽过了界线，那么哪一方便算失败，并要为胜利者唱歌。

十二、狼捉旱獭

　　首先，当定出谁当"狼"、谁当"旱獭"后，众"旱獭"就去"狼窝"附近，对狼说："狼先生，请抽烟！"随后递给"狼"一块石头。
　　"狼"闻了闻石头说："旱獭身上的味真臭！"
　　然后把石头还回，并继续说："旱獭先生们，你们也抽烟吧！"
　　"旱獭"的首领接过石头也闻了闻，并回敬道："狼尿的味道真骚！"
　　说完后把石头又还给"狼"。然后双方继续对话：

　　　　"狼先生，用一下你的火石！"
　　　　"用火石干什么呀？"
　　　　"点火呀！"
　　　　"点火干什么？"
　　　　"熬胶呀！"
　　　　"熬胶干什么？"
　　　　"沾弓箭呀！"
　　　　"沾弓箭干什么？"

　　"射穿你的脑壳！"说完，众"旱獭"转身向自己的"窝"跑去，"狼"在后面紧追。"狼"可以在"旱獭"回"窝"之前捉到他们，但如果"旱獭"回到了"窝"里，"狼"就不能捉了。在追逐的过程中，跑得快的"旱獭"还可以故意引逗"狼"生气："你有追住我的腿吗？你有捉住我的爪吗？""旱獭"们如果躲在"窝"里不出来，"狼"还可以说："没本事还爱叫唤！没胆量还爱咋乎！你们敢出"窝"一步吗？"……

这一游戏既可以锻炼儿童的身体，又能通过对话，教儿童们学习与人见面时如何打招呼等蒙古民族的传统礼节。

上面介绍的几种游戏都带有体育锻炼的性质或配有动作，而男子汉的三种竞赛，尤其是蒙古民族儿童的传统体育游戏的重要内容。

把上面的内容概括起来，我们就可以知道，蒙古族儿童的传统游戏主要是由智力型和运动型这两种形式组成的。具有高度文明和古老传统的蒙古民族，自古以来就有崇拜那些善于骑射和擅长摔跤的人的习俗，并称这些人为勇士。此外，蒙古民族对那些韬略过人的机敏聪慧之士也倍加崇敬。为了把这一古老的风俗代代传下去，蒙古族劳动人民编创了许许多多具有鲜明民族特色的儿童游戏，以此来教育和培养他们的子孙后代。在这些智力型和运动型的游戏之中，有许多又是两者兼顾的——既能启蒙智力，又配有适当的运动形式。前面介绍过的那些游戏中，有的能训练和提高理解能力，有的能培养观察能力，还有的能培养记忆能力，启发思维能力，等等。这些游戏既新颖别致，又生动活泼，而且还有形象鲜明、吸引力极强等特点。在这些游戏中，儿童们通过听、看、说、思考、触摸等形式，可以锻炼耳、眼、舌、大脑、手脚等器官相应的反应能力。这样，通过游戏就激发起了儿童的情感，使他们在游戏过程中始终保持愉快的心情，同时，也增强了他们克服困难的勇气和信心，从而达到使儿童的思维更加敏捷、反应更加灵敏、语言更加流利准确的目的。而在游戏过程中培养儿童自己动手解决困难的良好习惯，更值得人们的重视。

对那些单纯的运动型游戏（体育游戏）来说，它不但能增强儿童的身体素质，同时，还能给予他们一定的美育和智育熏陶。

我们如果分析一下前面介绍过的那些运动型游戏，就可以进一步了解到这些奔跑跳跃之类的游戏，有调节人的中枢神经系统的活动，促进血液循环，增加肺活量的功能，能改善人的各种生理机能。

这类游戏往往要求儿童们去完成某项特定的任务，因而，它又能充分地调动儿童的主动性，使他们想方设法地去努力完成这些任务。例如，某儿童参加摔跤比赛，他就会想尽一切办法，使用各中各样的技巧去尽力将对手摔倒；再如玩捉迷藏，儿童们就会考虑怎样才能不被对方发现，怎样才能躲藏得更加巧妙等问题。这样，在进行游戏的同时，就能让孩子们进行积极的思维活动。由于运动型游戏往往带有集体性质，因而，通过这类游戏又能有效地培养儿童的集体主义思想和遵守纪律的高尚品德以及迅速果断的作风、顽强拼搏的精神。我们前面介绍过的"狼捉旱獭"、"丢手绢"及"老鹰捉小鸡"等游戏就属于这一类。

运动型游戏一般都在室外进行，野外清新的空气和充分足的阳光对于儿童的身体发育和健康成长，也有着极其重要的作用。牧区的孩子身体一般都很健壮，不容易染病，正是由于这个原因。

第三章 蒙古族儿童传统游戏现状调查与分析

蒙古族由于长期生活在多民族特有的社会政治、经济、文化生存环境中，逐渐形成了具有游牧民族所特有的民族特征。蒙古族儿童传统游戏作为一种古老的文化现象，在蒙古族社会生存和发展过程中发挥独特的功能，同时在人类生存和民族文化传承中具有十分重要的意义。

第一节 蒙古族传统游戏的现状调查

一、调查方案的设计

蒙古族因其特殊的历史发展过程，世代主要居住在内蒙古绝大部分及蒙古国境内。虽然随着社会变迁和实际生存需要，出现了新的蒙古族居住特征，但本书仍以内蒙古自治区作为蒙古族主要聚居区，设计了田野调查方案。

（一）调查点的选择

从选择区域分布上看，由于游牧文化的开拓性以及后期各种复杂的原因，世界欧亚诸多地区和国内诸多省份、内蒙古自治区、蒙古国都有蒙古人散居或聚居，蒙古族所居之处都保留和传承了蒙古族儿童传统游戏文化，尤其在蒙古族聚居区，如内蒙古自治区、蒙古国以及各省的蒙古族自治县或州，蒙古族儿童传统游戏以其特有的生命力和社会功能世代流传了下来，成为今天蒙古族一个标志性文化要素。但由于空间跨度大，经济文化类型出现多样化变迁，所以，各地对蒙古族儿童传统游戏提供的经济、文化空间的支持力就必然有差异，因此，出现了蒙古族儿童传统游戏文化传承上的较大差异。

为了使调查有一定代表性，本书选择了内蒙古的锡林郭勒作为实地调查点，并结合其他盟市的访谈，以了解到蒙古族传统游戏的传承现状。虽然我国各省区之间、还是内蒙古自治区各盟市之间都有较大差异，但是相比之下，蒙古族儿童传统游戏在内蒙古西部区传承较好，东部区相对淡化；牧区要比半农半牧的农区要好，比如，锡林郭勒盟的各旗县主要是以牧业为主，所以无论在蒙古族儿童传统游戏内容的全面性还是形式的传统性方面传承的都比较好，不仅经常举办各种形式的游戏活动，而且参与主体多元化，在政府举办的同时，民间举办的现象也增多了起来。在内容上，政府举办不仅规模大，而且内容更全面更丰富，除了传统的项目"搏克、赛马、射箭"三项竞技仍保持它的整体性和统一性之外，又增加了蒙古象棋、马术、老人祝寿等仪式、歌舞表演以及诸如女子手工缝制、穿蒙古袍等民族特色的游艺项目。相比之下，民间苏木或家庭进行的游戏种类比较少，而且由于条件所限，内容上主要保持了搏克和赛马，而射箭基本消失。但传统性方面的保存要好于政府举办的大型那达慕，群众性、娱乐性和自由性显得更加突出。

从调查对象上看，本研究的调查范围较广，包括中小学生、大学生及不分性别、年龄、身份、地位和层次的社会各界成员，主要包括相关机构和部门的领导、管理人员、有关学者和家长、老年社会群体等。从民族结构上看，这些调查对象主要是蒙古族，其中包括一部分其他民族成员。中小学生调查对象都是蒙古族学校的在读学生还有一部分汉族学校在读的蒙古族学生。大学生调查对象主要是内蒙古师范大学、内蒙古大学、内蒙古农业大学的学生。虽含有一部分在蒙古族中小学、内蒙古师范大学等教育机构接受蒙古族教育的汉族和其他民族，但所占比例很小。调查样本比较丰富，包含了各层级群体。性别结构与特征同在校生的性别比例相近，社会阶层中的性别比例随机抽样产生，未作严格的限制和要求。

从被调查者对本民族语言和文化了解等方面上看，锡林郭勒地区的被调查者除了极少数蒙古族不会本民族的语言，其他蒙古族都能够使用自己的语言。对蒙古族的文化了解程度比较高，一些游戏项目是蒙古族成员从小在家庭、学校和日常生活中耳闻目染或者能够经常接触到的。因此调查结果具有一定的有效性、客观性和真实性。

从调查策略上看，实地走访和问卷调查的重点放在锡林郭勒盟的中小学和呼和浩特的大学等机构。为了更好地掌握和把握蒙古族儿童传统游戏开展时不同人群的身心接受能力等各种状况，问卷采取了无记名方式，并结合进行了大量的参与观察。另外，访谈过程中并不都是严格按照所设计的访谈提纲来进行的，大量访谈更多地采取了随机灵活方式。

（二）访谈对象的选择

访谈对象主要分为三类：第一类是有关教育与文化管理机构的行政人

员与专家学者。例如，内蒙古师范大学等高等教育机构的有关专家和学者。第二类是具体实施者和执行者。例如，中小学校长、一线教师以及从事民族教育方面的一些教育专家和学者等。第三类是部分学生、家长和社会群体。了解和掌握社会不同阶层对蒙古族儿童传统游戏传承的认知态度和建议，为本研究提供了有力的实践依据。

二、调查的具体实施

从 2006 年 8 月开始进行了大量的文献查阅和调查前的准备工作，2007 年 3 月到 10 月期间，先后两次到锡林郭勒进行了蒙古族传统游戏的现状调查，获得了珍贵的第一手资料。

调查主要采取实地走访和问卷调查的形式，兼用录音、笔录等手段进行。根据调查对象不同的身心特点设计了"中小学生问卷""大学生问卷""成人问卷""教师问卷"等四套调查问卷。调查共发放 2000 份问卷，其中中小学问卷为 1235 份、大学问卷为 589 份、成人问卷 136 份，教师问卷 40 份，共收回 1847 份，回收率为 92.35%。

第二节 调查结果与成因分析

一、中小学游戏的调查分析

中小学的调查主要采取问卷调查与访谈相互结合的方式。在锡林郭勒盟共调查 12 所蒙古族中小学，在游戏类型的选择、娱乐方式等方面具有诸多相同特点，也存在略微差异。主要有如下三点：

（一）游戏种类非常丰富

据调查跳绳、球类等各种球类游戏、电脑游戏、阅读、看电视、捉迷藏等都是中小学生在学校和家庭经常进行的娱乐方式，其中运动类游戏成为主要娱乐方式。通过调查结果显示：在家庭和学校最常进行的前三项游戏依次是运动类游戏（其中各种球类、跳绳、捉迷藏在前三位）；传统游戏（其中搏克、蒙古象棋、蒙语绕口令排在前三位）；电脑、电视、阅读活动（其中看电视、玩电脑游戏、看书排在前三位）。

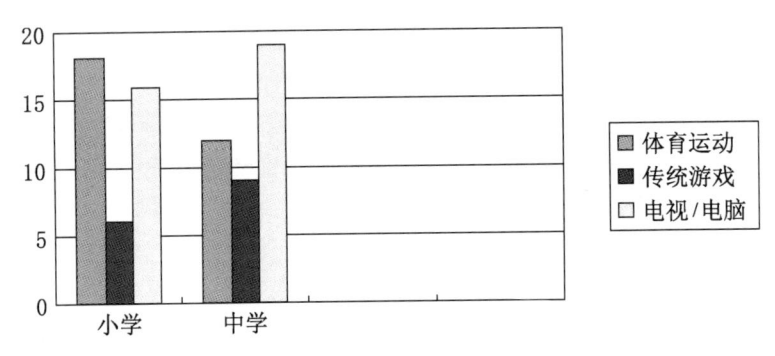

图 2-3-1 小学与中学各抽取 40 名被试

随着年龄的升高学生想了解蒙古族儿童传统游戏的需要略有上升的趋势，与年龄、年级成正比关系，但在游戏活动中所占比例很小，仍不能成为中小学生主要的娱乐方式。到中学阶段明显看出看电视或电脑游戏的比例较其他游戏的比例要高许多。

调查搏克、掷布鲁、捉迷藏、蒙古象棋、沙嘎、绕口令、掷沙（羊骨游戏）等七种蒙古族儿童传统游戏中最喜欢的游戏项目时，从 4 所小学和 3 所中学随机抽取 300 名被试，进行了对比研究。其统计结果显示，小学生对体育类的传统游戏的比例较高。而中学生对智力类的传统游戏比例较高。

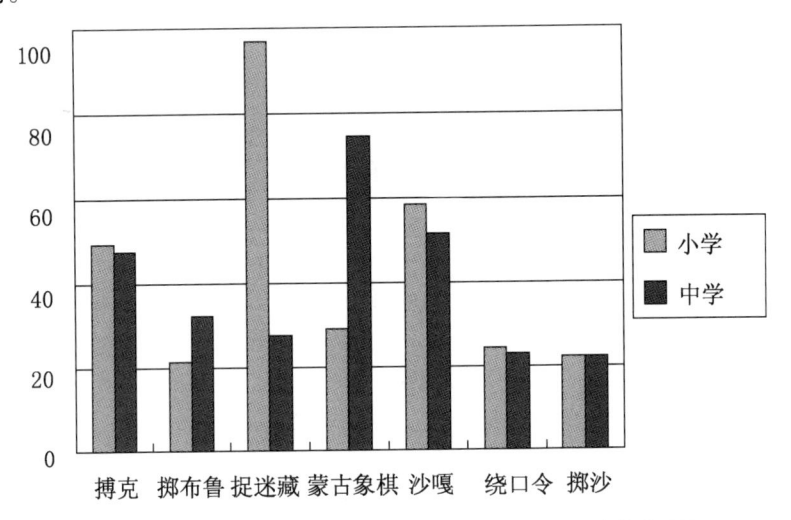

图 2-3-2 七项蒙古族儿童传统游戏中你最喜欢的游戏项目

（二）大多数学生并不十分了解蒙古族儿童传统游戏项目

调查是否玩过搏克、掷布鲁、捉迷藏、蒙古象棋、沙嘎、绕口令、掷沙（羊骨游戏）等七种蒙古族儿童传统游戏结果表明，有近29%的儿童没有玩过蒙古族儿童传统游戏，63%以上的儿童玩过其中的几项传统游戏。

这说明聚居去的蒙古族家庭/学校/社会环境中渗透蒙古族传统文化教育的影响源正出现逐渐减少的趋势。

（三）中小学的游戏选择基本与现代化发展同步

通过走访和访谈了解大多数中小学生认为现代游戏刺激、好玩、可以实现很多理想，也可以掌握很多现代知识。调查统计结果也显示73%的学生喜欢现代游戏，认为通过电视、网络等新型媒介可以拓展视野，掌握更多的知识，而喜欢传统游戏的选择比例为17.3%的学生。可见，现代化科技手段和多元文化正冲击和影响着中小学生的文化选择和兴趣取向。

二、大学生游戏调查与分析

大学生的调查主要采取走访和访谈为主，问卷调查为辅的方式。问卷调查只在内蒙古大学、内蒙古师范大学、内蒙古农业大学在读的蒙古族大学生中进行的。调查结果具有如下特点：

（一）大学生对蒙古族儿童传统游戏的认知高于中小学生

大学生的问卷结果显示，87.4%的人玩过搏克、掷布鲁、捉迷藏、蒙古象棋、沙嘎、绕口令、掷沙（羊骨游戏）等七种蒙古族儿童传统游戏，只有5.3%的人没玩过这些传统游戏。这说明随着年龄的增加对蒙古族儿童传统游戏的了解程度有所增加，与年龄因素呈正比关系。

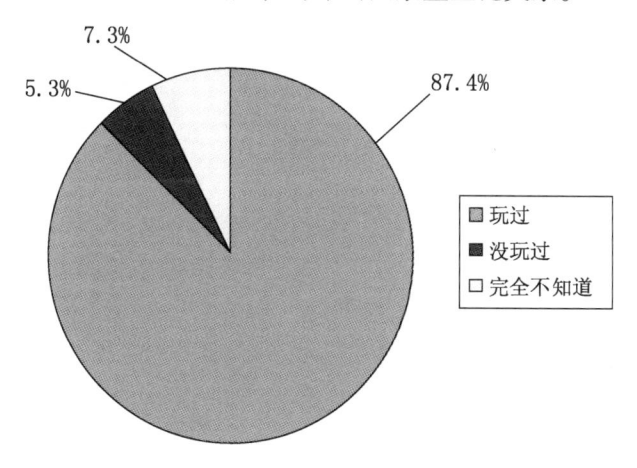

图2-3-3　是否玩过七项传统游戏

（二）大学生比较关注自己民族的传统文化，继承民族文化的意识增强

访谈中感受到大多数大学生都有较强的民族认同感和民族意识，持有必须了解和掌握蒙古族传统文化的认知态度。调查显示，大学生对传统游戏的认知态度主要归于没有适当的传承场所和学习机会，其次归于主观原因，认为自身学习和想要学习的积极性和主动性不够，这一比例约占60%。

（三）大学生的文化选择与现代化发展一致

大学生已进入成年阶段，对现代社会的理解和认知不再简单、机械和盲目。与中小学生相比，对事物的是非判断能力更为成熟，更趋于客观、公正，已经开始根据自己所掌握的知识和社会认知取向，对客观事物进行正确的是非判断，从主客观角度正确吸收和接纳不同民族的多元文化，从而文化选择的主观性、能动性增强。调查统计结果显示，大学生对现代游戏的喜欢程度仍高于传统游戏。

访谈中了解到很多大学生虽然喜欢电脑、网络游戏，但更注重利用这一现代手段提高其生存能力，因此与中小学生相比，其盲目性有所减弱。这说明大学生能够更为客观、公平、合理地进行文化选择，注重掌握各种生存技能，从而提高社会适应能力，使文化成为实现自身社会化过程的一种动力。

三、教师、专家的游戏调查与分析

（一）教师、专家的访谈

当蒙古族儿童传统游戏发展到一定阶段时一些游戏逐渐转化为体育竞技项目，并以体育课程的形式在学校教育中得到普及和推广。因此根据本研究的需要，笔者对部分教育界、体育界的教师、专家进行了访谈，并进行了实地调查和观摩教学。下面选一个案例进一步分析。

案例：内蒙古师范大学体育学院教师。

（时间：2007年3月10日）

问：你们学校是否开展了蒙古族传统体育游戏？

答：开设了搏克，但类型单一。我在师范大学教授搏克已有十几年的经验了，现在搏克已作为公共体育课了。

问：在学校里搏克开展的如何？

答：已经达到普及。学生也比较喜欢，积极性比较高，但基础和水平不同，有些学生在上大学前已经掌握，而有些学生没有学过，还有来自区外的学生完全不了解。在教授时存在了一定的难度。

问：请您讲一讲蒙古族传统体育游戏对学生有何影响？

答：经行搏克训练不仅有助于增强学生体能，同时对学生危机意识、竞争意识以及知难而上的拼搏精神的培养具有重要意义。因此，参加搏克同学往往有很好的精神气质和良好的心理素质，遇事稳妥、耐心细致，注重学习与生活中的每次机会，很好地把握进退分寸，该进的时候决不退后，该守的时候决不冒进。当两个人势均力敌僵持很长时间时，往往就转变为心理素质的较量。

问：您认为搏克具有在学校广泛推广的价值吗？

答：非常有价值，民族学校体育方面不仅应有自己特色，而且民族传统体育项目的确对学生的成长具有不可替代的作用，它不仅是力量和技巧的较量，更是头脑与智慧的较量，而且也需要较好的心理素质才行。学生训练搏克对身体心理素质和智慧的发展都具有重要的价值。

问：您认为传统体育游戏怎样继承和发展？

答：就我个人认为传统体育游戏的传承需要社会、家庭和学校三方面的支持、统一和一致。特别要注重学校教育，社会教育和家庭教育对民族传统体育游戏的传承是被动的非正式的传承，在这种传承体系之下，民族体育文化实际上是没有自主选择权的。而学校教育则是一种有目的、有计划的教育活动，有助于我们传统文化的延续。培养大量的掌握传统体育游戏的教师，还有就是要提供活动的场地、器械等硬件设施。

通过访谈和实地走访，看到了为蒙古族传统文化事业默默无闻地做出贡献的这些教师和专家的辛勤劳动和努力。虽然很多传统游戏在中小学体育课中所占的比例很小，甚至已很多年不开设这些传统游戏课程，但这些教师仍对民族传统游戏的传承未来充满信心和希望，对这些游戏传承具有较高的社会责任感和民族自豪感。

(二) 教师、专家的观点和笔者思考

这些教师、专家的呼声和朴实的语言，反映了对蒙古族儿童传统游戏的一份热爱和责任。他们希望国家有关部门采取一系列措施能够保护这些传统游戏项目，保护优秀体育人才流失现象，希望通过社会各界的积极配合逐渐开展传统文化的学习。这不仅为了保护蒙古族传统文化，从保护我国多元文化整体结构的角度上看也具有重要的现实意义。因此有关部门应给予大力支持和扶持，结合当今国内外文化发展空间。

四、其他社会阶层的访谈与笔者思考

笔者走访了有关教育部门的官员和专家学者，以及一些家长。主要观点整理如下：

教育管理层的态度：教育管理层对蒙古族儿童传统游戏传承问题严格遵守和坚持与国家上级有关部门的要求相一致的前提下执行和推行的原则。因此无论中小学开设相应的游戏课程，还是开发地方课程或乡土课程，都希望得到上级有关部门的大力支持和批准。表现出从宏观政策出发的认知态度和管理理念，对传承民族文化的必要性和迫切性具有一定的认识。

专家、学者的态度：无论从事民族教育工作的专家学者，还是不同行业的专家学者，都表现出应该且必须传承蒙古族儿童传统游戏的积极愿望和迫切心情。很多学者一直从事教学第一线，从事传承民族文化的实际工作；有些专家结合实际教学自己编写了宝贵的教学参考资料，为蒙古族游戏传承付出了很多心血；一些专家从事理论研究，非常希望能够在力所能及的情况下在中小学逐步开展蒙古族儿童传统游戏，保持和继承本民族优秀的文化遗产。

家长的态度：一些中小学生家长对蒙古族儿童传统游戏的传承问题，表现出两种不同的态度：一是一部分家长认为，有必要开展蒙古族儿童传统游戏，应该开设蒙古族儿童传统游戏课程，认为这些都是本民族游戏文化不应该丢失。另一种是认为现代科技迅速发展的今天，传统游戏固然有它的优点，但已经不能太多地引起儿童学习具有现代性、时代特征的游戏项目，如电子、电脑游戏等，这样才能与时俱进，拓展起生存空间。

总体上看，调查与访谈结果显示，成员的年龄结构与蒙古族儿童传统游戏的认知态度、情感认同和接纳程度越高，也非常希望能够在中小学和社会一些机构开设这些游戏项目；反之，年龄越低，对蒙古族儿童传统游戏采取不十分认可甚至表现出无所谓的认知态度和情感取向。这说明一种传统的文化生存与选择直接受该民族所处的各种生态环境的制约和影响，通过文化的同化与顺应、传播与筛选推动着社会发展和民族的演进。

第四章　民族传统游戏传承的理性思考

少数民族传统游戏如何保持自己民族特色，能够成为推动少数民族文化教育和社会发展的一个文化动力，这是当前蒙古族传统游戏面临的一个现实。现代化背景下正确处理传统文化与现代化之间的保持平衡，发扬民族文化的优势，积极适应现代化变革，树立均衡、和谐发展的文化生存理念，通过传统游戏回归于教育的方式，解决蒙古族传统游戏面临的生存困境和危机，实现民族文化传承的最终目的。

第一节　现代社会蒙古族传统游戏面临的危机与挑战

从以上的调查研究中不难看出，虽然儿童传统游戏有着很高的价值，然而在我们的现实生活中它却不被人们重视。很多方面的原因导致我们的儿童传统游戏面临着很多的困难和问题。

事实上，早在二十世纪五六十年代，儿童传统游戏曾呈现一片繁荣的景象，从幼童时期的"过家家""丢手绢""老鹰捉小鸡"，到少年时期的跳绳、踢毽子、放风筝等，丰富多彩的游戏活动滋润着各年龄段孩子们的闲暇时光。古代唐太宗曾就传统游戏这样说过："士城竹马，童儿乐也；伤金翠罗纵，妇人乐也；贸迁有无，商贾乐也；高官厚秩，士大夫乐也；战前无敌，将帅乐也；四海宁一，帝王乐也。"这些传统游戏，在内容上具体生动，形式活泼轻松，有的游戏还伴有口令、童谣，节奏性强，具有较强的娱乐性，易于让幼儿接受；在形式上具有合作性，儿童传统游戏多属于集体游戏，儿童在游戏中通过角色扮演，遵守游戏规则，从而摆脱自我中心；在性质上具有自发性，没有老师的监督和指导、没有父母的干预和控制，幼儿依自己的意愿和兴趣很自然的玩乐在一起；在取材上源于自然和生活，如石头、泥土、绳子等，不但廉价且随地可取；在功能上具有传递民族文化的作用，传统游戏经过代代相传和发展，积累了丰厚的传统文化特色，具有鲜明的民族性和时代性。

然而，随着社会的发展、科技的进步、文化的变迁，具有如此之多的优点，且曾经为几代儿童成长立下"汗马功劳"的传统游戏，如今却渐渐淡出了人们的视野。取而代之的除了沉重的学业负担之外，儿童便沉浸在各种电子游戏、电视机、网络世界里，他们难以体验到爬树掏鸟窝、下河摸小鱼、在田野奔跑、掷沙包、跳方格的快乐。传统游戏对儿童身心的健康发展和健全人格的形成影响极为巨大，相对于有传统游戏伴随成长的成年人而言，现在孩子们的童年，物质生活的确丰富了许多，但精神生活却比较匮乏。天津师范大学幼儿教育专家韩映红说："现在很多儿童不会玩、不会游戏，虽然有更多的玩具器械，但丢掉了传统游戏，孩子们就丢失了一种集体意识和与人交往的能力。自私、无情、缺乏爱心和合作，这些现象已经在不少儿童中浮现。可以说传统游戏的消失不仅仅是遗憾，它还带走了让儿童健康成长的一种方式。"具体分析，儿童传统游戏主要面临以下的困难。

一、儿童传统游戏缺乏视觉、听觉的感受，从而受到科技进步的冲击

现代科技凭借自身优势赋予孩子们更多新奇的电脑和网络游戏。然而，高科技的现代游戏已经远远超出了传统游戏应有的功能，它使孩子们追求视觉、听觉的刺激，却放弃触觉、运动觉的感受。美国一个市场研究机构发表的报告显示，到2002年年底，全球电脑游戏产业将形成一个1000亿美元的巨大市场。而新兴的网络游戏增长潜力将大大超过传统游戏市场。有关市场调查数据也表明，中国网络游戏用户正在以超过100%的速度增长，网络游戏市场规模的年增长率接近200%。目前，在我国市场销售的网络游戏大约有95%是以色情、暴力和打斗等低级趣味为主要内容的，而且越"刺激"的游戏上网参与的人数越多。每年数百万中国青少年沉迷于网络游戏不能自拔，这也导致越来越多的孩子不会玩传统游戏。而在这背后更重要的是，孩子们丢失了一种集体意识和与人交往的能力，丢掉了健康的生活方式。

二、儿童传统游戏遭到家长的冷遇

随着社会竞争的日益激烈和不断深化，在家长们"望子成龙"思想的引导下，沉重的课业负担及各种课外兴趣班几乎占据了孩子们所有的业余时间，甚至使每个孩子从进入幼儿园开始就承受着来自家庭、社会和自身的三重压力。虽然新课程改革正在如火如荼的进行，但面对升学等激烈的竞争压力，出现了"学校减负，家长加压"的局面。然而，家长们也希望孩子多玩一些能够开发智商的游戏，但对于那些没有"科技含量"的传统游戏持冷漠态度。同时，家长对游戏中孩子的安全和卫生更是担忧。就这

样，孩子们的空闲时间越来越少，传统游戏变得无人问津。孩子间的交往也无形的被家长制造的"隐型屏障"阻隔了。这种交往的缺失，对儿童健全人格的形成极为不利。

三、儿童传统游戏在学校开展存在困难

学校"安全高于一切"的思想，使得传统游戏遭到冷遇，事实上，传统游戏失传，电子游戏"一统天下"的情况，也是一个世界性问题。2006年6月16日的《新民晚报》就刊载过这样的报道：美国一些学校由于担心学生运动中受伤而摊上官司，打算禁用诸如秋千、滑梯、游泳池等"危险设施"，有的学校操场上甚至出现了"禁止奔跑"的牌子。在我国更是如此，由于现在学生人数越来越多，许多学校人满为患，导致学生活动空间不足。现在许多学校的操场、空地都已水泥化或绿化了，出于安全及美化方面的考虑，校方不允许学生在操场上面乱涂乱画或在草地上玩耍嬉戏，而且许多学校都以安全为由，不准学生上学早到和放学滞留，这样他们便失去了在学校做游戏的空间与时间。除此之外，由于传统游戏一般具有运动性强的特点，而现在的孩子多为独生子女，家长的"过度保护"也为学校开展传统游戏带来重重顾虑。因此，孩子们喜欢的游戏活动被剥夺了，活泼好动的天性被扼杀了，儿童间良好人际关系的建立被冻结了。

此外，现在教师队伍年轻化，很多教师是20世纪80年代以后出生的，不了解传统游戏；民众对传统游戏的意识也在淡化，年长者了解的多些，但在追求时尚教育的大环境下，年长者的声音是微弱的；可借鉴的资料又少，所以搜集工作存在一定的困难。因此，教师和孩子们玩得游戏差不多，很难把一些传统的游戏在孩子们中组织起来一起分享。

还有就是目前的教学计划安排太过紧凑，大部分时间用来完成教学任务，所以教师很难有时间认真地收集游戏资料，组织游戏，并和孩子们共同完成游戏。因此，儿童传统游戏不能很好地在学校开展起来。

儿童传统游戏在环境方面遇到的困难，社会的变迁引发了现代家庭结构的根本性变革。传统的家庭都是多子女，甚至是四世同堂的大家庭，但如今家庭规模逐渐小型化，且居住条件发生了翻天覆地的变化。我们不难发现，在城市里高楼耸立的社区，居住在一个单元的邻里不来往的情况极为正常，这样的交往方式对孩子们产生了非常不利的影响，他们经常被"封闭"在自家的狭小空间里，几个小伙伴成群玩耍的情景已不常见。然而，传统游戏多为集体游戏，它需要儿童的参与、合作。于是，在现代社会家庭结构的大背景下，传统游戏便失去了它得以生存的源泉。

另外，人们生活的社区环境越来越优化，但可供儿童游戏的场所却越来越少。在社区的草坪中、花园里，我们随处可见："请勿践踏草坪""请勿乱写乱画""请勿折花草树木"的警示牌，容不得任何人的破坏，这种做法对于维护好的社区环境是非常必要的。然而，这些人工的良好环境的创设已遍及社区的每一个角落，我们很难寻觅到能让儿童自由施展的社区空间。这也为传统游戏的传承设置了又一道"关卡"。

第二节　少数民族传统游戏对文化传承的意义

每一个民族的传统文化都具有传递和延续民族生命力的传承价值和功能，因为一个民族的传统文化是该民族成员世代传承相沿的共识文化符号，推动和形成民族共同体的民族凝聚力和向心力。① 蒙古族传统游戏是蒙古族文化遗产的一道灿烂的光芒，是我国民族文化乃至世界文化发展中的一件珍宝。任何一种文化从生产到消失，无论多么短暂，哪怕是稍纵即逝，都有其产生的原因和存在的合理性。蒙古族形成至今，已走过百余年的发展岁月，在这过程中传统游戏始终伴随着蒙古族社会发展成为其他民族认知和评价蒙古族的一个重要的文化标记。重视和积极发展文化教育是蒙古族历来的优良传统和文化品格，因此，传统游戏项目的拓展和延续自然成为蒙古族文化事业和社会发展的一个重要动力。②

一、蒙古族传统游戏是民族延续的一个文化动力

蒙古族形成之处，无论是在生产劳动过程中，还是在休闲娱乐过程中，广泛很多游戏活动。新中国成立前，蒙古族聚居的各个苏木、嘎查到处可以看到蒙古族成员在一起进行赛马、摔跤、掷布鲁等传统游戏的情景。如今由于社会生产力的发展和居住环境及人口结构的变化，在牧区进行这些传统游戏并不像过去那么普遍，但这些传统游戏项目作为蒙古族文化的象征，依然成为蒙古族文化发展的一个重要动力。蒙古族作为游牧民族具有独特的社会发展经历和文化生存特征，因此文化选择和传承理念上，更加突出积极接纳和吸收各民族的文化精华，使它成为蒙古民族发展的动力。因此，无论是战

---

① 崔英锦：《朝鲜族传统游戏传承的教育人类学研究》，中央民族大学博士学位论文，2007年。

② 崔英锦：《朝鲜族传统游戏传承的教育人类学研究》，中央民族大学博士学位论文，2007年。

火纷飞的战争年代，还是安逸祥和的和平年代，蒙古族从未停止过对本民族传统游戏的保护和传承活动。各种节假日、大型庆祝活动成为蒙古族传承和延续民族特色文化的舞台，成为向各民族展示蒙古族独特文化的一个途径。

二、蒙古族传统游戏具有塑造民族性格，陶冶道德，塑造健康人格的教育作用

蒙古族传统游戏在继承民族传统，促进民族社会的发展中起着监督和控制社会舆论的作用，从而约束民族成员的言行，塑造民族成员的个性。目前蒙古族传统游戏大多是通过各种民间机构和娱乐活动等非正规教育形式得到传承。民族成员通过这种传承方式，可以掌握一些社会生存技能，培养和提高人际交往能力，陶冶情操，继承文化，从而逐渐塑造独特的民族性格。现今，主要通过举办那达慕大会的形式来传承。那达慕文化蕴含着蒙古民族特有的个性气质、知识结构、思维方式、价值观念及审美取向。对民族成员尤其是日渐缺乏民族文化素养的学生具有重要的素质塑造功能。古老的社会中，在狩猎和游牧生活条件下，三项竞技是作为重要的生存技能而成为男儿必须学习的内容和评价男儿的重要尺度。当今，这些竞技成为人们的休闲娱乐和竞技游戏，它承载着一种游牧民族精神和意志的象征意义，并成为那达慕的固定内容和形式得以世代传承，且依然影响着世代蒙古人的精神和人格。人们赋予了它以最美好的理想和情感，同时，也从中获得了民族的认同、文化享受、所需的地方性知识及观念。传统竞技项目中，搏克塑造了蒙古人的力量和勇气，赛马建构了蒙古人速度、效率的概念以及拓展了视野，射箭给予蒙古人以沉稳、耐力和准确定位，蒙古象棋给人以智慧和谋略，因此，传统竞技项目因有利于人的各方面素质的和谐发展，至今深受草原人民的喜爱和向往，不论是观看还是参赛都会受到别开生面的启发和教育。[1] 按照现代休闲理论来讲，那达慕又是一个集体休闲娱乐活动，而休闲的价值不在于实用，而在于文化。它会使人在精神的自由中经历审美的、道德的、创造的、超越的生活方式。它是有意义的、非功利性的，它构筑人们的一种文化底蕴和文化精神。[2] 因此，蒙古族传统游戏是蒙古民族文化中不可缺少的一个重要的文化基石。

---

[1] 崔英锦：《朝鲜族传统游戏传承的教育人类学研究》，中央民族大学博士学位论文，2007年。

[2] 崔英锦：《朝鲜族传统游戏传承的教育人类学研究》，中央民族大学博士学位论文，2007年。

第五章　蒙古族传统游戏的传承策略

　　文化是人类的共识符号，也是一个民族结成稳定共同体的重要依据和内聚力。只有人类文化的传承才有人类的生存，同样只有民族文化的传承才有一个民族的生存和发展。同时，每个民族的文化传承和发展总是要为整个社会的发展的完善和发展提供必要的文化支撑和不竭的动力。因为，一个民族的文化传承并非只是文化形式和要素的传承，更重要的是传递着一个民族潜隐于文化形态中的民族精神、民族认同感和内聚力以及价值观、审美情趣等，文化传承的本质应该是民族性和传统性。[①] 蒙古族传统游戏作为蒙古族文化的集中承载体和综合表现形式，可以说是蒙古族民族文化的"基因库"，是一种民族丰富的文化要素的活态传承，蒙古族传统游戏能否得以有效的传承和发展，在某种程度上决定着其中的每个文化要素的承续和发展，而且每个文化要素的功能也是通过整体而增强，所谓"整体大于部分之和"。因此，蒙古族传统游戏的传承对蒙古民族文化的传承、民族社会的发展和个体民族性格的形成都具有不可替代的价值和意义。目前，进一步分析和研究蒙古族传统游戏中的问题和机制，完善或构建更为有效的传承机制是一个非常迫切的问题。

　　任何一种文化形式都是经过历代相沿而成，因此，文化传承是文化的内在属性，也是一个民族生存、维系和发展的内在需求和根本条件，每个民族正是在漫长的发展历史过程中形成了应有的文化传承机制和传承方式，才使得本民族丰富的文化得以承续和发展，成为该民族社会发展和个体发展的不竭动力。蒙古族传统游戏的延续和发展也有赖于有效的传承机制。如果说新中国成立之前，传统游戏的传承主要是靠民间自然形态传承的话，那么新中国成立后，尤其随着我国民族文化政策出台，蒙古族传统游戏传承走向自觉传承的轨道，形成了应有的传承机制，并使蒙古族传统游戏核心的传统性很好地保留了下来。

[①] 崔英锦：《朝鲜族传统游戏传承的教育人类学研究》，中央民族大学博士学位论文，2007年。

第一节　有关教育政策的制定与实施

我国多民族共存的多元文化生存环境，必须以教育作为发展平台传承各民族丰富多彩的文化，才能保证各民族文化的承继和保留。教育是传承民族文化最有效可行的传承手段和方式。这需要国家在教育层面上制定相关政策和法规，予以保证我国各民族传统文化的传承和延续。新中国成立后在《宪法》和相关民族文化教育法规和政策中，对各民族文化教育进行了制度化的规定，使少数民族文化的教育具有法律保障和依据。尤其是联合国教科文组织"世界遗产"中的非物质文化遗产项目启动以来，对我国非物质文化遗产的保护活动起到了推波助澜的作用。但面对现代化和全球化的巨大冲击，如何保护和传承各民族传统文化，如何在制度化教育中通过课程形式传承与实施，使其能够在社会文化领域各放异彩，这是传承人类文化主要手段的教育要承担和正视的严峻现实。

目前学前教育、基础教育、高等教育等各制度化教育阶段，很多民族的传统文化，如象棋、跳棋、围棋等棋类游戏；摔跤、拔河、风筝、剪纸、雕刻等传统游戏；各民族的饮食、服饰、生存礼仪等各种传统文化，都以游戏课程形式逐渐在国民教育体系中渗透和浸化，从而更新和完善我国的教育思想和管理理念，推动我国多元文化教育的实施。尤其是我国确定非物质文化遗产的目的是要对其进行保护和积极挽救，并能够继续传承下去。因此，我国各民族根据自身生存环境的特点，对本民族特色的传统文化进行保护。各级地方政府要结合自己地域特点，掌握和了解各民族传统的"活态文化"现存状况，对这些传统技艺传承情况进行实地考察和调研，并制定具体的"传承人保护办法"。例如，掷布鲁等蒙古族传统游戏传统游戏，以保证其"活态传承"。因此，在制度化教育中要重视和关注各民族之间的文化差异，采取相关政策，促使少数民族文化在国家教育体系中取得一定的地位。[①]

第二节　各层级教育中积极渗透游戏文化

民族游戏作为文化的一个组成部分，其传承并不是孤立而进行的。蒙

---

① 崔英锦：《朝鲜族传统游戏传承的教育人类学研究》，中央民族大学博士学位论文，2007年。

古族传统游戏的传承,应积极渗透在日常生活教育、学校教育和各种社会教育机构等各级各类教育活动中,通过多渠道、多途径进行传播和继承。

一、通过生活教育传承

游戏存在于人类生活之中,担负着生活中教育目标的有效实现。有趣的是,目前很多民族传统游戏传承并不局限在学校教育,而是广泛流传于家庭教育、社会教育中,或者更多地通过非正规的教育形式得到传承。如今一些社会机构、社区、娱乐场所中的各种健身设施和丰富多彩的文化娱乐活动,都成为民族游戏传承的渠道和途径。很多蒙古族传统游戏往往通过日常生活中的潜移默化影响着年轻一代。例如,蒙古族传统游戏的海中亥、象棋、摔跤等游戏,常常通过节日庆典等各种娱乐活动和家庭生活娱乐的方式渗透给民族成员,使他们从小了解和掌握民族传统游戏,同时把自己民族的传统文化展示给其他民族,让其他民族了解和接纳蒙古族传统游戏传统文化。如今蒙古族传统游戏的很多传统文化受到各民族的青睐,如赛马、摔跤等传统游戏项目,已成为其他民族喜欢的休闲娱乐方式,蒙古族传统游戏独特的饮食、服饰等传统文化也成为各民族享受和追求的一种生活时尚。可见游戏就是生活,生活就是游戏,教育渗透在游戏和生活之中。游戏通过生活这一桥梁与教育联姻,影响着每一个人,每一群体,每一个国家,乃至整个世界,从而担负着培养人和教育人的目的。蒙古族传统游戏传统游戏在制作和玩耍中,能够让儿童动手、动脑,学会与同伴交往,不断地从他人身上印证自己,再现儿童的智慧和创造力。而一些现代游戏,如各类智能玩具,得来容易,缺少探索和制作过程,一些网络游戏文化的流行,令孩子们难以分清现实和虚幻观念,极易造成游戏世界与现实生活的价值冲突与矛盾。从这个意义上看,游戏来自于生活,又不同于生活。正如胡伊青加指出:"游戏为一种完全有意置身于日常'生活之外的'、'不当真的'但同时又强烈吸引游戏者的自由活动。它是一种不与任何物质利益相联系的活动,从它那里无利可图。"① 在此游戏代表着人真正的自由,"自由"理解为"自愿",是游戏。因此"在最广泛的意义上,文化就是完美生活的预备。"② 无拘无束、快乐自由、随即可发生的特征就是游戏的本质。例如,快乐的童年,孩子们的游戏并不一定借助于游戏工

---

① 约翰·胡伊青加著:《人:游戏者》,贵州人民出版社,1998年版。
② (英)赫·斯宾塞著,胡毅、王承绪译:《斯宾塞教育论著选》,人民教育出版社,2005年版,第217页。

具，在没有任何条件下也可以和同伴进行随意性的游戏活动。对于儿童来说，游戏不只是"玩乐"，而是通过它了解和掌握生活中的各种礼仪、技能、准则等各种生存本领，积累各种生活经验，逐渐建立对世界的沟通和生存关系。当人们既看到游戏发生的社会性，又不脱离儿童游戏发生的先天性基点，将两者统一并辨证地看待时，意味着对儿童生活概念的全面理解，意味着对游戏的发生做出最好的阐释。

蒙古族自古以来非常喜欢开展丰富多彩的传统游戏活动，很多从节日、风俗中传承来的。如那达慕进行摔跤等游戏活动，都与蒙古族丰富的风俗有关。如今由于科学和经济的急速发展和都市化现象的加剧，过去很多的游戏逐渐被新兴的电视、电脑等媒介所代替，很多纯朴归真的传统游戏活动逐渐被忽视或成为被遗忘的角落，逐渐与生活脱离，失去了其独特的教育价值和功能。因此，呼唤生活中的游戏，寻回游戏中的快乐、舒展身心，自由奔放的休闲娱乐方式成为人们放松心情，减轻压力，重树信心，换回青春活力的一个捷径，也成为传承和了解民族传统文化，积累智能，承继文化的手段。正如皮亚杰曾指出："游戏就是把真实的东西转变为他（在此指儿童）想要的东西，从而使他的自我得到满足。他重新生活在他所喜欢的生活中，他解决了他所有的一切冲突。尤其是他借助一些虚构的故事来补偿和改善现实世界。"[①]

因此，游戏实质就是把课堂搬进生活之中，把教育融入游戏娱乐之中。人类通过游戏活动逐渐同化现实中的一些社会规则和要求，体现并体验着各种情绪情感，通过游戏经验和经历着社会化过程的各种角色，与现实生活构成完整的生活世界，从中塑造人格，体会平等、和谐、自由、快乐的游戏精神，达到愉悦，提高和实现对生命的价值。因此，生活教育是传承蒙古族传统游戏的一个重要途径。[②]

二、制度化教育中积极渗透

制度化教育中积极渗透民族文化是一个现实中的难题，也是我国实现多元文化教育刻不容缓的一个任务。制度化教育中蒙古族传统游戏的渗透主要包括两个方面：一是通过课程在学前教育、基础教育、高等教育等各

---

① （瑞士）皮亚杰著，傅统先译：《儿童的心理发展》，山东教育出版社，1982年版，第43页。
② 崔英锦：《朝鲜族传统游戏传承的教育人类学研究》，中央民族大学博士学位论文，2007年。

层级教育中积极渗透；二是通过各种文化娱乐活动和文化交流，积极渗透蒙古族传统游戏。

首先，通过课程向本民族成员广泛普及。对本民族成员积极渗透和开展蒙古族传统游戏，使其了解和掌握自己民族优秀的历史与文化，加强对本民族文化的整体性、系统性和客观性的认识，使民族成员对本民族文化具有正确的鉴别能力和把握能力，这样能够保证民族文化的纵向发展。[①]由于蒙古族不同的聚居特点，民族成员对本民族文化的认知和接纳程度，民族意识和观念等方面存在差异。因此，根据聚居区和散居区的不同特点，结合当地文化生态环境，积极开发蒙古族传统游戏文化教育内容为主线条的各种游戏课程。与聚居区相比，散居区蒙古族的文化选择更为复杂，更容易出现一些矛盾与困惑。因此，针对散居区独特的文化生存环境，在游戏课程设置和教学内容上，突出精品与科学相结合的文化传承理念，注重客观、全面、通俗易懂，突出趣味性和知识性。同时要积极渗透与蒙古族传统游戏和谐共处的各民族文化的多样性与独特性，让民族成员了解本民族文化的同时，也了解其他民族的文化，不能一味地突出和强化蒙古族传统游戏传统文化。

其次，通过各种文化交流活动对各民族实施蒙古族传统游戏文化。制度化教育中通过蒙古族传统游戏课程，帮助各民族更多地了解蒙古族传统文化与教育活动的悠久历史和丰厚的文化内涵，通过深入文化的内在本质了解和评价蒙古族，减少简单的感官误解，走出偏见，从而增加民族之间的亲和力。对其他民族而言，应努力接触和了解各民族的传统文化，更不能以思维定势去偏激地评价其他民族文化。当然不同层级教育中的课程设置理念，教学内容的深度、广度、难度都应有所不同。

游戏的课程设计既要基于多元文化的生态环境，又要兼顾蒙古文化的独特性。合理设置与实施蒙古族传统游戏课程是正确树立文化发展观和民族生存观的一个基础，与文化的多元共生，共同和谐发展的理念相一致。因此，制度化教育中关注民族文化的差异性，突出民族文化的丰富性，对蒙古族传统游戏的社会发展与繁荣，建构和谐人类社会具有重要的现实意义。

---

① 崔英锦：《朝鲜族传统游戏传承的教育人类学研究》，中央民族大学博士学位论文，2007年。

第三节　建构游戏传承的生存机制

自古以来各民族传统文化能够代代相传，其重要的原因在于它有一个使文化传承至今的有效而完整的传承机制。我国蒙古族传统游戏作为民族传统文化，其传承也需要一个有效的传承机制。面对许多困惑和时代的各种挑战，尤其是面对很多蒙古族传统游戏逐渐弱化和走向消失的边缘等新的文化危机，亟须调整和保护传统文化机制，建构能够适应当代社会发展的新的文化传承机制。

文化发展是一个动态过程，如一个文化处于静态，则说明其已经退化甚至面临消失的危机。因此，蒙古族传统游戏要立足于当今社会发展和时代特征，及时改进原有的传承机制，积极建立有利于本民族传统游戏发展的文化交流机制，积极接纳和融合对自身发展有利的国内外各民族文化，从而增强和强化本民族文化的生存动力。

和谐的社会文化生态环境良好的教育氛围是教育成功的关键。蒙古族传统游戏的传承和推展，需要整个社会创造一个平等、安逸、自由、自愿、快乐的文化生态环境和氛围，树立各民族和谐共生的文化生存理念。胡伊青加指出："愿国人多多察有游戏精神，并不是要把人们把一切当儿戏，相反，是要人们遵守和尊重那些为人类共同生活和人活动所要求的原则、价值和理想。"[①] 人只有在安全、愉悦、轻松的情境下才能达到最大的满足，才能够得到生命的健康成长。因此建立和谐的社会文化生态环境，均衡社会结构，为个体和群体的社会化进程提供良好的心理基础，推动社会的和谐发展。

蒙古族传统游戏传承需要通过保护游戏文化赖以生存的各种传承条件，如传承媒介和载体，生存土壤，具体传承者等，才能建构和谐的文化生态机制，不能出现自我满足、自视不凡，欺凌弱小等不利于文化生态建设的各种社会现象，坚持对他文化的包容、接纳、尊重，及时弥补自己的局限性，不断调整而构建和谐的文化生态环境。

每一个民族的传统文化都具有较为独特的传承方式，蒙古族的摔跤"搏克"，不限男女都可以传承；一些民族的童话故事，民谣等通过长辈向晚辈的口传而传承，还有一些童谣是通过各民族儿童的戏耍和游戏过程中

---

① 约翰·胡伊青加著：《人：游戏者》，贵州人民出版社，1998年版。

得以传播和继承的。这些古老的传承方式随着科技和社会的变化受到一定程度的冲击，甚至开始逐渐出现瓦解。基于这种现实我们要积极探索适合现代化社会环境的传统文化的传承方式。目前很多蒙古族传统游戏，主要是通过家庭教育和各种民族节日等庆祝活动，以及文化体育娱乐活动中得到传承和延续的。近几年出现和兴起的很多蒙古族民族博物馆，也承担起传承蒙古族特色文化的社会责任和义务，成为保护和传承蒙古族各种传统文化的有效方式和途径。蒙古族传统游戏的传承过程中，如果文化传承和发展与社会成员的文化选择需求相呼应，则能够保持其旺盛的生命力，否则就会出现文化的逐渐削弱而失去生机，最终导致完全消失。民族文化的发展不能只停留在如何保护，应更多地把眼光放在如何传承，拓展其传承的视野和发展的空间。文化发展首先要有足够的发展空间，而能够保持发展空间在于不断调整其文化结构和功能与社会发展相适应。结合时代发展，通过积极开发民族传统游戏产业，正确认识和利用现代社会中各民族文化资源的可持续发展价值，从而推动游戏的快速发展不失为蒙古族传统游戏传承的一个良好的途径。民族传统游戏的传承途径应是多元的，不能只靠单一的家庭式的长辈对晚辈的口头传统维系其传承与生存，可通过电视、网络等各种现代化的高科技媒介和手段进行传播和延续。当然蒙古族传统游戏的现代化并不是指完全抛弃固有的传统文化特质，而是指保持文化特质的基础上，适当地对文化自身进行改进和完善，既保持其传统，又能与时俱进，真正实现传统与现代的有机结合，从而保证蒙古族传统游戏及传统文化的延续和代代相传。

蒙古族传统游戏的传承，不能一味地主张要建构一个固定的、特定的传承模式，应根据不同的传统游戏项目与特征，采取灵活多样的传承方式。这不仅需要建构和谐的文化生态环境，从意识领域方面要唤起全社会对文化传承的自省自查意识，调整人们的世界观和文化观，这样才能真正完成社会文化变迁中的整合，积极建立适合现代人文化取向的传承途径，实现蒙古族传统游戏的"活态传承"。

第三篇

蒙古族传统游戏传承的有效途径
——蒙古族儿童民间游戏的幼儿园游戏课程开发

第一章　蒙古族儿童民间游戏与游戏课程及其关系

第一节　蒙古族儿童民间游戏诠释

一、蒙古族儿童民间游戏的内涵

民间游戏起源于广大民众的生活积累，它源远流长，一般较难确定某一个游戏形成的确切年代，也无从考证其作者。劳动人民或民间儿童在生产、劳动、生活中自发创造了一些极具娱乐、民族特色和地方特点，且易学、易会、易传的活动，这些活动深受孩子们喜爱，经过一代又一代的流传，成为民族文化不可分割的组成部分[①]。蒙古族民间游戏是与娱乐有密切关系的活动。而这种传统游戏娱乐活动又是在蒙古族氏族社会时的游牧、围猎生活和生产实践中产生发展的。所以，追溯蒙古族儿童民间游戏的产生历史，可以说是源远流长。蒙古族民间游戏是蒙古族在自己的生存、延续和发展过程中所形成的、具有自己独特内容与形式的娱乐活动。蒙古族民间游戏属民间游戏的一部分，本书中所涉及的民间游戏主要是在蒙古族儿童范围内开展的、深受儿童喜爱的游戏。根据蒙古族民间游戏的基本内涵，我们将蒙古族儿童民间游戏界定为：形成于蒙古族的生存、延续和发展历史过程中，具有与该民族生产生活实际相适应的独特内容与形式，并在蒙古族儿童中广为流传的最常见、最普遍、最有趣的综合性娱乐活动。

这一内涵的界定可以从四个方面来理解：首先，蒙古族儿童民间游戏是综合性娱乐活动。无论何种游戏，只要是被称之为游戏者，其本质一定是具有强烈的娱乐性，任何外在附加的功利性、盈利性等目的都会破坏活

---

① 郭泮溪：《中国民间游戏与竞技》，三联书店，1996年。

动的游戏性，从而使游戏活动变成其他性质的东西。蒙古族儿童民间游戏是儿童自觉自愿组织并开展的以娱乐为目的的活动；其次，蒙古族儿童民间游戏是松散的综合性娱乐活动。就是说，蒙古族儿童民间游戏不是一种有组织、有计划、有明确外在目的的活动，它不同于学校或幼儿园等教育场所进行的教育活动，它具有很强的随意性、自由性和综合性；再次，蒙古族儿童民间游戏是蒙古族儿童独特的活动，它既不是指蒙古族的成人游戏，也不是指其他民族儿童的民间游戏，它是特指蒙古族儿童中广为流传的游戏娱乐活动；最后，它源于本民族的生产生活传统并与之相适应，并能够反映本民族的文化传统的娱乐活动。

二、蒙古族儿童民间游戏的传承

传承，是连接民族文化的过去与未来之间的历史之链，它是一个功能性的系统。只有了解这一系统，才能有效地对其加以运用，更好地传承民族文化，许多优秀的民族文化都因各种历史原因而中断了其传承的路径，蒙古族儿童民间游戏也面临着同样的问题，所以我们很有必要对其传承途径做一考察。

(一) 蒙古族儿童民间游戏在社会教育中的传承

中国少数民族教育萌生和发展的历史事实表明，少数民族的学校、幼儿园教育在文化传播与延续方面并没有为整个民族文化提供特别有效的途径。对于大多数民族成员来说，他们对传统文化观念和知识的习得，更多的是依靠蕴藏于风俗习尚之中的非学校教育。蒙古族儿童民间游戏的传承也是如此，它的传承也是依靠民风民俗、体育竞技、节日庆典以及劳动闲暇，通过有意识的教授或是无意识的浸染，传承给年轻一代的蒙古族儿童，并通过反复地重复将其在青少年身上固定下来。首先，民俗是一个国家或民族中广大劳动人民所创造、享用和传承的生活文化。凡是人类社会中从生产到生活，从物质到精神，从心理到口头再到行为，所有形成习惯并世代传承的事象，均属于民俗。① 蒙古族儿童民间游戏作为蒙古族民俗文化的一部分，其发展过程真实地再现了蒙古族社会的发展历史，同时也依赖于民俗这种生活文化传统而继续存在于现实社会当中。② 例如，蒙古族那达幕大会中的一些游戏项目，其传承的主要方式就是蒙古族的民风民俗。另外，作为一种文化事象，民俗随社会的产生而产生，又随着社会的

---

① 乌丙安：《中国民俗学》，辽宁大学出版社，1992年版，第5页。
② 乌丙安：《中国民俗学》，辽宁大学出版社，1992年版，第317页。

发展而发展。它们在时间上是传承的，在空间上是播布的①。民俗的这些社会性、集体性、类型性、模式性、传播性，构成了一种较为系统的传承手段。其次，民间竞技是指在民间举行的各种形式的赛力、赛技巧和赛技艺的活动。它以其独特的竞赛性、娱乐性和趣味性深深地吸引着广大青少年儿童，并以习俗的方式自然地熏陶和影响着年轻一代。蒙古族的"儿童三艺"，作为本民族的传统的习俗活动就是通过这样的途径传承的。

（二）蒙古族儿童民间游戏在家庭教育中的传承

在蒙古族儿童民间游戏的传承中，从实效性上来看，儿童的玩耍可能是最有效的传承方式之一。任何游戏最终都要落实游戏者身上，游戏者不仅是接受者，更是实践者，同时也是可能的传承者。蒙古族儿童从长辈或其他同伴那里学会游戏，并在家庭中或者独自进行玩耍，或者与自己的父母和兄弟姐妹一同游戏，或者邀请同伴到家中抑或去同伴家中进行游戏，从而使民间游戏通过自己的实际玩耍，得到了丰富和发展，同时实现着传承的任务。在传统的蒙古族家庭当中"言传身教"一直是蒙古族做人和育人的手段，也是民间游戏传承的一个媒介。例如，摔跤是蒙古族民间最喜爱的一项活动，小孩从五六岁开始就自发地在蒙古包前摔跤，父兄们经常在一旁观看助威，并指点教授方法。蒙古族自古就有严于教子的传统美德，他们让自己的子女从小就参加骑马、驯马等各种训练，以掌握驾驭烈马的本领。据史书记载，蒙古族儿童"从两三岁就开始骑马了，家长还根据儿童年龄大小做成各种大小不同的弓箭，进行射箭训练，他们个个都矫健勇敢②。"另外，在漫长的游牧和狩猎生活中，蒙古族人民经过长期的认真摸索，创造出许多优美动听、富有节奏感、极其丰富多彩的语言游戏——蒙语绕口令、猜谜语、调音语、儿歌等，这些都是蒙古族民间口头文学的重要组成部分，而且是蒙古族儿童文学中的一个特殊成分。它是植根于蒙古族人民波澜壮阔的生活和斗争沃土之中、闪耀着熠熠光辉的珍珠，是由丰富的内容和多种形式组成的娱乐与竞争性的、能激发儿童浓厚兴趣的一种智力游戏。其传承多以口诀这一最朴素的语言来传播并得以发展。

（三）蒙古族儿童民间游戏在幼儿园教育中的传承

蒙古族儿童民间游戏在幼儿园教育中传承这一途径实际上到目前为止，尚未变成现实的途径，它只是作为可能的途径而存在。然而，这一途

---

① 钟敬文：《民俗学》，载《白山黑水》，民俗学社编印，1984年。
② 苏德毕力格：《蒙古族儿童传统游戏》，内蒙古自治区妇联内部资料，1988年版。

径一旦能够开发出来使之畅顺，那么，在所有途径中它就会成为最为有效、最为经济简便的途径。之所以还没有能够开发这一途径，其原因是多方面的，但是归根结底还是人为因素造成的。只要在幼儿园课程资源开发中将其纳入视野中，实际上它就会很容易成为蒙古族儿童民间游戏传承的最主要的途径。

第二节　游戏课程诠释

一、游戏课程的界定

从字面上来分析，"游戏课程"是"游戏"和"课程"两个词的组合，这一组合本身反映了游戏和课程间所蕴含的内在必然联系性，这种联系集中体现在幼儿的"发展"上。幼儿的游戏在自然状态下一般都是自发的，所以也就具有了开放性的特点，这种特点凸显了游戏的娱乐功能，而隐含了发展功能。教育者要对幼儿的游戏活动加以引导，其目的是在幼儿享受游戏的娱乐过程中将隐含的发展功能进行挖掘，使之从隐性转变为显性。为此游戏指导者在不破坏幼儿游戏自主性的前提下要对幼儿的游戏进行改造，使之变成系统、有序的系列活动方案；反过来说，幼儿园的课程必须是：在形式上要以幼儿喜欢和适应的方式开展，在内容上要以幼儿熟悉的生活常识和各种活动技能的训练为主，在目标上要以幼儿身心和谐发展为核心，这就是游戏课程。简言之，所谓游戏课程是指幼儿身心和谐发展为目的的系列化、生活化、结构化、规范化、技能化的游戏活动方案。游戏课程的这一界定具有五个方面的内涵。第一，游戏课程的目的是保证幼儿的身心和谐发展；第二，在形式上要以幼儿喜欢的游戏活动为主；第三，在内容上要以幼儿熟悉的生活常识、维持日常生活所需要的技能为核心，要以获得直接经验为主，以学习间接经验为辅；第四，在要求上保证幼儿的自主性活动和教师的参与指导相结合；第五，在评价上要以幼儿获得满足为基础，以社会要求和个体需要相结合的整体发展程度为评价标准。

二、游戏课程观的内在意蕴

从幼儿游戏的本质意义上分析，幼儿游戏的核心功能就是娱乐。其他功能都是在这一功能基础上衍生和发展出来的，如果游戏的娱乐功能消失，那么游戏活动中所产生的其他功能，诸如行为规范功能、认知开发功

第一章 蒙古族儿童民间游戏与游戏课程及其关系

能、人格塑造等功能的发挥都会大打折扣。从幼儿的内在需要上来看，幼儿进行游戏并没有什么清楚的理性目的，幼儿之所以游戏就是为了游戏，就是因为喜欢和高兴，就是为了娱乐；幼儿在游戏中能够体验成人难以理解的快乐，他们将多种情感、多种角色、多种向往融入自己的游戏中，而这些活动都是幼儿自觉完成的。从现实上看，不论是聪明的幼儿，还是"笨"的幼儿，不论是男孩子还是女孩子，不论是中国儿童还是外国儿童，几乎所有的幼儿都喜欢游戏，没有人引导，没有成人的训练，每一个幼儿天生就是游戏专家。在多数情况下，没有成人的参与幼儿都能非常顺利地进行游戏，而成人"虚情假意"或"好心好意"的参与，反而容易破坏幼儿游戏的正常运行。从这些事实中可以得到这样的结论：一是幼儿比我们更会游戏，每一个正常的幼儿几乎都是游戏专家；二是每一个正常的幼儿都喜欢游戏，游戏是孩子的天然需要，就像吃饭喝水一样，如果孩子突然不想吃饭、喝水了，那么一般情况下可能是孩子的身体出现了不适；同样，如果孩子突然不想游戏了，那么可能的情况是孩子的精神上或心理上出现了某种不适。由此可见，游戏是幼儿身心发展的必需，是幼儿的天然需要，也是幼儿的天性。游戏课程正是尊重幼儿的这一天性而提出的教育方案。为了更好地适应幼儿本质发展的需要，首先，游戏课程应该是生成的。就是说游戏与课程互为生长点，即课程生成游戏和游戏生成课程。[1] 游戏生成课程强调用自得其乐的活动丰富和补充"预设课程"，将游戏作为课程的生长点，新的课程便不断生发出来。课程生成游戏强调用"预设课程"的内容丰富和充实游戏。在教育中引入积极游戏，并将"预设课程"作为积极游戏的生长点，用课程的内容来充实游戏，这样也就可以得到"发展"和"享乐"双重效果。将课程作为游戏的生长点后，不仅教育效果十分明显，发展的目标能够得到高质量的实现，而且学习者也会在整个教育过程中获得乐趣，能够享受教育的过程，从而有利于增进学习者继续学习的兴趣，对培养终身学习能力有着重要的意义。

其次，课程是对话的。对话是一种自由地来回、融合而产生的更新、创生的现象。对话致力于消解种种两极对立。"在二元或两极之间建立一种'边缘地带'，让二者平等的对话和作用，产生出某种既与二者有关、又与二者不同的全新的东西。"[2] 课程作为游戏，课程本身成了"对话"的延续。在课程中，教师、儿童与作为"文本"的课程、教材进行对话。这

---

[1] 王银玲编译：《游戏中心课程》，载《幼儿教育研究》，2000年第6期，第32—33期。
[2] 滕守尧：《文化的边缘》，作家出版社，1997年版，第6页。

里，儿童与教材之间不再是传统认识中的那种生硬的对象性关系，而是一种"我"与"你"的平等对话关系；这里教材作为文本，它是一种语言，它像一个"你"一样自身说话。它不是一个客观对象，而更像对话中的另一个人。[1] 在这种对话中，教师和学生不断实现着多种视界的沟通、汇聚、融合，从而在一定程度上使各自的偏见得以克服，不断形成新的视界，让真理的探求不断增加新的可能性，与此同时实现自己人生经验的增长。

最后，课程是体验的。从形式上看，游戏课程是假想的、虚构的，但从实质上看，游戏者在游戏中获得的体验却是真实的。课程作为游戏，在游戏的境界里，教师与儿童都作为游戏者把自己的全体生命投入其中，无所谓主体，也无所谓客体，游戏者与游戏世界直接"遭遇"，其身心是与游戏世界不可分割地交融在一起，由此他们获得的是一种真切的体验。课程作为游戏，是儿童整体生命体的全身心投入过程，是儿童生命的全部展开。儿童不是站在对象的旁边，而是进入对象，与对象融为一体，真正去体悟、创造生命的价值和意义。

三、游戏课程的特点

游戏课程作为一种完整的教育方案，具有以下几种基本特点：

（一）自主合作性

游戏固然是源于生活，但不是生活本身，游戏之所以成为游戏，是因为游戏者将生活中的自我经验和他人经验进行了改造，把本来不关联的事情通过想象、情感等因素进行了联系，在加入情节而形成。这些过程在一般情况下是游戏者自主完成的。就幼儿游戏来说，不但每一个幼儿都喜欢游戏，都具有策划游戏的能力，而且也都善于合作。根据这一特点，将幼儿的游戏进行重新策划形成教育方案的游戏课程，必须充分体现幼儿的在课程实施中的自主和合作，使幼儿在感受快乐和合作中学到有价值的知识。

（二）开放灵活性

游戏课程既具有游戏本身的开放性特点，也具有课程本身的结构性，所以游戏课程追求的不是像以往课程实施中的刻板的结构和过程，而是崇尚过程和结果的有机统一。由于在课程方案的制定中注重幼儿的参与，重视幼儿的自我感受、自我体验和需要，所以，游戏课程所制定的方案不是

---

[1] （美）霍埃：《批评的循环》，辽宁人民出版社，1987年版，第77页。

封闭的，更不是刻板的，而是相对开放的和灵活的。一种方案可以有多种实施方法和运行规则，组织者的任务之一就是将这些实施方法和运行规则不断连接形成一种完整丰富的结构体，以适应不断变化的社会要求和幼儿的实际需要。

（三）整体系统性

游戏课程作为一种教育方案，在结构上具有相对的完整性，在内容上具有合理的系统性。课程应该是指导性的方案，而不应该是一种执行程序；游戏课程强调的是整体上的连贯统一，使幼儿熟悉的生活内容归纳组织成具有主题性的整体结构和系统游戏活动。

（四）游戏课程的价值取向

课程是人的活动，课程价值体现着人的价值，人的价值与人的全面发展关系密切。幼儿处于人生的起始阶段，其本身具有特殊价值。人的价值体现在人生的整个历程之中，从人的整体价值来对待幼儿，在教育上必须：一要充分发展幼儿在现阶段的价值，二要体现现阶段的价值成为后续价值的基础。幼儿教育课程的价值取向，就是幼儿教育课程指向使幼儿成为何种特征的人，通过什么使幼儿具有这些特征，又怎样保证幼儿具备这些特征，成为理想的人。

幼儿教育课程的性质决定了幼儿教育课程的价值取向。幼儿教育课程是处于终身教育开端阶段的学习者，在教育者有意识指导下与幼儿教育情境相互作用，从而获得全面基础素质并使幼儿得到适宜性发展的非义务性课程。所以，幼儿教育课程旨在促进幼儿全面基础素质的适宜性发展。由此可见，塑造完整人格，发展儿童的主体性，实施全人格教育和主题性教育，在根本上是统一的，统一于发展人的全面素质的教育。世界教育发展的共同趋势之一体现在课程追求的共同价值上，这是幼儿课程理想价值取向的合理选择。游戏课程的价值取向，理所当然的体现幼儿课程的价值取向，而且由于游戏课程强调游戏的内在精神实质，注重"享乐"，所以其价值取向更重视人当下的现实存在，强调发展儿童在现阶段的价值。

第三节 蒙古族儿童民间游戏与游戏课程的关系

一、蒙古族儿童民间游戏——亟待开发的幼儿园课程资源

长期以来我国的课程管理制度体现出高度统一的特点，幼儿园也是如此，蒙古族幼儿园更是如此，生搬硬套大家普遍使用的幼儿园课程，忽视了蒙古族丰富的民间课程资源，使蒙古族儿童民间游戏这一丰富的课程资源未能充分发掘出来。忽视蒙古族民间的课程资源的开发，这其中有一个非常重要的原因就是经济的泛化，认为城市和国外一些国家的经济是发达的，文化也是发达的，所以他们理所当然地就成为独一的或主要的课程资源。经济的泛化极大影响了文化的选择，表现在课程资源的开发上，就是过于把精力投入城市课程资源这些显性的课程资源开发中。长期以来，显性的课程资源霸权使得像蒙古族儿童民间游戏这样丰富的课程资源几乎被遗忘。这样就出现了以下几个问题。第一，人们容易将从显性课程资源中获得的认识很自然地迁移到蒙古族儿童民间游戏课程资源的认识中。第二，缺乏本土性和民族性的蒙古族儿童民间游戏课程资源的开发，容易使当地更为合适的文化资源被遗弃，而本土性和民族性的蒙古族民间的课程资源主要在民间，尤其是牧区。我们能够认识到蒙古族儿童民间游戏课程资源的开发对传统课程资源开发的挑战，也能够认识到这将释放长期以来被压抑的民间的、边缘的、少数者的声音，从而能够真正关注民间的、边缘的、少数者的生活方式，进而以一种教育文化相对主义的视野肯定其存在的合理性，并为大一统的幼儿园课程资源提供了另一种新鲜的、具有活力的生活参照系，再现幼儿园课程资源中长期以来被遮蔽的一面[①]。蒙古族儿童民间游戏课程资源的利用是为了幼儿的生活，假如不关照幼儿的生活，不从幼儿的生活中发现新的资源，那么幼儿园的课程改革将是不完整的，是很容易失败的，因为课程改革的服务对象、运行环境都是在特定文化中进行的，所以，我们必须关注这种文化中的教育课程资源，尤其是关注蒙古族儿童民间游戏这一被长期忽视并亟待开发的丰富而潜在课程资源。

二、游戏课程——蒙古族儿童民间游戏开发利用的途径

蒙古族幼儿园课程如何利用蒙古族文化教育资源，其有效的途径就是通过游戏课程来实现。目前，蒙古族幼儿园教育发展面临着较为复杂、艰难的局面。一方面，现代社会对人的发展的挑战、对蒙古族教育的挑战，要求蒙古族幼儿园教育必须跟上时代发展的步伐，使儿童的潜能得到更大发展，建构有利于儿童自身生命体成长，与现代主流文化紧密相连，与现代文明紧密相连的课程体系；另一方面，蒙古族幼儿园教育有着自身发展

---

① 宋虎平：《民间课程资源：被遗忘的课程资源》，载《教育理论与实践》，2002年第6期，第48页。

的特点,有着自身所处的文化氛围,这一民族文化资源影响着蒙古族幼儿园课程的内容、途径、方法以及教育的效果。另外,蒙古族儿童的成长本身不能脱离其现实的生存状态,无法逃离孕育其中的民族文化体系。从某种意义上来说,蒙古族文化以及与生活紧密相连的教育方式影响着生活在其中的蒙古族儿童的成长,所以,蒙古族幼儿园教育如果不和本民族文化传统中的积极因素相结合,并吸收其养分,就无法发挥正常的运转功能;蒙古族幼儿园课程如果不与蒙古族传统文化接轨,不开发利用民族文化教育资源,不寻求在幼儿园课程中整合民族文化传统,那么蒙古族幼儿园课程体系就缺乏最可靠的依托和文化基础。然而,目前蒙古族幼儿园课程内容中更多地注重了系统科学知识的传授,而忽视了民族文化优秀传统内容的吸纳,导致了课程内容和民族传统文化传承之间的脱离。在幼儿园教育中实际上一直存在着某种误区:即人为化的注重幼儿园课程内容的大一统,而无视不同地区不同民族文化对幼儿的影响,很多学习者找不到学习民族文化的正规渠道,从而客观上造成了课程内容中民族文化传承的缺失,而游戏课程恰好能弥补这一缺失。

第二章 基于蒙古族儿童民间游戏的幼儿园游戏课程建构探究

第一节 游戏课程建构的理论基础

一、游戏课程建构的文化人类学基础

文化人类学家认为，教育是人类社会文化的传承方式，在现代文明社会，学校教育是人类文化传承的主要渠道，所以当代文化人类学家要研究学校教育。除了学校教育以外，还要研究文化传承的其他渠道，如各种形式的家庭教育和社会教育。文化人类学家认为，每个社会或民族都有自己文化传承的内容与方式，文化传承既是某一个社会或民族的群体行为，又是该社会或民族的个体行为。某一社会或民族的文化通过这种群体或个体的行为而得到代际的传承，因此，可以认为，文化的传承就其本质而言不仅是一个文化过程，而且是一个教育过程。[①] 蒙古族民间游戏作为一种文化事象，它的传承受文化传承本质过程的制约，根据文化人类学的观点，可以认为在蒙古族儿童民间游戏的传承过程中幼儿园教育毫无疑问具有极为重要的作用。

学校（幼儿园）在文化传承中所能发挥的潜力是不容忽视的，如果将学校（幼儿园）教育的传承功能充分利用，构建一个科学的、具有可行性的蒙古族儿童民间游戏课程体系，对于幼儿园教育改革及蒙古族优秀文化传承都会起到很好的双向促进作用。基于这样的认识，笔者提出建构幼儿园游戏课程方案的设想。

---

① 哈经雄、腾星：《民族教育学通论》，教育科学出版社，2001年版。

二、游戏课程建构的教育学基础

（一）游戏与发展的关系

游戏对幼儿的发展具有特殊的意义，幼儿的游戏和发展之间非但没有矛盾，反而二者存在着有机统一的关系。从教育的角度来说，发展是目的也是结果，而游戏则是过程也是形式，这样在发展和游戏之间就形成了某种内在的联系。其中发展具有双重含义：首先发展是一种外在赋予的要求和尺度，它代表了社会发展的要求和需要；其次，发展是个体在成长过程中，其生理和心理各方面由量变到质变的自然增进过程和不断成熟的尺度，这是个体自身的内在需要。从客观现实的角度来看，教育实际上更多地代表了社会对个体的要求，也就是前一种发展，而游戏则代表了个体的内在需要，代表了后一种发展。在幼儿教育现实中，之所以出现发展和游戏之间的矛盾，是因为教育者或者其他成人更多地强调了发展的外在尺度和要求，而幼儿则更愿意从自我的内在需要上出发。实际上所谓两种发展并不是完全不同的两种概念，而是同一种概念的不同两个方面，游戏和发展之间存在着有机的内在统一关系。由此我们可以知道，真正意义上的发展实际上就是社会要求和个体成长需要的有机结合。

（二）游戏和课程之间的必然联系

课程是依据社会各方面发展的需要，对其年轻一代进行合乎社会规范要求和发展需要标准的教育计划方案。作为个体的人的发展是个系统化、阶段性、有序性的变化过程，这就要求在个体发展中，不但要以个体内在变化需要为基础和出发点，而且必须要以社会的需要和要求作为目标。课程的科学性并不仅仅体现在课程所反映的社会规范要求和价值尺度上，而且还体现在其所蕴含的对个体发展规律的重视上。由于社会对不同年龄阶段成员的要求在内容、标准等方面是不尽相同的，所以教育目标的实现并不是笼统的一次性完成过程，而是通过不同年龄阶段具体目标的实现来完成的。这一任务主要是在幼儿园和学校通过一个个阶段性课程方案的实施来完成的。正因为如此，实现教育目标时必须充分考虑不同年龄阶段受教育者的身心发展特点，既要考虑社会的需求目标，也要考虑个体的内在增进规律；而课程的结构不但反映知识体系的内在逻辑关系，更要适应个体身心发展的内在要求和规律。课程只有在最大程度上使社会要求和个体需要完美结合时才会变成科学。幼儿期是人生中发展最为迅速的时期，这一阶段的教育和规范要求将影响个体的一生。幼儿期是游戏阶段，幼儿在游戏中能够最大程度地体验到各种角色及其快乐，以生命体自然的形式获得满足并得到基本的发展，但是他们在游戏中不能自觉地使这种满足和发展完全合乎社会的要求，也不能保证其发展的整体性和有序性。所以在幼儿的游戏活动中必须引入课程，使幼儿的游戏活动规范化、有序化和整体化；在幼儿园课程就是规范化、系列化的游戏，游戏就是生活化、结构化的课程。游戏与课程之间存在着必然联系。

从游戏与发展、游戏与课程的关系来看，建构幼儿园游戏课程有其一定的教育学基础。

三、游戏课程建构的心理学基础

（一）幼儿心理发展的本质特点与游戏课程

游戏课程是建立在幼儿心理发展的本质特点上的教育方案。幼儿期是身心发展最为迅速的时期，无论我们研制出什么样的课程模式，首先必须要遵循幼儿的身心发展特点。我国颁布的《幼儿园工作规程》也明确提出了幼儿园的保教结合原则，依据这一原则，我们研制出来的课程模式在形式和结构上无论多么完美，但是如果不符合幼儿的身心发展特点，那么这种课程也只是非科学的垃圾。实际上就目前来看，广大家长和许多幼儿园教师对幼儿进行教育时或多或少都犯有冒进错误，尤其是很多家长都过于着急，恨不得一下子把孩子培养成超级天才，这种善意的功利性倾向将孩子幼年的美好梦想无情地粉碎。美国心理学家格塞尔认为，孩子的某种机能的生理结构尚未达到成熟之前，学习训练是不能进行的，只有在达到足以使某一行为模式出现的发育状况时，训练才能奏效。他还认为，儿童行为的发育成长有他们的自然顺序，发展就是各种行为模式在环境作用下按一定的顺序出现的过程，有一定的生物内在进度表，并与一定的年龄相对应。所以，格塞尔十分重视"行为的年龄值与年龄的行为值"。从这个意义上来说，实际上我们劳神费力地对幼儿进行他们并不能够"消化"的间接知识教育，无疑是违背了幼儿心理发展的规律。幼儿园课程的选择必须从幼儿能够达到的目标和形式上出发，才能保证课程的实效性。幼儿的内在发展尚未达到接受间接知识的程度，心理上以不随意性为主，心理的随意性只是开始发展，其随意性的水平极其有限，这都决定了幼儿学习间接知识的局限性。幼儿的能力集中体现在其游戏活动上，所以，游戏性的课程是适应幼儿能力，符合幼儿心理发展的教育方案。

（二）幼儿的需要心理与游戏课程

从某种意义上来说，人的许多活动都是围绕其需要展开的。需要作为个体心理的原动力机制和内容，对个体其他心理内容的发展起着极为重要的影响作用。有需要就有可能产生动机，有需要就会树立目标，有需要就可能会相应的行为或行动，人类的几乎一切活动都与需要有关，几乎都是在需要的支配和诱导下进行的。幼儿也有自己的多种需要，但是与成人相比，幼儿的需要尚未分化，在他们的需要中生命体的自然需要占据着突出的地位，这种需要是其他一切需要产生的基础，如果幼儿的这种自然需要被剥夺，那么在其以后的成长发展中的需要系统及可能被破坏，与需要发生密切关联的诸如价值系统、世界观和人生观等方面可能会出现偏离发展。与成人的多元层次需要系统不同，在幼儿的行为活动中精神需要的表现十分明显，幼儿不像成人那样喜欢物质享受，即便是生活艰苦他们也感觉不到苦；条件差点，生活苦点对幼儿的心理发展几乎不能产生什么重大影响，许多幼儿在游戏时，经常很不"懂事"地不珍惜爱护干净、漂亮甚至是崭新衣服的行为常常让家长生气。幼儿的一系列活动和行为都表明，幼儿生命体的自然需要就是游戏，这种需要在幼儿的需要系统中处于核心地位，也是其以后成长中其他需要赖以发展的基础。因此，爱护、保护和发展幼儿游戏的需要对幼儿的生命具有非常重要的意义，这也是我们提出幼儿园游戏课程的心理学基础之一。

四、游戏课程建构的游戏理论基础

(一) 游戏是幼儿主动自愿的活动

游戏是幼儿的天性。幼儿游戏不是在外在强制的情况下进行的，而是幼儿出于自己的兴趣与愿望、自发自愿主动进行的活动。自主性是游戏的主要特点。游戏符合幼儿生理心理发展水平，能满足其需要，幼儿游戏以活动本身为目的，幼儿的行为是由内部直接动机的驱动而产生的，游戏不要求务必达到外在的任务和目标，也没有严格的程序和方式，玩什么、怎么玩均由幼儿自己决定。幼儿往往满足于活动过程而不在乎其结果，他们是在没有任何外在压力的情况下，轻松愉快地做自己喜欢的事情，与周围环境发生积极的相互作用。"儿童的游戏是实现他的积极性的一种形式，是生命活动的一种形式。"因为游戏活动与生命的自身运动有着内在的一致性，游戏是体验生命本质的好方法，从而也是体验人生价值的好方法。幼儿热衷于游戏正是源于这种生命的本质。

(二) 游戏是幼儿园的基本活动

基本活动是指对一个人来说最经常、最适宜、也是最必须的活动，其他许多活动都是以此为基础进行的。对幼儿来说，游戏就是这样一种活动。首先，游戏是幼儿最喜欢的活动。在幼儿的生活中，游戏的时间最长，游戏的频率最高。这一方面表现为幼儿在大部分时间内都在游戏，另一方面即便是学习、劳动、生活等活动，幼儿也是以游戏的形式来进行的。所以，游戏是幼儿最经常的活动。

其次，游戏是符合幼儿身心特点的一种活动。因为游戏是幼儿不成熟、不完善的心理机能的反映，游戏的水平自然地与幼儿身心发展水平相同步，幼儿在游戏中总是选择与自己的需要、自己的能力相适应的内容、材料、同伴和活动方式来进行游戏，排斥过高或过低于自己能力水平的活动。所以，游戏是幼儿最适宜的活动。

最后，幼儿的身心发展是在游戏中实现的。因为游戏具有一种对萌芽状态的动作和心理发展以自发联系的功能，使之不断成熟。幼儿在游戏中往往不满足于现有发展状态的表现方式，以略高于现有发展水平的表现方式去行动，其身心发展的重要变化均发生在游戏中。所以，游戏是幼儿必需的活动。可见《幼儿园工作规程》中提出幼儿园教育要以游戏为基本活动是符合事实、符合规律的。

上述游戏理论的观点，为建构幼儿园游戏课程提供了必要的理论基础。

第二节　游戏课程开发的原则

在游戏课程开发过程中，应遵循下列原则：

一、发展的适宜性原则

在课程开发史上一直存在着三种主张的争论：其一是以儿童为中心，强调按照儿童的兴趣和需要选择课程内容；其二是强调以社会尺度来选择课程内容，实质是唯社会需要为上；其三是学科中心论，唯知识为上。游戏课程开发尽管强调以学生的兴趣和需要为基础，但并非"儿童中心论"，它主张以幼儿适宜发展为中心，将游戏中的知识、儿童、社会统一起来，系统设计活动内容。

二、内容的生活性原则

生活性是游戏课程区别于其他课程的重要特征之一。生活化是一种开放型的课程观念，符合幼儿生命存在、学习与发展的实际。对幼儿来说，生长是首要的。教育离不开生长，也不能脱离生活，甚至可以说"生活即教育"。所以，"教育"应使幼儿感到亲切、温暖、充满人情味，自然轻松。游戏从生活中选取课程内容，把富于教育价值的生活内容，尤其像蒙古族儿童民间游戏这样的内容纳入课程领域，增加教育中的"温情"和人文精神。

三、组织的活动性原则

活动性是一种课程开发的指导思想，它以充分调动幼儿主体性为目的，同时灵活性是活动化的必然要求。游戏课程的活动化是要从活动角度来探讨如何开发课程，但是，"活动化"不等于"活动"，尤其不等于"具体的活动"。活动化的意义不在于说明活动形式是什么，而在于说明活动性的本质。活动性是活动化要达到的目标，它不仅仅表现为活动本身的外部特征，更主要的则是引起学习者内部心理活动——活跃的思维、想象，积极的兴趣、动机，高昂的情绪，旺盛的求知欲，主动的态度，创造的需要，等等。

四、功能的综合性原则

游戏课程综合性，既是课程发展的国际趋势在早期教育领域的表现和反映，更是幼儿身心发展需要以及幼儿园教育性质的客观要求，同时也是人们对客观规律认识的理论概括。游戏课程综合化要求以有机整合的教育方式，统整教育内容，发挥课程的综合功能，实现学习者整体和谐发展的目标。这一原则，是动态的整体教育原理的具体化。

五、特色的地域性原则

基于蒙古族儿童民间游戏的游戏课程开发，体现蒙古族地域的特色是游戏课程开发的基本前提。课程地域化要求挖掘内蒙古地域蕴含的教育资源，从内蒙古地域的自然、文化和社会特点出发，开发适合幼儿学习的地域素材和活动，以加深幼儿对自己生活环境的认识和了解，培养幼儿对地域的感情。游戏课程地域化的过程也就是课程民族化和地方化的过程。

第三节　游戏课程开发的程序

游戏课程的开发从资料搜集和资料选编为起始，通过活动设计、课程实施、课程评价等程序来完成。这些步骤或程序不一定按直线式进行，可以是一个周而复始、循环往复的过程，前一轮课程实施的结果可以作为后一轮课程开发或修改的依据。

一、资料搜集

对与主题有关的资料要一并收集,并在归类的基础上进行整理。收集者可以分工协作,尽可能地利用幼儿园和社会现有资料。具体可以通过以下几方面来达到搜集资料的目的。

(一)根据文献资料进行搜集。文献资料是进行蒙古族儿童民间游戏搜集与整理的重要来源。为此,应调动一切可以调动的力量,通过购买、借阅、复印、查阅等多种形式,搜集较多的民间儿童游戏素材,为下一步整理和开展民间儿童游戏工作打下坚实的基础。

(二)发动社会热心人士帮助搜集。蒙古族儿童民间游戏发源于民间,散见于民间各地,因此,搜集的重点应在民间。一方面要主动与社会上研究传统文化的社会机构及个人联系,发挥他们的优势,请他们利用各种机会帮忙搜集或者请他们把已研究的成果无私奉献给孩子。另一方面应发动广大家长帮助收集。为了提高搜集的有效性,召开家长会,使家长明确了搜集的意义和方法,他们积极参与到民间儿童游戏资料工作中来,尽可能搜集有较高价值的民间游戏。

(三)组织教职员工积极搜集。平时注意观察幼儿自发的游戏,发现有属于民间游戏的内容马上记录;要求教职员工深入生活实践、深入民间,去学习与挖掘民间游戏的内容;要求每位教职员工利用身边的关系网,即发动自己的亲戚、朋友、邻居等帮助搜集;利用教研活动时间组织教职工集体回忆搜集;通过访谈进行收集。因为每一个人都有过童年的游戏生活,玩过许多民间游戏,大家坐在一起,边回忆边记录边相互补充。采用这种形式能搜集到许多有趣的游戏,而且把被访谈者带回美好的童年生活,使他们获得了愉快的情绪体验。

二、资料选编

选择课程资源是教师面对众多的课程资源做出决策的过程,体现着教师的基本素质。这一过程实际上是通过简明扼要的解释或象征性的符号来反映课程资源的基本特征,在人们头脑中形成一些较具体的框架。[1] 游戏课程资源的选择应该体现优先原则。首先是效果优先。教师优先选择的应该是最有利于实现课程目标,最有助于教学目标的达成的资源。其次是利

---

[1] 徐继存:《试论教学理论应用》,载《教育研究》,2000年第10期。

用优先。教师利用课程资源的方式主要有两种，一种是直接利用，这是一种对现有资源完全熟悉基础上的利用；一种是间接利用，也就是开发的问题。最有效、经济的办法就是直接利用现有的课程资源。选编蒙古族儿童民间游戏课程资源，建构幼儿园游戏课程也应遵循上述原则，除此之外，还应遵循科学性原则。随着社会的不断发展，人们的生活方式、价值观念以及社会习俗等都在发生着变化，这就使得原有的蒙古族儿童民间游戏在内容和形式上都有可能存在着时代的局限性，有的甚至夹杂着一些不健康、不安全的内容，因此，需要对搜集来的民间儿童游戏进行改编，取其精华、去其糟粕，使其符合幼儿的身心发展水平和时代要求。同时，也应坚持适度性原则。蒙古族儿童民间游戏作为课程资源是十分丰富而深厚的，其开发利用要避免"走马观花"、"浅尝辄止"，把握好开发广度与深度，即考虑从课程资源中选择什么样的对象、提取什么样的内容以及内容所涉及的范围和呈现的方式等问题，关键在于不能把课程资源当作可有可无的条件，而是把它当作课程实施和课程目标达成的必要条件。

三、活动设计

基于蒙古族儿童民间游戏的幼儿园游戏课程，其活动设计要符合课程统整的原则，注意主题之间的协调与配合，并与课程目标和幼儿园教育目标相配合，兼顾健康、社会、科学、语言、艺术五大领域；要围绕幼儿的活动内容来设计活动程序，合理分配活动时间，有效呈现活动内容。活动设计还应包括教学环境的创设。

四、课程实施

课程实施就是将考察方案付诸实践的过程，是达到课程目标的基本途径，它是课程开发的核心环节和实质性阶段。游戏课程的实施就是师生活动游戏、对幼儿产生影响并促进其发展的过程。

五、课程评价

游戏课程评价是确定游戏课程价值的过程，也就是确定游戏课程实际达到教育目的的程度、确定幼儿的行为实际发生变化的程度的过程，是幼儿园游戏课程开发中一个必不可少的环节。课程评价包括形成性评价和终结性评价。评价所获得的信息为修订和改进课程提供依据，是下一轮课程开发的决策基础。

教师是游戏课程开发的主体，教师在游戏课程开发前必须明确自己的教育价值观和教育理念。同时，教师要充分把握幼儿、蒙古族儿童民间游戏与课程的关系，了解幼儿的兴趣要求和能力，了解社会发展对教育的影响。然后，再按上述过程展开课程开发工作。

第四节　游戏课程方案的基本框架设想

游戏课程方案以蒙古族儿童民间游戏为形式和内容基础，由目标—内容—实施—评价四部分及其动态的相互逻辑关系来建构基本框架，并在操作性定义的指导下将每一部分都进行细化，由此构成抽象到具体，横向的动态关系到纵向的具体细化及其关系的整体结构框架方案。该课程方案的基本框架见图 3-2-1。

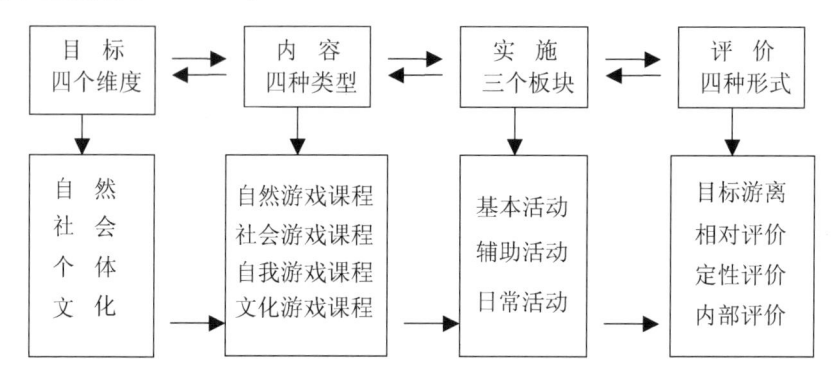

目标 四个维度	↔	内容 四种类型	↔	实施 三个板块	↔	评价 四种形式
↓		↓		↓		↓
自然 社会 个体 文化	→	自然游戏课程 社会游戏课程 自我游戏课程 文化游戏课程	→	基本活动 辅助活动 日常活动	→	目标游离 相对评价 定性评价 内部评价

图 3-2-1　游戏课程方案的整体结构

上图概要地表示出了建构游戏课程方案的基本结构，其要素包括四个维度的目标、四种类型的内容、三个不同板块的实施途径以及四种形式的评价。

一、课程目标的确立

儿童不仅仅是现在，也是未来社会的人。生存、发展、幸福是他们的根本需要。幼儿园教育的任务，就是要创造良好的教育条件，促进幼儿身心和谐健康发展，为其以后的人生发展奠定良好的基础。为此，幼儿园教育必须适应幼儿的发展。游戏课程作为幼儿园教育，自然要承担促进幼儿适宜性发展的重任。

游戏课程的不同领域涉及影响幼儿生长发展的自然、社会、生境和文化几方面，这几个方面涵盖了影响幼儿发展的几乎所有因素。游戏课程在总目标的指导下，形成自然、社会、生境和文化的子课程，并提出这几个子课程的目标。

1. "成长于自然"（自然游戏课程）的目标

幼儿在自然环境中，通过各种观赏、观察、保护、探究自然的游戏活动，形成对自然的道德体验，发展生态伦理意识；丰富想象力，发展自然美体验；发展对自然的科学认识和创造体验。

2. "生活于社会"（社会游戏课程）的目标

幼儿在社会环境中，通过各种适合自身特点的社会交往游戏活动、观察社会、表现社会的游戏活动、各种社会认知游戏活动，形成对他人和社会的道德体验和道德行为习惯，发展社会伦理意识；发展社会审美体验；通过发展人际智能。

3. "养成于生境"（自我游戏课程）的目标

幼儿在家庭、社区生活环境中，通过与周围同伴的游戏活动，发展开放的个性；认识自我、体验自我、控制自我；幼儿在与环境的交互作用中学会自由、学会选择。

4. "陶冶于文化"（文化游戏课程）的目标

幼儿在生活中，通过学习适合自身特点的人类文化的精华（文学、艺术、科学），发展创造体验、道德体验、审美体验，幼儿既可以感受前人的勤劳智慧，形成民族自豪感，又可以了解其中富有教育意义的历史知识、文化渊源等更加丰富的内容，增长历史知识，进而发展自然性、社会性、自主性。

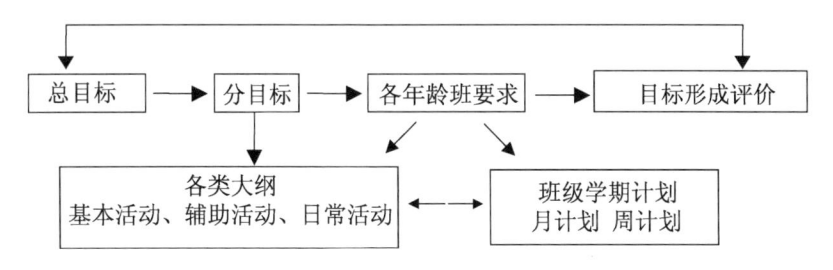

图 3-2-2 游戏课程的目标

图 3-2-2 简要地体现了游戏课程目标的各个层次及其与课程评价的关系。任何课程的总目标都指向了受教育者的身心健康发展，游戏课程也不例外。在这一总目标的指导下，游戏课程还要达到四个领域的次级目标——"成长于自然"（自然游戏课程）的目标、"生活于社会"（社会游

戏课程）的目标、"养成于生境"（自我游戏课程）的目标和"陶冶于文化"（文化游戏课程）的目标。游戏课程是幼儿园教育的一种形式，其目标必然体现该年龄阶段的特点，而幼儿期是个体身心发展最为迅速的时期，所以就必须要有各年龄班的不同目标，这些具体目标反映为各年龄班及其各分类领域的学期计划，从而进一步具体化为月计划、周计划以及具体活动计划（课时计划）等。目标不仅起指导作用，而且也隐含着对课程的评价要求，成为课程设置是否成功的评价标准之一。

二、课程内容的设置

游戏课程着眼于幼儿的适宜性发展，在课程总目标的指导下，首先确立自然游戏课程、社会游戏课程、自我游戏课程和文化游戏课程四个子系统领域，这既是游戏课程具体化的操作性定义，又构成了游戏课程的内容体系；在此操作定义的基础上，根据蒙古族儿童民间游戏的分类，对每一个领域进一步细分进而安排具体内容。其次，根据课程的基本活动、辅助活动和日常活动三种实施途径，将蒙古族儿童民间游戏的分类划分到不同途径当中，其中基本活动中可以包括六类游戏内容，辅助活动中包括五类游戏内容，日常活动中也可以包括五类游戏内容。最后，在课程目标的指导下，根据课程设置、途径和游戏分类和具体游戏编写四个子领域的课程指导书。从总体上理解游戏课程的内容体系，它应是自然游戏课程、社会游戏课程、自我游戏课程和文化游戏课程四大领域的有机统一，不可截然分开。无论是领域的分类还是蒙古族儿童民间游戏的分类实际上都是相对的过程。所以，表3-2-1所列的内容体系也不是绝对的，有些内容随着时代的发展可以被淘汰，而有些新的内容可以不断的增加，就是蒙古族儿童民间游戏的分类，随着时代的发展和不同角度上也是可以进行不同的分类；有些游戏内容从不同角度上同时可以划分到不同的分类当中。由此可知，本书中的游戏课程内容的构成实际上一种理论探讨性的体系，并不是最终的确定性的内容体系。一种课程只有经过比较可靠的课程实践探索和相应的教育实验，才能建构较为稳定且具有足够弹性的内容体系，才能避免盲目编排内容。

第二章　基于蒙古族儿童民间游戏的幼儿园游戏课程建构探究 | 171

表 3-2-1　游戏课程内容体系构成一览表

课程设置	课程途径	课程内容	
自然游戏课程 社会游戏课程 自我游戏课程 文化游戏课程	基本活动	益智游戏	蒙古象棋、狼吃羊、"宝嘎"、"帕日吉"、"吉日格"（鹿连儿）、大六牌（股牌）、"连环锁"、"说九九"、"谐谑词"、猜谜语、"儿童三艺"（即摔跤、赛马、射箭）、"掷沙游戏"（羊踝游戏）、"踢毛毽"、"掷布鲁"、"牛毛球"、"甩鞭子"、"赛雪橇"、"滑冰"、"捉迷藏"、"筷子舞"、"盅碗舞"、"米格玛"、"哈木嘎"、"沙嘎"、"猎旱獭"、"宝日查乎"、"兴嘎日查乎"、"捉食指"、"找中指"、"阿日本努合"、老鹰抓小鸡、挤奶"绕口令"、"顺口溜"、"对口令"、捉鸟、采集植物、随意追逐、挖跳兔、捉虫子
		文字游戏	
		运动及歌舞游戏	
		生活游戏	
		童谣	
		野趣	
	辅助活动	小剧团	
		远足活动	
		节日娱乐	
		亲子游戏	
		特色教育	
	日常活动	盥洗	
		餐饮	
		睡眠	
		休闲	
		劳动	

如表 3-2-1 显示，游戏课程应该是四类课程的统一，其实施途径包括基本活动、辅助活动和日常活动三种，每种活动都有多种不同的课程内容与之相对应。

三、课程实施的途径

以"基本活动"、"辅助活动"、"日常活动"三个板块为游戏课程实施途径，其中，幼儿游戏为课程教育的基本活动，幼儿生活为课程教育的日常活动，各类活动为课程教育的辅助活动。在游戏课程中，"基本活动"、"辅助活动"、"日常活动"是相互联系、相互依存、相互促进的。这一实施途径还需要进一步具体化为教学形式、组织形式、指导方法等方面方可完成。

游戏课程的教学形式可包括实践式、陶冶式、体验式等多种形式。

（一）实践式

根据游戏课程的特点以及幼儿好奇心强、动手能力差的特点，可以组织幼儿围绕一定游戏课程，指导幼儿通过观察、思考、操作等活动，使幼儿从不同角度寻找答案，以提高其发现、分析、解决问题的能力以及动手操作能力和开发创造思维意识的目的。这不但提高了幼儿学习的积极性，而且还鼓励了幼儿个性的发展。这种方式打破了书本教材的束缚，加强了社会实践资源的开发。

（二）陶冶式

教师可以通过自然环境、社会环境、文化传统以及榜样的人格魅力等游戏课程内容，启发幼儿体验美、感悟美的情感，培养其分辨善恶、美丑能力，利用美好的事物陶冶幼儿的情操，培养他们良好的个性品质。

（三）体验式

通过野趣等游戏课程，带领儿童外出参观、活动既有益于幼儿的身心健康发展，又增长了幼儿的生活经验和阅历。通过体验式的教学方式使幼儿亲历知识生产及获得的过程，积极探索发现与经验积累的乐趣，通过教学内容与实际生活的对接，培养儿童的问题意识、个性倾向和意志品质。

游戏课程的组织形式采用个体游戏活动和集体游戏活动是游戏课程两大组织形式。集体游戏活动形式——教师预设、教师组织的集中的全班或小组的游戏活动。个体游戏活动形式——教师创设环境、幼儿个体自选的游戏活动或幼儿自发生成的意愿游戏活动。

游戏课程指导方法中的游戏法就其组织形式分类，可分为教师组织的集体游戏活动和幼儿个体自选或意愿的游戏活动；按其内容来源与教育目标特征来分，可分为教师预设游戏活动和幼儿生成游戏活动。不同性质的游戏与不同组织形式的游戏，应运用不同的指导方法，但归纳起来不外乎两类指导：直接指导和间接指导。其中，集体游戏指导——以教师预设的内容、目标为主导的一般采用直接指导方法。个体游戏指导——以幼儿生成的内容、个体意向为主导的一般采用间接指导方法。集体游戏与个体游戏是相对应而存在，在指导中我们既要考虑幼儿自身游戏的需要，挖掘个体意愿游戏对幼儿个性发展的积极因素，同时还要考虑培养目标的整体性。运用集体游戏的教育效应，使个体学习与集体活动两者相得益彰，有机结合，使游戏活动的教育多样性具有丰实的层次性。

四、课程评价

任何一种课程的评价基本都包括评价内容、评价方法和评价指标三个方面。

在评价的内容方面，由于对游戏课程的评价是对教育活动过程的评价，而且评价的是活动过程中师幼的互动质量，因而我们需要把评价的范围确定在教育活动过程的两极，即教师和幼儿。游戏课程评价的内容相应地也就有两个方面，一是评价幼儿游戏能力的发展，二是评价教师指导游戏的能力。

在评价的方法上，游戏课程评价主要采用四种方法。第一是评价目标的游离性。由于游戏或游戏课程注重的是活动过程中幼儿的体验，所以评价时不受预定目标的限制，即不追求及时目标的及时达成；第二，评价的相对性。因为游戏课程注重的是不断发展的过程，是幼儿个体差异，所以评价项目的等第标准是以不同幼儿园的实际为基准的；第三，评价的定性。由于过程评价是处于人际关系动态结构中，是建立在自然观察的基础之上，所以应牺牲某些测量上的准确性，来换取评价结果对于调解活动过程的更多的实用性；第四，评价的内部性。评价是为了解决教育问题，而解决教育问题，应依靠那些接触教育问题的人。基于这一认识，评价者就是直接参与游戏课程教育过程的教师和园长。

评价的指标上，由于教育者要评价的是幼儿在游戏过程中的发展，因此本文将评价幼儿发展的指标表述为游戏能力，将评价教师的教学能力表述为指导能力。并将幼儿的游戏能力落实在六种游戏活动，将教师的指导能力落实在四种活动上，根据这些活动相应地列出了具体的评价内容，但是由于游戏课程是全新的课程类型，需要在实践中对其进行诊断性评价，而且本研究不是课程实验研究，故有关量化指标未列。游戏课程的评价思路见表3－2－2。

表3－2－2 游戏课程评价指标体系参考表

评价能力	评价活动	评价内容
幼儿游戏能力	独立游戏	幼儿在游戏中的一种独立自主的个性倾向。包括独立选择能力、独立操作能力、独立思考能力、独立完成任务的能力、自我管理能力。
	合作游戏	幼儿在游戏中的一种交往协作能力。包括介入群体能力、交往表达能力、组织计划能力、协商合作能力、利他行为。
	有规则的游戏	幼儿在游戏中的规则意识和按规则行事的能力。包括理解规则能力、遵守规则能力、提出规则能力、规则评价能力。
	坚持游戏	幼儿在游戏中保持一定注意力和稳定性的个体心理品质。包括专注力、自控力、持久力、克服困难的能力。

续表

评价能力	评价活动	评价内容
幼儿游戏能力	创造性的游戏	幼儿在游戏中大胆想象、勇于表现、乐于探索发现的能力。包括想象替代能力、设计表现能力、解决问题能力、装扮表演能力。
	愉快游戏	幼儿在游戏中的积极情感体验。包括积极主动、需要满足、挫折承受、快乐分享、心理调节。
教师指导能力	创设环境能力	设计——适宜性、丰富性、选择性、教育性；创造——新颖性、独特性、变化性。
	观察能力	观察态度——欣赏的态度、宽容的态度、耐心的态度；观察眼光——反映敏捷、判断准确、全面细致。
	活动引导能力	诱导性——语言机智、行为暗示、目标潜行、以身示范；合作性——平等融洽、参与游戏、善于沟通；表现性——介入时机适宜、材料支持得当、语言富于感染力、善于因材施教、随机应变灵活
	语言能力	思考力——善于发现问题、理解幼儿行为意义、自我行为反思；研究性——汇总分析观察资料、了解个体与整体发展、建议和调整教育活动。

第三章 总结与展望

第一节 总 结

蒙古族儿童民间游戏作为蒙古族优秀传统文化的有机组成部分，具有继承和发扬的现实意义，同时作为重要的课程资源具有明显的开发价值。从文化变迁的时代背景、幼儿教育本土化的现实背景、幼儿园课程的改革背景以及蒙古族儿童民间游戏低运用率的实践背景出发，整体上重新审视蒙古族儿童民间游戏，我们必须在漠视其存在和肯定其价值进而进行开发之间做出抉择，本书对此问题进行了肯定性回答，并以建构幼儿园游戏课程作为目标途径，较系统地讨论了如何开发蒙古族儿童民间游戏的问题。

幼儿园教育中可以多种课程模式并存，这在客观上要求教育实践者对不同课程模式进行选择，同时也可以提出新的课程模式。无论是选择现有的课程模式还是提出新的课程模式，都需要在理论层面上形成相应的教育观、课程观、儿童观和发展观。本书结合蒙古族儿童民间游戏的内涵价值，提出幼儿园游戏课程，并在概念界定、内在意蕴、特点以及价值取向上对其进行了初步诠释，以期从不同侧面上对幼儿园教育改革提供一些具有参考性的建议。

建构一个完整的幼儿园课程模式不但要有坚实的理论指导基础，同时还需要在幼儿园课程实践中进行系统实验，经过反复论证后才可能形成一套完整的课程方案。本书只是从理论上提出了游戏课程建构的理念，建构一套完整的游戏课程方案并不是本研究的直接目的，提出建构幼儿园游戏课程旨在将其作为开发蒙古族儿童民间游戏的主要途径进行讨论。

蒙古族儿童民间游戏只是民族民间文化中的一个很小的具体部分，就这"具体部分"如果要彻底地讨论清楚也属一项艰巨的系统工程。从更广阔的视野上看，中华民族文化、民族民间文化博大精深，具有极为丰富的内容和巨大的潜在开发价值，要从理论上进行系统研究，实践上进行开发利用，绝不是几人之力所能为的，需要一代人甚至几代人的不断努力，才可能有所作为。从这一角度上来说，本研究只是民族文化研究中的沧海一粟。也由此可见，围绕民族文化这一核心，将蒙古族儿童民间游戏纳入幼儿园游戏课程建构视野中，进行系统化的理论探讨和实践开发具有良好的研究前景。

第二节 展 望

一、将蒙古族儿童民间游戏回归到蒙古族传统文化中进行整体性的系统研究。构成文化的诸因素之间存在着千丝万缕的联系，所以，对某一文化因子从独立意义上的研究结果，往往与诸因子之间的关系研究结果不尽一致。蒙古族文化是整体结构，所以对蒙古族儿童民间游戏从蒙古族文化整体上进行系统研究是十分必要的。

二、从幼儿园课程改革的现实要求上对游戏课程进行理论上的系统研究和实践上的实验研究。有关这方面的研究还需要进一步系统深入。

三、由民族文化和幼儿园课程入手系统进行幼儿教育理论与实践的研究有利于幼儿教育理论的本土化建设。

四、对蒙古族儿童民间游戏的开发研究具有较高的潜在社会效益和经济效益。"只有民族的才是国际的"，蒙古民族在文化急剧变迁、现代化进程如此迅速的时代，要从传统走向现代，从保守走向开放，就必须很好地对自己的传统文化进行挖掘、开发和发展。只有这样才能在保持自己民族特色的基础上得到快速发展。

五、除了蒙古族以外的其他各少数民族文化、民族民间文化的课程开发研究虽然任务艰巨，但是对于丰富我国的课程开发研究应具有重要的理论和实践意义，具有良好的研究前景。

六、对我国不同民族间幼儿教育的跨文化比较研究既属于未开垦的研究领域，又属于具有良好前景的重大研究课题。

七、对不同民族在文化变迁、文化冲突形式下的教育问题、课程建设问题进行教育文化学、教育人类学和民族教育学的研究急需开展。

附　录

附录 1

蒙古族的《呔咕歌》

《呔咕歌》是一种直接为畜牧业生产服务的蒙古民歌体裁。一般由女人在牧场上接羔时歌唱。在繁忙的接羔季节里，有些母羊下羊羔之后，嫌弃小羔，拒绝喂奶。接羔的蒙古族妇女便抱起被遗弃的羔羊，蹲在母羊身边，低声唱起哄羊调，直至母羊被歌声打动，为自己的羔羊喂奶为止。哄羊调没有歌词，反复吟唱"呔咕、呔咕"，没有具体含义。音调简洁，深沉哀婉，极为动人。

附录 2

关于蒙古族传统家庭教育的访谈提纲

说明：本次访谈对象分为教育者（家长、长辈）和受教育者（子女、晚辈），因此访谈提纲也分为两部分。

Ⅰ. 教育者（家长、长辈）的访谈提纲

1. 您对蒙古族传统家庭教育有什么评价？
2. 您认为对孩子的发展家庭教育的影响大还是学校教育的影响大？
3. 您的父母亲教育您的方式方法与您现在教育孩子的方式方法有区别吗？有哪些区别？
4. 在您的影响中现在家庭教育的哪些可认为传统教育的内容？
5. 您是否认为对孩子应该进行尊重长辈、热爱家乡、节俭、务实等传统美德教育？
6. 您家庭是否有意识培养孩子注重礼节？
7. 您在家里是否尝试教给孩子民族歌曲、舞蹈、民族儿童游戏？
8. 您家庭中是否保留着本民族的一些习惯？
9. 您认为是否家庭教育中有意识地把民族历史传说、文化知识作为教育内容？
10. 您有意识的锻炼孩子的意志力吗？
11. 在全球化的今天，没必要对孩子进行民族特色教育。您对这个问题怎么看？
12. 您认为蒙古族传统家庭教育有传承的价值吗？

Ⅱ. 受教育者（子女、晚辈）的访谈提纲

1. 您对蒙古族传统家庭教育了解多少？
2. 您认为对您的发展家庭教育的影响大还是学校教育的影响大？
3. 在您的影响中现代家庭教育的哪些可认为传统教育的内容？
4. 您考虑过您的民族和民族文化将来的发展吗？
5. 您对民族文化、民族历史感兴趣吗？
6. 您的有关民族历史、民族文化的知识来自于家庭还是学校？
7. 您认为蒙古族传统家庭教育有传承的价值吗？

附录 3

蒙古族传统家庭教育的问卷调查

说明：1. 这是一项用于蒙古族家庭教育科学研究的调查，试图通过问卷调查，了解蒙古族传统家庭教育在现代家庭教育中的传承现状，以便进行相关研究。
2. 以下属于您的看法的请据实填写，不要有遗漏。
3. 本调查采用无记名方式，调查结果将不会对您的工作和生活产生任何影响，请不要有任何顾虑。

对您的参与及认真作答致以衷心的感谢！

（一）以下内容需填写

您的个人情况：与孩子的关系_____　　民族_____
　　　　　　　　职业_____　　　　　　文化程度_____
　　　　　　　　家庭类型_____　　　　家庭居住环境_____

（二）请选择符合您个人实际情况的选项

1. 对孩子的抚养情况是：_____
   ①父母独立抚养　　　　　　②与（外）祖父母一起培养
   ③单亲　　　　　　　　　　④其他
2. 您认为现代家庭教育的目的是：_____
   ①教孩子做人的道理　　　　②培养孩子的社会适应能力
   ③其他
3. 您认为现代家庭教育的任务中居第一位的是：_____
   ①要保证孩子有个良好的身体　②对孩子进行智力开发
   ③进行品德教育　　　　　　　④其他
4. 您认为传统家庭教育的方法、方式在现代家庭教育中适合吗？_____
   ①基本适合　　　　　　　　②适合
   ③不太适合　　　　　　　　④不适合
5. 传统家庭教育的内容在现代家庭教育中占的比率：_____
   ①多　　　　　　②少　　　　　　③几乎没有
6. 您认为家庭教育的传承中保留最多的是：_____
   ①传统健康教育　　　　　　②传统习俗教育
   ③传统美德教育　　　　　　④传统游戏教育

7. 您觉得现代家教中有必要传承蒙古族的传统礼节吗？_____
    ①有必要　　　　②没必要　　　　③无所谓
8. 您认为家庭教育中传承蒙古族文化对孩子的将来发展有帮助吗？____
    ①有　　　　　　②没有　　　　　③说不定
9. 在孩子综合素质方面家长更注重的是：_____
    ①身体素质　　　②道德素养
    ③智力开发　　　④综合发展
10. 您给孩子传授蒙古族文化的动机是：_____
    ①被迫　　　　　　　　　②好奇喜欢和兴趣
    ③补充知识上的不足　　　④出于自身民族感情的需要
11. 对孩子成才观上_____：
    ①靠个人努力　　　　　　②靠好的机遇
    ③个人努力加上好的机遇
12. 您认为家庭教育的影响因素中最重要的是：_____
    ①家庭的文化氛围　　　　②家庭的生态环境
    ③传统教育观念　　　　　④父母的文化水平
13. 您认为蒙古族传统家庭教育中的诸多忌讳对现代家庭生活有约束和规范作用吗？
    ①有　　　　　　②影响不大　　　③没有
14. 您认为传统家庭教育中的尊重自然、保护自然的美德在现代家庭教育中有体现吗？
    ①有　　　　　　②一般　　　　　③没有
15. 您主张的家庭教养方式是：_____
    ①专制型　　　　②民主型　　　　③任意型
16. 您认为学校是否有必要进行蒙古族文化教育？
    ①是　　　　　　②否　　　　　　③无所谓
17. 您认为学校是否应加强蒙古族民族文化教育？
    ①是　　　　　　②否　　　　　　③无所谓
18. 您是否愿意让孩子学习其他民族的文化？
    ①是　　　　　　②否　　　　　　③无所谓

再次感谢您的参与和帮助！

附录 4

蒙古族儿童民间游戏的相关调查

各位老师：

内蒙古地区是以蒙古族为主体民族的少数民族自治区，蒙古族有着自己悠久的历史和光辉灿烂的文化。本调查是为了解广大幼儿园教师对蒙古族儿童民间游戏的了解程度，以及该游戏目前在幼儿园教育和幼儿课程中的运用等情况。该调查只是为学术研究提供素材，不涉及教师的晋级等个人发展问题，不记名，不外传，请您根据自己的了解如实填写。谢谢您的合作！

一、请在下列各问题的三个备选答案中选择符合您实际的一项

1. 您对民族民间幼儿游戏的了解程度是：
   A. 很了解　　　　B. 一般　　　　C. 不了解
2. 您对蒙古族儿童民间游戏的了解是：
   A. 很了解　　　　B. 一般　　　　C. 不了解
3. 您认为民族民间幼儿游戏的作用是：
   A. 很有意义　　　B. 不确定　　　C. 无意义，反而可能有危险
4. 您认为蒙古族儿童民间游戏对幼儿的发展：
   A. 很有意义　　　B. 不确定　　　C. 无意义，反而可能有危险
5. 您能列出蒙古族儿童民间游戏的数目有：
   A. 10 个以上　　　B. 3—5 个　　　C. 列不出
6. 您在带班过程中带领幼儿进行蒙古族民间游戏吗？
   A. 经常玩　　　　B. 偶尔玩　　　C. 从不玩
7. 您认为目前在幼儿园教材中蒙古族儿童民间游戏内容的比例是：
   A. 占了较大比重　B. 不确定　　　C. 没有任何体现
8. 您认为幼儿园课程中蒙古族儿童民间游戏应该：
   A. 更多的体现　　B. 不确定　　　C. 不体现也没关系
9. 据您所知幼儿在家中会玩蒙古族儿童民间游戏吗？
   A. 经常玩　　　　B. 不确定　　　C. 不玩
10. 据您的经验幼儿对蒙古族儿童民间游戏会感兴趣吗？
    A. 很感兴趣　　　B. 不确定　　　C. 不感兴趣

二、请您回答下列问题

1. 请您列出自己知道的蒙古族儿童民间游戏
2. 请您谈谈对蒙古族儿童民间游戏的看法
3. 您觉得蒙古族儿童民间游戏的开发有意义吗？为什么？
4. 您觉得蒙古族儿童民间游戏对幼儿园课程建设有用吗？为什么？
5. 您对幼儿园课程游戏化怎么看？

附录 5

少数民族传统游戏与文化传承（中小学生问卷）

同学你们好！

我们正在进行对少数民族传统游戏与文化传承的研究，来这里的目的是想知道你对民族传统游戏的了解和情况和看法，希望你能如实地选择答案。（每个题目有一个或一个以上答案），并把你的答案填写在每个题目后面的（　　）内。□谢谢你的配合！

1. 你是：（　　）
   A. 小学生　　　　　　　B. 中学生
2. 你的性别（　　）
   A. 男　　　　　　　　　B. 女
3. 你的民族（　　）
   A. 蒙古族　　　　　　　B. 达斡尔族　　　　C. 鄂伦春族
   D. 鄂温克族　　　　　　E. 汉族
   F. 其他民族，即：_____
4. 你的家在_____
   A. 城市　　　　　　　　B. 城镇
   C. 乡（或苏木）　　　　D. 村（或嘎查）
5. 你父亲的职业：（　　）
   A. 农（牧、猎）民　　　B. 教师　　　　　　C. 企事业职工
   D. 国家机关干部　　　　E. 个体经营者　　　F. 其他，即_____
6. 你母亲的职业：（　　）
   A. 农（牧、猎）民　　　B. 教师　　　　　　C. 企事业职工
   D. 国家机关干部　　　　E. 个体经营者　　　F 其他，即_____
7. 你玩过下列哪些传统游戏：（　　）
   A. 赛马　　　　　　　　B. 射箭　　　　　　C. 摔跤
   D. 滑雪或滑冰　　　　　E. 踢毛键　　　　　F. 掷布鲁
   G. 捉迷藏　　　　　　　H. 老鹰捉小鸡　　　J. 掷沙
   K. 蒙古象棋　　　　　　L. 沙嘎　　　　　　M. 帕日吉
   N. 跳房子　　　　　　　O. 听好来宝　　　　P. 绕口令
   Q. 猜谜语　　　　　　　R. 跳绳　　　　　　S. 搏克
   T. 球类

8. 传统游戏和现代游戏你更喜欢哪一个？（　　）
   A. 现代游戏　　　　　　B. 传统游戏
   C. 两个都喜欢　　　　　D. 两个都不喜欢
9. 你是从哪里知道这些传统民族游戏的？（　　）
   A. 家庭　　　　　　B. 朋友　　　　　C. 学校
   D. 电视等媒体　　　E. 看别人玩过　　F. 其它途径
10. 通过玩传统游戏能否了解到本民族的文化传统和民族精神？
    A. 能　　　　　　　B. 不能　　　　　C. 不清楚
11. 你是否希望学校开展民族传统游戏？（　　）
    A. 希望　　　　　　B. 不希望　　　　C. 无所谓
12. 你的学校是否开展民族传统游戏？（　　）
    A. 开展了　　　　　B. 没开展　　　　C. 不清楚
13. 课余时间你都做些什么？（　　）
    A. 学习　　　　　　　　B. 看电视、报纸、杂志书刊等
    C. 玩电脑游戏　　　　　D. 参加民族传统游戏活动
    E. 参加现代体育活动　　F. 听音乐
    G. 网上聊天　　　　　　J. 还有其他活动
14. 你认为在学校参加民族传统游戏的益处是？（　　）
    A. 丰富活动内容　　　　B. 传承民族文化
    C. 有利于身心健康发展　D. 亲密同学关系
    E. 不知道　　　　　　　F. 还有其他好处，即＿＿＿＿

附录6

少数民族传统游戏与文化传承（大学生问卷）

同学你们好！

我们正在进行对少数民族传统游戏与文化传承的研究，来这里的目的是想知道你对民族传统游戏的了解和情况和看法，希望你能如实地选择答案。（每个题目有一个或一个以上答案），并把你的答案填写在每个题目后面的（　　）内。谢谢你的配合！

1. 你是：（　　）
   A. 大学一年级　　　　　B. 大学二年级
   C. 大学三年级　　　　　D. 大学四年级
2. 你的性别（　　）
   A. 男　　　　　　　　　B. 女
3. 你的民族（　　）
   A. 蒙古族　　　　　　　B. 达斡尔族
   C. 鄂伦春族　　　　　　D. 鄂温克族
   E. 汉族　　　　　　　　F. 其他民族，即：_____
4. 你的家在_____
   A. 城市　　　　　　　　B. 城镇
   C. 乡（或苏木）　　　　D. 村（或嘎查）
5. 你父亲的职业：（　　）
   A. 农（牧、猎）民　　　B. 教师
   C. 企事业职工　　　　　D. 国家机关干部
   E. 个体经营者　　　　　F. 其他，即_____
6. 你母亲的职业：（　　）
   A. 农（牧、猎）民　　　B. 教师
   C. 企事业职工　　　　　D. 国家机关干部
   E. 个体经营者　　　　　F. 其他，即_____
7. 你玩过下列哪些传统游戏：（　　）
   A. 赛马　　　B. 射箭　　　C. 摔跤　　　D. 滑雪或滑冰
   E. 踢毛键　　F. 掷布鲁　　G. 捉迷藏　　H. 老鹰捉小鸡
   J. 掷沙　　　K. 蒙古象棋　L. 沙嘎　　　M. 帕日吉
   N. 跳房子　　O. 听好来宝　P. 绕口令　　Q. 猜谜语

R. 跳绳　　　　　S. 搏克　　　　　T. 球类
8. 传统游戏和现代游戏你更喜欢哪一个？（　　）
　　A. 现代游戏　　　　　　　B. 传统游戏
　　C. 两个都喜欢　　　　　　D. 两个都不喜欢
9. 你是从哪里知道这些传统民族游戏的？（　　）
　　A. 家庭　　B. 朋友　　C. 学校　　D. 电视等媒体
　　E. 看别人玩过　　　　　　F. 其它途径
10. 通过玩传统游戏能否了解到本民族的文化传统和民族精神？
　　A. 能　　　B. 不能　　　C. 不清楚
11. 课余时间你都做些什么？（　　）
　　A. 学习　　　　　　　　　B. 看电视、报纸、杂志书刊等
　　C. 玩电脑游戏　　　　　　D. 参加民族传统游戏活动
　　E. 参加现代体育活动　　　F. 听音乐
　　G. 网上聊天　　　　　　　J. 还有其他活动
12. 你认为在学校参加民族传统游戏的益处是？（　　）
　　A. 丰富活动内容　　　　　B. 传承民族文化
　　C. 有利于身心健康发展　　D. 亲密同学关系
　　E. 不知道　　　　　　　　F. 还有其他好处，即_____
13. 你所参加的体育或游戏是谁组织的？（　　）
　　A. 民间组织　　B. 政府组织　　C. 自发的
14. 你所参加的传统体育或游戏活动的规模如何？（　　）
　　A. 只是自己玩或几个人一起玩
　　B. 规模较小　　　　　　　C. 规模较大
15. 你觉得传统体育和游戏应该不应该继续和发展？（　　）
　　A. 应该　　　B. 不应该　　　C. 无所谓
16. 如果传统体育或游戏就此消失，你感觉如何？（　　）
　　A. 早该取消了　　　B. 所谓
　　C. 有点伤心　　　　D. 很惋惜，应努力保存它
17. 你觉得传统体育或游戏怎样才能继承和发展？（　　）
　　A. 通过学校和幼儿园教育　　B. 通过社区开展活动
　　C. 父母或老人教　　　　　　D. 通过以上三者相结合
　　E. 还可以通过其他途径，即_____
18. 你认为发展传统体育或游戏活动有哪些困难？（　　）
　　A. 没有经费　　　　　　　B. 没有场地

C. 技术不够科学　　　　　　D. 没有指导员
E. 没有吸引力　　　　　　　F. 没有时间
G. 重视不够　　　　　　　　H. 还有其他困难，即_____

附录 7

少数民族传统游戏与文化传承（成人问卷）

同志，您好！

我们正在进行对少数民族传统游戏与文化传承的研究，来这里的目的是想知道你对民族传统游戏的了解和情况和看法，希望你能如实地选择答案。（每个题目有一个或一个以上答案），并把你的答案填写在每个题目后面的（   ）内。谢谢你的配合！

1. 你的性别（   ）
   A. 女　　　　　　　B. 男
2. 您的年龄：（   ）
   A. 20 岁以下　　　　B. 20—30 岁　　　　C. 30—40 岁
   D. 40—50 岁　　　　E. 50—60 岁　　　　F. 60—70 岁
   G. 70 岁以上
3. 您的民族（   ）
   A. 蒙古族　　　　　B. 达斡尔族　　　　C. 鄂伦春族
   D. 鄂温克族　　　　E. 汉族　　　　　　F. 其他民族，即：_____
4. 你的家在_____
   A. 城市　　　　　　　　　　　　　　　B. 城镇
   C. 乡（或苏木）　　　　　　　　　　　D. 村（或嘎查）
5. 您的受教育程度：（   ）
   A. 没上过学　　　　B. 小学　　　　　　C. 初中
   D. 高中　　　　　　E. 大学　　　　　　F. 大学以上
6. 您的职业是：（   ）
   A. 农民　　　　　　B. 猎民　　　　　　C. 牧民
   D. 教师　　　　　　E. 企事业职工　　　F. 国家机关干部
   G. 个体经营者　　　H. 其他，即_____
7. 您参加传统体育或游戏活动吗？
   A. 从没玩过　　　　　　　　　　　　　B. 只是小时侯玩
   C. 偶尔玩　　　　　　　　　　　　　　D. 经常玩
8. 你玩过下列哪些传统游戏：（   ）
   A. 赛马　　　　　　B. 射箭　　　　　　C. 摔跤
   D. 滑雪或滑冰　　　E. 踢毛键　　　　　F. 掷布鲁

G. 捉迷藏　　　　　　H. 老鹰捉小鸡　　J. 掷沙

K. 蒙古象棋　　　　　L. 沙嘎　　　　　M. 帕日吉

N. 跳房子　　　　　　O. 听好来宝　　　P. 绕口令

Q. 猜谜语　　　　　　R. 跳绳　　　　　S. 搏克　　T. 球类

9. 您参加的传统民族体育或游戏活动一般在什么地方进行？（　　）

　　请填写_____

10. 您的业余时间一般怎么过？

　　A. 参加传统体育活动　　　　B. 参加现代体育活动

　　C. 看电视、报纸杂志、书刊　　D. 玩麻将

　　E. 喝酒　　　　　　　　　　F. 其他活动

11. 您参加的传统民族体育或游戏是谁组织的？（　　）

　　A. 民间组织　　　B. 政府组织　　　C. 自发的

12. 您所参加的体育或游戏活动规模如何？（　　）

　　A. 只是自己玩或几个人一起玩

　　B. 规模较小　　　　　　　　C. 规模较大

13. 您为什么参加传统民族体育或游戏活动？（　　）

　　A. 爱好　　　　　　　　　　B. 习俗

　　C. 锻炼身体　　　　　　　　D. 其他，即_____

14. 传统体育（或游戏）和现代体育（或游戏）您更喜欢哪一个？

　　（　　）

　　A. 现代体育或游戏　　　　　B. 传统体育或游戏

　　C. 两个都喜欢　　　　　　　D. 两个都不喜欢

15. 您是从哪里知道这些传统民族游戏的？（　　）

　　A. 家庭　　　　B. 朋友　　　　C. 学校

　　D. 电视等媒体　　E. 看别人玩过　　F. 其它途径

16. 你觉得传统体育和游戏应该不应该继续和发展？（　　）

　　A. 应该　　　B. 不应该　　　C. 无所谓

17. 如果传统体育或游戏就此消失，你感觉如何？（　　）

　　A. 早该取消了　　　　　　　B. 无所谓

　　C. 有点伤心　　　　　　　　D. 很惋惜，应努力保存它

18. 你觉得传统体育或游戏怎样才能继承和发展？（　　）

　　A. 通过学校和幼儿园教育　　B. 通过社区开展活动

　　C. 父母或老人教　　　　　　D. 通过以上三者相结合

　　E. 还可以通过其他途径，即_____

19. 你认为发展传统体育或游戏活动有哪些困难？（　　）
    A. 没有经费　　　　B. 没有场地　　C. 技术不够科学
    D. 没有指导员　　　E. 没有吸引力　F. 没有时间
    G. 重视不够　　　　H. 还有其他困难，即_____
20. 您是否希望幼儿园和中小学开展传统体育或游戏？（　　）
    A. 希望　　　　　　B. 不希望　　　C. 无所谓

附录 8

少数民族传统游戏与文化传承（教师访谈）

老师您好！

我们正在进行对少数民族传统游戏与文化传承的研究，来这里的目的是想知道你对民族传统游戏的了解和情况和看法，希您能认真并如实回答以下问题，让我们为保护和发展珍贵的传统民族文化共同努力吧。感谢您的积极参与和配合！

您的姓名：　　　　　您的年龄：　　　　　您的民族：

1. 你们学校是否开展传统体育游戏？
2. 你们给学生开设的课程中是否有有关民族传统体育或游戏的内容？如果有，是哪些？
3. 你们学校运动会或智力竞赛是否有民族传统体育游戏项目？如果有，是哪些？
4. 您是否希望幼儿园和中小学开展传统体育或游戏？为什么？
5. 您认为传统体育或游戏应该不应该继续继承和发展？为什么？
6. 如果传统体育和游戏就此消失，您的态度是？
7. 您认为传统体育和游戏怎样才能得以继承和发展？
8. 您觉得目前发展传统体育和游戏有哪些困难？

参考文献

一、中文著作类

[1] 苏德. 现代教育学［M］. 呼和浩特：内蒙古大学出版社，2004.
[2] 苏德主编. 全球化与本土化：多元文化教育研究［M］. 北京：中央民族大学出版社，2013.
[3] 苏德主编. 中国边境民族教育论［M］. 北京：中央民族大学出版社，2011.
[4] 林耀华. 民族学通论［M］. 北京：中央民族学院出版社，1997.
[5] 吴金宝，苏德毕力格. 蒙古族儿童传统游戏［M］. 呼和浩特：内蒙古人民出版社，1991.
[6] 扎巴主编，苏德等副主编. 蒙古学百科全书·教育卷［M］. 呼和浩特：内蒙古人民出版社，2009.
[7] 苏德. 基础心理学［M］. 呼和浩特：内蒙古教育出版社，2006.
[8] 苏德. 心理学［M］. 呼和浩特：内蒙古教育出版社，1990.
[9] 苏德主编. 教育学［M］. 海拉尔：内蒙古文化出版社，1993.
[10] 苏德主编. 课程与教学论［M］. 呼和浩特：内蒙古大学出版社，2008.
[11] 苏德毕力格. 蒙古族儿童传统游戏研究（蒙、汉版）［M］. 联合国儿童基金会项目. 中国儿童发展中心，内蒙古妇联编印，1988.
[12] 顾明远主编. 民族文化传统与教育现代化［M］. 北京：北京师范大学出版社，2001.
[13] 顾明远主编. 中国教育大百科全书［M］. 上海：上海教育出版社，2013.
[14] 哈经雄，滕星. 民族教育学通论［M］. 北京：教育科学出版社. 2001.
[15] 滕星. 文化变迁与双语教育［M］. 北京：教育科学出版社，2001.

参考文献 | 193

[16] 韩达主编．中国少数民族教育史（第一卷、第二卷）[M]．昆明：云南教育出版社，1998．

[17] 罗布桑却丹．蒙古风俗鉴[M]．赵景阳译．沈阳：辽宁民族出版社，1988．

[18] 罗卜桑悫丹，哈丹碧扎拉桑批注．蒙古风俗鉴（蒙文）[M]．内蒙古人民出版社，1981．

[19][蒙]特·那木吉勒．蒙古家庭的礼仪习俗（新蒙）[M]．人文大学出版社，1998．

[20][蒙]特·那木吉勒．蒙古族传统家庭教育（新蒙）[M]．人文大学出版社，1996．

[21] 耿升．柏朗嘉宾蒙古行记/鲁布鲁克东行记[M]．何高济译．上海：中华书局，1985．

[22] 黑勒、丁师浩译，浩·巴岱校订．江格尔[M]．乌鲁木齐：新疆人民出版社，1993．

[23][蒙古国]特·那木吉拉．蒙古和东北亚西亚的家庭[M]．

[24][蒙古国]普尔普．治家治国之家庭志（新蒙）[M]．admon 出版社，2000．

[25] 刘焱．儿童游戏的当代理论与研究[M]．成都：四川教育出版社，1988．

[26] 刘焱．幼儿园游戏教学论[M]．北京：中国社会出版社，1999．

[27] 蒙古秘史[M]．呼和浩特：内蒙古人民出版社，1978．

[28] 蒙古族通史编写组编写．蒙古族通史（上卷）[M]．北京：北京民族出版社，2001．

[29] 那仁敖其尔．试论蒙古族传统家庭教育[M]．呼和浩特：内蒙古文化出版社，1985．

[30] 散布拉诺日布．蒙古风俗（蒙文版）[M]．沈阳：辽宁民族出版社，1990．

[31] 特·官布扎布．蒙古秘史（现代汉语版）[M]．阿斯钢译北京：新华出版社，2006．

[32] 特·官布扎布、阿斯钢译．蒙古秘史．现代汉语版[M]，北京：新华出版社，2006．

[33] 敖日布巴斯尔等．蒙古族传统宗教（蒙文版）[M]．呼和浩特：内蒙古科学技术出版社，1997．

［34］王风雷．蒙古文化研究丛书——教育（蒙文）［M］．呼和浩特：内蒙古教育出版社，2003．

［35］文精主编．蒙古族大辞典［M］．呼和浩特：内蒙古人民出版社，2004．

［36］吴丙安．中国民俗学［M］．沈阳：辽宁大学出版社，1992．

［37］钟敬文主编．民俗学概论［M］．上海：上海文艺出版社出版，1998．

［38］欧军．蒙古族文化解读［M］．呼和浩特：远方出版社，2003．

［39］布林特古斯主编．蒙古族民俗百科全书·精神卷．［M］．赤峰：内蒙古科学技术出版社，1999．

［40］［奥］赫勃尔特·茨达齐尔茨达齐尔．教育人类学原理［M］．李其龙译．上海：上海教育出版社，2001．

［41］田晓岫编．中国民俗学概论［M］．北京：华夏出版社，2003．

［42］图道多吉主编．中国民族理论与实践［M］．太原：山西教育出版社，2004．

［43］图乌力吉．古代蒙古人文化思维（蒙文版）［M］．呼和浩特：内蒙古大学出版社，1997．

［44］万明钢．文化人类学视野中的人类行为：跨文化心理学导论［M］．兰州：甘肃文化出版社，1996．

［45］［德］康德著．批判力批判［M］．邓小芒译．北京：人民教育出版社，2002．

［46］［法］皮埃尔·布迪厄．实践感［M］．蒋梓骅译．南京：译林出版社，2003．

［47］［法］皮埃尔·布尔迪厄．《科学的社会用途：写给科学场的临床社会学》［M］．刘成富等译．南京：南京大学出版社，2005．

［48］［法］皮埃尔·布迪厄，［美］华康德．实践与反思［M］．李猛等译．北京：中央编译出版社，2004．

［49］［荷兰］胡伊青加．人：游戏者－对文化中游戏因素的研究［M］．成穷译．贵阳：贵州人民出版社，1998．

［50］［美］艾尔·巴比（Babbie，E.）．社会研究方法［M］．邱泽奇译．北京：华夏出版社，2005．

［51］［美］戴维·斯沃茨著．文化与权利：布尔迪厄的社会学［M］．陶东风译．上海：上海译文出版社，2006．

［52］［美］福勒．调查研究方法［M］．孙振东等译．重庆：重庆大

学出版社，2004.

[53][美]哈维兰．文化人类学［M］．瞿铁鹏等译．上海：上海社会科学出版社，2006.

[54][美]霍埃．批评的循环［M］．沈阳：辽宁人民出版社，1987.

[55][美]克利福德·吉尔兹．地方性知识：阐释人类学论文集［M］．王海龙等译．北京：中央编译出版社，2004.

[56][美]老拉·E. 贝克．儿童发展［M］．吴颖等译．南京：江苏教育出版社，2002.

[57][美]露丝·本尼迪克特．文化模式［M］．何锡章、黄欢译．北京：华夏出版社，1987.

[58][美]迈克尔·W. 阿普尔．意识形态与课程［M］．黄忠敬译．上海：华东师范大学出版社，2001.

[59][美]诺曼·K. 邓金．解释性交往行动主义：个人经历的叙事、倾听与理解［M］．周永译．重庆：重庆大学出版社，2001.

[60][美]帕克等．课程规划——当代之取向［M］．谢登斌等译．杭州：浙江教育出版社，2004.

[61][美]塞缪尔·亨廷顿，劳伦斯·哈里森主编．文化的重要作用［M］．程克雄译北京：新华出版社，2002.

[62][美]威廉 F·派纳等．理解课程：历史与当代课程话语研究导论［M］．张华等译．北京：教育科学出版社，2003.

[63][美]小威廉姆，E·多尔．后现代课程观［M］．王红宇译．北京：教育科学出版社，2000.

[64][美]约翰·杜威．学校与社会：明日之学校［M］．赵祥麟等译．北京：人民教育出版社，2004.

[65][瑞士]皮亚杰．儿童的心理发展［M］．傅统先译．济南：山东教育出版社，1982.

[66][英]赫·斯宾塞著．斯宾塞教育论著选［M］．胡毅，王承绪译．北京：人民教育出版社，2005.

[67][英]康纳．后现代主义文化：当代理论导引［M］．严忠志译．北京：商务印书馆，2002.

[68]白庚胜．民族文化保护前沿话语：民间文化保护讲演录［M］．北京：学苑出版社，2005.

[69]北师大课题组．幼儿园游戏指导［M］．北京：北京师范大学出版社，1996.

［70］毕世响．乡村生活的道德文化智慧［M］．沈阳：吉林人民出版社，2002.

［71］蔡丰明．游戏史［M］．上海：上海文艺出版社，1997.

［72］曹中平．儿童游戏论－文化学、心理学和教育学三维视野［M］．银川：宁夏人民出版社，1999.

［73］陈国媚，刘焱主编．幼儿教育新论［M］．北京：北京师范大学出版社，1996.

［74］陈佑兰，焦建编著．当代家庭教育学［M］．北京：科学普及出版社，1994.

［75］刁培萼主编．教育文化学［M］．南京：江苏教育出版社，2000.

［76］冯晓霞．幼儿园课程［M］．北京：北京师范大学出版社，2000.

［77］冯增俊主编．教育人类学［M］．北京：人民教育出版社，2005.

［78］傅道春．新课程中教师行为的变化［M］．北京，首都师范大学出版社，2002.

［79］郭泮溪．中国民间游戏与竞技［M］．上海：三联书店，1996.

［80］郭晓明．课程知识与个体精神自由：课程知识问题的哲学审思［M］．北京：教育科学出版社，2005.

［81］国家高级教育行政学院教育管理杂志社．策略与途径：新课程实施解读［M］．长春：吉林人民出版社，2002.

［82］郝德永．课程研制方法论［M］．北京：教育科学出版社，2001.

［83］郝德永．课程与文化：一个后现代的检视［M］．北京：教育科学出版社，2002.

［84］华爱华．幼儿游戏理论［M］．上海：上海教育出版社，1998.

［85］黄启明，温益群．原始社会的精神历史构架［M］．昆明：云南人民出版社，1993.

［86］黄人颂主编．幼儿教育学［M］．北京：人民教育出版社，1989.

［87］黄淑娉，龚佩华．文化人类学方法研究［M］．广州：广东高等教育出版社，2004.

［88］金泽．宗教人类学导论［M］．北京：宗教文化出版社，2001.

［89］李臣．活动课程研究［M］．北京：教育科学出版社，1998.

［90］李吉阳．少数民族玩具和游戏［M］．昆明：晨光出版

社，1994.

［91］李秀林. 辩证唯物主义与历史唯物主义［M］. 北京：中国人民大学，1994.

［92］刘次林. 幸福教育论［M］. 南京：南京师范大学，1999.

［93］刘晓东. 儿童教育新论［M］. 南京：江苏教育出版社，1998.

［94］卢乐山. 学前教育原理［M］. 北京：北京师范大学出版社，1991.

［95］鲁枢元. 精神生态与生态精神［M］. 广州：南方出版社，2002.

［96］马克思. 资本论（第一卷）［M］. 北京：人民出版社，1975.

［97］马以念主编. 西北回族幼儿教育研究［M］. 兰州：甘肃教育出版社，2002.

［98］倪谷音主编. 愉快教育［M］. 上海：华东师范大学出版社，1992.

［99］彭立荣主编. 家庭教育学［M］. 南京：江苏教育出版社，1993.

［100］任长松. 走向新课程［M］. 广州：广东教育出版社，2002.

［101］萨姆瓦等. 跨文化传通［M］. 陈南，龚光明译. 上海：三联书店，1988.

［102］施良方. 课程理论——课程的基础、原理与问题［M］. 北京：教育科学出版社，1996.

［103］石筠韬. 幼儿教育课程论［M］. 北京：北京师范大学出版社，1999.

［104］宋蜀华，白振声主编. 民族学理论与方法［M］. 北京：中央民族大学，1998.

［105］孙俊三，邓身先主编. 家庭教育学基础［M］. 北京：教育科学出版社，1991.

［106］谭广鼎. 原住民教育研究［M］. 台北：台湾五南图书出版公司，1998.

［107］［日］伊藤幸一. 蒙古游牧社会［M］. 布林译. 内蒙古大学蒙古学院资料室藏书.

［108］特纳. 结构与反结构［M］. 黄剑波等译. 北京：中国人民大学出版社，2006.

［109］滕守尧. 文化的边缘［M］. 北京：作家出版社，1997.

［110］汪宁生. 文化人类学调查：正确认识社会的方法［M］. 北京：

文物出版社，2002.

[111] 王军．教育民族学［M］．北京：中央民族大学出版社，2007.

[112] 王军．文化传承与教育选择［M］．北京：民族出版社，2002.

[113] 吴鼎福，诸文蔚．教育生态学［M］．南京：江苏教育出版社，2000.

[114] 吴康宁著．教育社会学［M］．北京：人民教育出版社，1998.

[115] 吴也显．小学游戏教学论［M］．南昌：江西教育出版社，1996.

[116] 夏建中．文化人类学理论学派［M］．北京：中国人民大学出版社，1997.

[117] 项贤明．泛教育论—广义教育学的初步探索［M］．太原：山西教育出版社，2000.

[118] 谢名家等．文化产业的时代审视［M］．北京：人民出版社，2002.

[119] 谢维和．教育活动的社会学分析：一种教育社会学的研究［M］．北京：教育科学出版社，2000.

[120] 徐万邦，祁庆富．中国少数民族文化通论［M］．北京：中央民族大学出版社，1995.

[121] 杨占武．世界习俗大观［M］．长沙：湖南文艺出版社，1982.

[122] 叶澜，教育概论［M］．北京：人民教育出版社，2001.

[123] 约翰·胡伊青加．人：游戏者［M］．贵阳：贵州人民出版，1998.

[124] 张海洋．中国的多元文化与中国人的认同［M］．北京：民族出版社，2006.

[125] 张华，钟启泉．课程与教学论［M］．上海：上海教育出版社，2000.

[126] 张华，钟启泉．经验课程论［M］．上海：上海教育出版社，2000.

[127] 赵庆伟，朱华忠．游戏风情［M］．武汉：湖北教育出版社，2001.

[128] 彭海蕾，幼儿园游戏教学研究［M］．西安：兰州大学出版社 2005.11.

[129] 赵世林．西南少数民族文化传承论纲［M］．昆明：云南民族出版社，2002.

［130］赵忠心著．家庭教育学［M］．北京：人民教育出版，2001．

［131］郑淑杰主编．儿童社会性发展［M］．呼和浩特：内蒙古人民出版，2005．

［132］钟启泉，崔允漷．新课程的理念与创新［M］．北京：高等教育出版社，2003．

［133］朱光潜．西方美学史［M］．北京：人民文学出版社，1964．

［134］钟敬文．民俗学［M］．白山黑水，创刊号东北师大中文系，民俗学社编印，1984．

［135］《当代社会科学大词典》，南京：南京大学出版社，1995．

［136］赵世林：《云南少数民族文化传承论纲》，昆明：云南民族出版社，2002．

［137］钟启泉，崔允漷，张华．为了中华民族的复兴 为了每位学生的发展《基础教育课程改革纲要（试行)》解读［M］，华东师范大学出版社，2001．

［138］崔英锦．朝鲜族传统游戏传承的教育人类学研究［M］．哈尔滨：黑龙江人民出版社，2008．

二、期刊类

［1］苏德．训练儿童思维与语方的传统方式——蒙古族儿童语言游戏［J］．蒙古学研究，1993（3）．

［2］苏德．试论蒙古族儿童传统游戏［J］．内蒙古师大学报，1989（1）．

［3］苏德．蒙古族传统家教与蒙古文化（系列论文）［J］．内蒙古师大学报，1991（1）．

［4］苏德．训练儿童思维与语方的传统方式——蒙古族儿童语言游戏［J］．蒙古学研究，1993（3）．

［5］苏德．学龄前儿童身心发展特点与早期教育［J］．内蒙古师大学报，1988（2）．

［6］高慧．苏德．城市少数民族幼儿语言发展的困惑和选择［J］．前沿2007（4）．

［7］苏德．巴彦淖尔市临河区第一幼儿园教师调查报告［J］．内蒙古师大学报2006（10），《亚洲新教育》2006（12）．

［8］苏德．少数民族多元文化教育的内容及其课程建构［J］．中央民族大学学报，2008（1）．

[9] 苏德. 蒙古族师范教育史初探［J］. 蒙古学研究，1999（3）.

[10] 苏德. 民国时期东北蒙古族师范教育考略［J］. 内蒙古师大学报，国际蒙古学学术会议论文，1999（2）.

[11] 苏德. 采用民族语言授课，培养民族教育师资［J］. 民族教育研究，2001（1）.

[12] 包玉柱. 浅析蒙古族传统文化与现代的矛盾［J］. 中国民族教育，1994（1）.

[13] 宝玉柱. 论蒙古族牧业家庭教育特点［J］. 民族教育研究，1995（1）.

[14] 才让错等. 藏族家庭教育方式与儿童智力水平相关性研究［J］. 青海师范大学学报（社会科学版），1997（1）.

[15] 陈巴特尔. 试论蒙古民族传统文化的形成、变迁及其特点［J］. 内蒙古大学学报（人文社会科学版），2004（3）.

[16] 苏德. 对民族教育概念的再认识［J］. 内蒙古师大学报，2002（2）.

[17] 苏德. 加强民族教育研究，加快民族教育改革步伐［J］. 内蒙古社会科学，2000（6）.

[18] 苏德. 面向21世纪的民族教育研究［J］. 内蒙古社会科学，1998（1）.

[19] 王风雷. 论蒙古秘史的教育内涵［J］. 内蒙古师范大学学报（哲社版），2001（3）.

[20] 王风雷. 蒙元帝王之母与家庭教育［J］. 前言，1995（9）.

[21] 王风雷，李凤兰. 论蒙古族家庭传统道德教育模式［J］. 论家庭美德建设［C］. 中国妇女出版社. 2003.

[22] 王风雷. 蒙古族家庭礼仪传承研究［J］. 内蒙古妇女儿童研究文集. 远方出版社.

[23] 陈陈. 家庭教养方式研究进程透视［J］. 南京师大学报（社会科学版），2002（6）.

[24] 陈凤阳. 关于家庭教育之基本问题的重新认识［J］. 湖北大学学报（哲社版），1989（4）.

[25] 陈会昌，叶子. 群体社会化发展理论述评［J］，教育理论与实践，1997（4）.

[26] 成尚荣. 基础教育课程改革背景下的幼儿园新课程［J］. 早期教育，2002（3）.

[27] 段兆斌. 课程资源的内涵与有效开发 [J]. 课程·教材·教法, 2003 (3).

[28] 范兆雄. 课程资源系统分析 [J]. 西北师大学报（社会科学版）, 2005 (5).

[29] 冯建军. 教育的个体享用功能 [J]. 上海教育科研, 2002 (1).

[30] 傅金芝. 云南省农村四种少数民族家庭教育的分析与对策研究 [J]. 云南师范大学学报, 1998 (2).

[31] 关颖, 刘春芳. 父母教育方式与儿童社会性发展 [J]. 心理发展与教育, 1994 (4).

[32] 关颖. 家长教育方式与儿童社会化 [J]. 天津社会科学, 1994 (4).

[33] 关颖. 六种不同家庭教育方式的后果 [J]. 中国民政, 1997 (6).

[34] 关颖. 亲子平等——一个重要家庭教育观念 [J]. 山东教育, 2004 (36).

[35] 海存福. 回族家庭教育功能研究 [J]. 回族研究, 2000 (1).

[36] 何梦众, 刘焱. 面向 21 世纪培养儿童的游戏性 [J]. 幼儿教育研究, 1999 (1).

[37] 何喜刚, 王鉴. 多元文化教育课程本土化的现实困境与出路 [J]. 宁波大学学报（教育科学版）, 2000 (2).

[38] 何星亮. 非物质文化遗产的保护与民族文化现代化 [J]. 中南民族大学学报, 2005 (5).

[39] 洪晓琴. 我园游戏课程的教改实践 [J]. 幼儿教育研究, 2002 (1).

[40] 黄进. 关于幼儿园游戏教育化的思考 [J]. 幼儿教育研究, 1999 (4).

[41] 黄晓玲. 课程资源：界定 特点 状态 类型 [J]. 中国教育学刊, 2004 (4).

[42] 孔娣、刘华、宋睿、季燕, 关于幼儿园游戏的研究 [J]. 山东教育, 2000 (5).

[43] 李百珍, 关颖. 家长教育观念研究 [J]. 天津师大学报, 1995 (4).

[44] 李定仁, 董仁忠. 东乡族小学课程资源开发与利用的调查研究

[J]．西北师大学报（社科版），2003（1）．

[45] 李丽．浅谈当前家庭教育的特点 [J]．当代教育论坛，2004（2）．

[46] 李姗泽．接续学校教育与少数民族文化传统——论少数民族学校课程中民族文化教育源的利用 [J]．课程·教材·教法，2003（12）．

[47] 李素梅，白乙拉．蒙古族家庭美德及其教育的多元文化分析 [J]．湖南师范大学教育科学学报，2009（5）．

[48] 林磊．幼儿家长教育方式的类型及其行为特点 [J]．心理发展与教育，1995（4）．

[49] 刘魁立．民间文化的呼唤 [J]．民间文化，2001（1）．

[50] 刘铁梁．民间文化遗产的调查与抢救 [J]．温州师范学院学报，2001（10）．

[51] 刘旭东．论民族地区地方课程资源的开发与利用 [J]．青海民族学院学报（社会科学版），2003（4）．

[52] 刘岩．母亲教育方式与儿童个性发展 [J]．辽宁教育研究，2000．

[53] 刘焱，王丽，沈薇．建国以后儿童游戏发展变化的特点、趋势及原因分析 [J]．幼儿教育研究，1999（4）．

[54] 刘焱．我国幼儿教育领域中的游戏理论与实践 [J]．北京师范大学学报，1997（2）．

[55] 卢承业．对青海蒙古族家庭教育的调查 [J]．青海民族学院学报（社科版），2000（3）．

[56] 鲁洁，赵志毅．幼儿教育现代化的关键—观念现代化 [J]．幼儿教育研究，1995（6）．

[57] 毛曙阳．关于幼儿游戏的本质及其对幼儿的发展价值的思考 [J]．幼儿教育研究，1999（3）．

[58] 邱学青．我国儿童游戏权利的社会保护问题 [J]．幼儿教育，1997（6）．

[59] 施小菊，徐志诚．论我国民间游戏与民间竞技的社会价值[J]．体育文化导刊，2003（5）．

[60] 石中英．本土知识与教育改革 [J]．教育研究，2001（8）．

[61] 宋虎平．民间课程资源：被遗忘的课程资源 [J]．教育理论与实践，2002（6）．

[62] 王光东．"民间"的现代价值 [J]．中国社会科学，2003

（6）．

［63］王桂华．民间游戏在幼儿园教育中的价值及运用［J］．幼儿教育研究，2002（4）．

［64］王鉴．略论中国民族教育的本土化［J］．民族教育研究，2000（4）．

［65］王鉴．我国少数民族教育课程本土化研究［J］．广西民族研究，1999（3）．

［66］王杰文．民间游戏的情境化阐释［J］．民俗研究，2001（4）．

［67］王银玲．游戏中心课程［J］．幼儿教育研究，2000（6）．

［68］文可义．地方课程资源的开发与利用［J］．广西教育学院学报，2003（4）．

［69］乌云巴图．蒙古族游牧文化的生态特征［J］．内蒙古社会科学（汉文版）．1999年11月．

［70］吴宝珊．浅谈民间儿童游戏在幼儿园教育中的开发与利用［J］．幼儿教育，2004（07）．

［71］吴刚平．课程资源的开发与利用［J］．全球教育展望，2001（8）．

［72］吴刚平．课程资源的理论构想［J］．教育研究，2001（9）．

［73］吴琼．新疆城镇少数民族家庭观念的变迁［J］．新疆大学学报（哲学人文社会科学版），2005（4）．

［74］徐继存．试论教学理论应用［J］．教育研究，2000．

［75］徐继寸，段兆斌，陈琼．M论课程资源及其开发与利用［J］．学科教育，2002（2）．

［76］许晓晖，庞丽娟．关于新世纪家长教育观念的思考［J］．教育理论与实践，2001（7）．

［77］杨巴雅尔、王静安．从川滇蒙古族文化现状谈少数民族传统文化的传承和发展［J］．内蒙古师范大学学报（哲学社会科学版）［J］，2004（3）．

［78］杨丽珠，李灵，田中敏明．少子化时代幼儿家长教育观念的研究—中、日、韩跨文化比较［J］．学前教育研究，1999（5）．

［79］虞永平．游戏、儿童与学前课程［J］．山东教育，2001（3）．

［80］张永红．幼儿游戏的本质属性管窥［J］．幼儿教育研究，2001（3）．

［81］丁海东：《儿童游戏本质观的演变及其主体性本质观的建立》，

载《中华女子学院山东分院学报》，2001年第4期．

　　[82] 赵虹元．开发地方性课程资源：少数民族地区教师发展的有效途径[J]．民族教育研究，2003（4）．

　　[83] 赵世林．论民族文化传承的本质[J]．北京大学学报（哲学社会科学版），2002（5）．

　　[84] 赵世林．论现代化进程中的民族文化传承[J]．思想战线．1996（6）．

　　[85] 赵忠心．社会变迁和家庭教育[J]．少年儿童研究，1995（5）．

　　[86] 郑也夫．功利·游戏·求道[J]．读书，1992（3）．

三、硕博论文与会议论文类

　　[1] 黄进．游戏精神与幼儿教育[D]．南京师范大学年博士学位论文，2001.

　　[2] 李嘉．西南地区民族体育之教育传承体系研究[D]．西南师范大学硕士学位论文，2002.

　　[3] 李素梅．基于蒙古族儿童民间游戏的幼儿园游戏课程开发[D]．内蒙古师范大学硕士学位论文．2005.

　　[4] 李应君．幼儿园园本课程资源开发利用研究[D]．西北师范大学硕士学位论文，2004.

　　[5] 李炙檬．甘肃省农村幼儿园课程资源开发与利用研究[D]．西北师范大学硕士学位论文，2004.

　　[6] 唐祺．苗族家庭教育研究[D]．西南师范大学教育科学学院，2002.

　　[7] 王一军．基于儿童文化的课程开发[D]．华东师范大学硕士学位论文，2004.

　　[8] 王银玲．游戏的秘密与美好的教育[D]．南京师范大学硕士论文，2002.

　　[9] 吴航．游戏与教育——兼论教育的游戏性[D]．华中师范大学年博士学位论文，2001.

　　[10] 易利红．民间游戏训练对3—9岁儿童社会技能影响的实验研究[D]．湖南师范大学硕士学位论文，2003.

　　[11] 俞喆．游戏概念探究[D]．华东师范大学硕士学位论文，2004.

四、外文文献

[1] Barrow. R. Giving Teaching Back to Teachers: A Critical Introduction to Curriculum Theory. Totowa [M]. NJ: Barnes & Noble, 1984.

[2] Doll. Jr. W. A Post-Modern Perspective on Curriculum [M]. New York: Teachers College Press, 1993.

[3] Kliebard. H. The Struggle for the American Curriculum 1993 – 1958 [M]. Boston. MA: Routledge & Kegan Paul, 1986.

[4] Noddings. N. The Challenge to Care in Schools: An Alternative Approach to Education [M]. New York: Teachers College Press, 1992.

[5] Phenix, P. Tranxcendence and Curriculum [J]. in Teachers College Record, 197173 (2).

[6] Pinar, W. Autobiology. Politics, and Sexuality: Essays in Curriculum Theory, 1972 – 1992, New York: Peter Lang. 1994.

[7] Pinar, W. & Gremet, M. Toward A Poor Curriculum, Dubuque, IA: Kendall/Hunt. 1976.

[8] George Herbert Mead: Play, School, and Society, Peter Lang Publishing: Inc 1999.

[9] Apple. M. Ideology and Curriculum. New York: Routledge & Kegan Paul. 1990.

[10] Pinar, W. Reynolds, W. Slattery, P. & Taubman, P. Understanding Curriculum [M]. New York: Peter Lang, 1995.

[11] Schwab, J. Science, Curriculum and Liberal Education: Selected Essays (I. Wesbury & Wilkof. ed.), Chicago, IL: University of Chicago Press. 1978.

[12] Tyler, R. Basic Principles of Curriculum and Instruction, Chicago, IL: University of Chicago Press. 1949.

[13] Van Manen. M. Childhood's Secrets [M]. New York: Teachers College Press, 1996.

[14] Judith Van Hoorn, Patricia Monighan Nourot, Barbara Scales & Keith Rodriguez AlWard: Play at the Center of the Curriculum. Macmill an Publishing Company, 1997.